여호수아, 사사기, 룻기 강해

AN EXPOSITION ON THE BOOKS OF JOSHUA, JUDGES AND RUTH

〔제2판〕

김효성 목사

Pastor Hyosung Kim

Th.M., Ph.D.

옛신앙

oldfaith

2017

머리말

주 예수 그리스도와 사도 바울의 증거대로(마 5:18; 요 10:35; 갈 3:16; 딤후 3:16), 성경은 하나님의 말씀이다. 성경이 하나님의 말씀이며 우리의 신앙과 행위에 있어서 정확무오한 유일의 법칙이라는 고백은 우리의 신앙생활에 있어서 매우 기본적이고 중요하다.

웨스트민스터 신앙고백의 진술대로(1:8), 우리는 성경의 원본이 하나님의 감동으로 기록되었고 그 본문이 "그의 독특한 배려와 섭리로 모든 시대에 순수하게 보존되었다"고 믿는다. 이것은 교회의 전통적 견해이다. 그러므로 구약성경은 야곱 벤 카임이 편집한 제2 랍비 성경(봄버그판)을 표준적 마소라 본문으로 간주해야 할 것이다.

성경은 성도 개인의 신앙생활뿐 아니라, 교회의 모든 활동들에도 유일한 규범이다. 오늘날처럼 다양한 풍조와 운동이 많은 영적 혼란의 시대에, 우리는 성경으로 돌아가 성경이 무엇을 말하는지 묵상하기를 원하며 성경에 계시된 하나님의 모든 뜻을 알기를 원한다.

성경을 가지고 설교할지라도 그것을 바르게 해석하고 적용하지 않으면, 하나님의 말씀의 기근이 올 것이다(암 8:11). 오늘날 하나님의 말씀의 기근이 오고 있다. 많은 설교와 성경강해가 있지만, 순수한 기독교 신앙 지식과 입장은 더 흐려지고 있기 때문이다.

그러므로 오늘날 요구되는 성경 해석과 강해는 복잡하고 화려한 말잔치보다 성경 본문의 바른 뜻을 간단 명료하게 해석하고 적절히 적용하는 것일 것이다. 사실상, 우리는 성경책 한 권으로 충분하다. 성경주석이나 강해는 성경 본문의 바른 이해를 위한 작은 참고서에 불과하다. 성도는 각자 성령의 도우심을 구하며 성경을 읽어야 하고, 성경주석과 강해는 오직 참고서로만 사용해야 할 것이다.

여호수아 5

사사기 107

룻기 205

여호수아

내용 목차

서론 ········ 7
1장: 여호수아를 격려하심 ········ 9
2장: 라합의 붉은 줄 ········ 15
3-4장: 요단강을 건넘 ········ 20
5장: 세 가지 준비 ········ 23
6장: 여리고성을 정복함 ········ 27
7장: 아이성에서 실패함 ········ 32
8장: 아이성을 정복함 ········ 37
9장: 기브온 사람들 ········ 42
10장: 아모리 다섯 왕을 죽임 ········ 52
11-12장: 하솔의 연합군을 멸함 ········ 57
13장: 레위 지파의 기업 ········ 62
14장: 갈렙의 온전한 순종 ········ 66
15-17장: 유다와 요셉의 기업 ········ 70
18-19장: 어느 때까지 지체하겠느냐? ········ 77
20장: 도피성 ········ 82
21장: 하나님의 약속의 성취 ········ 87
22장: 세 지파가 큰 단을 만듦 ········ 91
23장: 여호수아의 마지막 권면 ········ 97
24장: 세겜에서 언약을 세움 ········ 101

서론

여호수아의 히브리어 **명칭**은 예호슈아 יְהוֹשֻׁעַ이며 헬라어 70인역 명칭은 '예수'와 같은 단어인 예수스 Ἰησοῦς이다. 여호수아의 연대는 대략 주전 1485-1375년이다.[1]

본서의 **저자**는 여호수아이다. 그는 하나님의 감동 가운데 본서를 기록하였다(딤후 3:16). 그러나 본서의 끝부분에 나오는 여호수아의 죽음과 그 후의 일들(24:29-31)이나 15장에 기록된 갈렙의 딸 악사와 옷니엘 이야기(15:13-17) 또 19장의 단 지파의 확장(19:47) 등에 대한 기록들은 아마 엘르아살이나 그의 아들 비느하스에 의해 기록되었을 것이다.

1887년에 발굴된 텔 엘 아마르나 서신[2]은 여호수아 군대의 가나안 침공에 대한 가나안인들의 증거이다. 예루살렘 왕 아브디 헤파는 이 서신에서 바로에게 '하비루'(히브리인)가 모든 땅을 점령하였다고 보고하였다. 또 바벨론에서나 마리와 누지에서의 발견은 주전 2천년대 초 메소포타미아 계곡의 역사에 하비루가 나타난다는 사실을 밝혀내었다. 또 우가릿에서의 발견은 하비루가 애굽 기록에 나오는 하비루와 동일한 사람임을 확증하였다. 학자들은 아마르나 서신의 하비루는 여호수아 군대의 히브리인과 동일시된다고 확신한다. 에드

---

1) 애굽에서 나올 당시 여호수아의 나이를 40세로 가정한다면 그러할 것이다. 출애굽기 33:11은 그를 "청년 여호수아"라고 표현한다. '청년'이라는 원어 나아르(נַעַר)는 '아이, 소년, 청년'이라는 뜻이다. 여호수아와 함께 가나안 정탐에 참여했던 갈렙은 40세이었다(수 14:7).

2) 이것은 1887년 애굽 왕 아멘호텝 4세의 옛 수도 아케타톤(텔 엘 아마르나)에서 발굴된 완전한 한 묶음의 고대 외교서신으로 바벨론 설형문자로 쓰여진 점토 비문이다. 바벨론 설형문자는 애굽의 제18왕조 때에 국제적 서신 왕래에 사용되었던 언어이었다.

워드 메이어는 말하기를, "히브리인 혹은 이스라엘인과 아마르나 시대에 팔레스틴을 침공했던 아마르나 비문에 나오는 하비루를 실질적으로 동일시하는 것은 . . . 의심의 여지가 없다"고 하였다.[3]

여호수아의 **주요 내용**은 가나안 땅의 정복과 분배이다. 1-12장은 가나안 땅의 정복에 대해, 13-22장은 가나안 땅의 분배에 대해 기술하며, 23-24장은 여호수아의 마지막 권면이다.

또 본서의 **특징적 진리**는 하나님의 신실하심이다. 21:45, "여호와께서 이스라엘 족속에게 말씀하신 선한 일이 하나도 남음이 없이 다 응하였더라."

본문 혹은 각주에 자주 사용된 약어

KJV	영어 King James Version
NASB	영어 New American Standard Version
NIV	영어 New International Version
LXX	고대 헬라어 70인역
Syr	고대 수리아어역
It	고대 라틴어역
Vg	고대 라틴어 Vulgate역
BDB	Brown-Driver-Briggs, *Hebrew Lexicon of the O. T.*
KB	Koehler-Baumgartner, *Lexicon in Veteris Testamenti Libros*
Langenscheidt	*Langenscheidt Pocket Hebrew Dictionary.*
NBD	*The New Bible Dictionary.* IVP.
Poole	Matthew Poole, *A Commentary on the Holy Bible*
JFB	Jamieson-Faussett-Brown, *A Commentary.*

3) 아처, 구약총론, 301-306쪽.

1장: 여호수아를 격려하심

〔1-4절〕 여호와의 종 모세가 죽은 후에 여호와께서 모세의 시종 눈의 아들 여호수아에게 일러 가라사대 내 종 모세가 죽었으니 이제 너는 이 모든 백성으로 더불어 일어나 이 요단을 건너 내가 그들 곧 이스라엘 자손에게 주는 땅으로 가라. 내가 모세에게 말한 바와 같이 무릇 너희 발바닥으로 밟는 곳을 내가 다 너희에게 주었노니 곧 광야와 이 레바논에서부터 큰 하수 유브라데에 이르는 헷 족속의 온 땅과 또 해 지는 편 대해까지 너희 지경이 되리라.

하나님의 종 모세는 모압 평지에서 느보산에 올라 여리고 맞은편 비스가산 꼭대기에 이르러 요단강 건너편의 가나안 땅을 바라본 후 거기서 죽었다. 하나님의 사람 모세의 죽음은 이스라엘 백성이 애굽에서 나온 지 40년이 지난 때, 가나안 땅을 눈앞에 둔 때에 있었다. 모세의 사명은 끝나고 그를 섬기던 여호수아의 사명이 시작되려 한 때이었다. 가데스 바네아에서의 열 정탐꾼과 백성의 불신앙 때문에 40년 방황의 시간이 끝나고 이제 약속의 가나안 땅에 들어가 그 땅을 정복해야 했던 때이었다. 하나님의 종, 능력과 기적의 종 모세를 옆에서 섬기던 여호수아에게 새로운 임무와 사명이 주어지는 그 중차대한 때에 하나님께서는 여호수아에게 모든 백성을 이끌고 그가 주시는 땅으로 들어가라고 명하셨다.

〔5-9절〕 너의 평생에 너를 능히 당할 자 없으리니 내가 모세와 함께 있던것 같이 너와 함께 있을 것임이라. 내가 너를 떠나지 아니하며 버리지 아니하리니 마음을 강하게 하라. 담대히 하라. 너는 이 백성으로 내가 그 조상에게 맹세하여 주리라 한 땅을 얻게 하리라. 오직 너는 마음을 강하게 하고 극히 담대히 하여 나의 종 모세가 네게 명한 율법을 다 지켜 행하고 좌로나 우로나 치우치지 말라 그리하면 어디로 가든지 형통하리니 이 율법책을 네 입에서 떠나지 말게 하며 주야로 그것을 묵상하여 그 가운데 기록한대로 다 지켜 행하라. 그리하면 네 길이 평탄하게

될 것이라. 네가 형통하리라. 내가 네게 명한 것이 아니냐? 마음을 강하게 하고 담대히 하라. 두려워 말며 놀라지 말라. 네가 어디로 가든지 네 하나님 여호와가 너와 함께 하느니라 하시니라.

하나님께서 여호수아에게 매우 중요한 교훈을 주셨다. 그것은 세 가지 내용이었다. 첫째는 내가 너와 함께 하리니 너는 마음을 강하게 하고 담대히 하라는 것이다. 하나님께서는 여호수아에게 세 번이나 '너는 마음을 강하게 하고 담대히 하라'고 말씀하셨다. 그 중 한 번은 '너는 마음을 강하게 하고 극히 담대히 하라'고 말씀하셨다. 그렇게 말씀하시는 근거는 '하나님이 그와 함께 하시기 때문'이었다.

여호수아가 이스라엘 백성을 이끌고 가나안 땅을 정복하는 데에 용기와 담력은 꼭 필요한 마음이다. 그는 가나안 정복을 위해 많은 전쟁을 치루어야 할 것이다. 전쟁을 치룰 군인들에게 있어서 필요한 덕은 용기와 담력이다. 군인이 용기와 담력이 없다면 전쟁에서 이미 진 것과 다를 바 없다. 마음을 강하게 하고 담대히 하는 군인이라야 전쟁에서 이길 수 있다.

세상에서의 우리의 신앙생활은 전쟁과 같다. 세상에는 어려운 일들이 많다. 원수 마귀는 우리가 신앙생활을 잘 하지 못하도록 방해한다. 구원받은 성도들이 하나님의 나라에 들어가려면 많은 환난을 겪어야 한다. 성도들의 성화는 영적 싸움의 과정이다. 성도는 자신의 죄성과 세상의 악의 풍조와 사탄의 시험과 끊임없이 싸운다.

전도나 봉사의 일도 마찬가지다. 마귀는 특히 사람들을 구원하는 일과 교회를 바르게 세우는 일을 가장 싫어한다. 전도와 교회 건립의 일은 마귀의 일차적 공격 목표이다. 우리가 하나님의 기뻐하시는 일들을 성취하려면 우리는 많은 어려움을 극복해야 한다.

사람의 몸과 마음은 매우 연약하다. 사람은 조금만 어려운 일이 생겨도 낙심하기 잘한다. 누구든지 큰 어려운 일을 당할 때 우울함과 열등감과 패배감을 가지기 쉽다. 그것이 사람에게 병이 될 수 있다. 그러나 하나님께서는 그를 의지하는 자에게 힘이 되신다. 다윗은, "나의 힘이 되신 여호와여, 내가 주를 사랑하나이다"라고 고백하였고 또 "내가 주를 의뢰하고 적군에 달리며 내 하나님을 의지하고 담을 뛰어 넘나이다"라고 말했다(시 18:1, 29). 선지자 이사야는 "너는 알지 못하였느냐? 듣지 못하였느냐? 영원하신 하나님 여호와, 땅 끝까지 창조하신 자는 피곤치 아니하시며 곤비치 아니하시며 명철이 한이 없으시며 피곤한 자에게는 능력을 주시며 무능한 자에게는 힘을 더하시나니 소년이라도 피곤하며 곤비하며 장정이라도 넘어지며 자빠지되 오직 여호와를 앙망하는 자는 새 힘을 얻으리니 독수리의 날개치며 올라감 같을 것이요 달음박질하여도 곤비치 아니하겠고 걸어가도 피곤치 아니하리로다"라고 말했다(사 40:28-31). 사도 바울은 고린도교회 성도들에게 '믿음에 굳게 서서 남자답게 강건하라'고 교훈했고(고전 16:13) 또 에베소 교인들에게 "너희가 주 안에서와 그 힘의 능력으로 강건하여지라"고 했다(엡 6:10).

하나님께서 여호수아에게 주신 말씀의 내용 중 두 번째는 모세의 율법을 주야로 묵상하며 그 모든 말씀을 그대로 지키고 좌우로 치우치지 말라는 것이다. 이 내용은 가나안 정복에 있어서 승리하는 길이 군사력이나 지도자의 힘에 있지 않고 오직 하나님께 있다는 것을 보이신 것이다. 그러므로 하나님의 말씀을 주야로 묵상하고 그 말씀대로 행하는 것이야말로 승리의 가장 중요한 조건이다.

이스라엘의 역사에서 실패는 하나님의 말씀에 마음을 두지 않고 주위의 이방 사람들의 종교와 문화와 생활 방식에 눈길을 돌리며 그것을 모방하는 데서 기인했다. 이것이 우상숭배의 길이요 세속화의 길이다. 이것이 오늘날의 말로 자유주의화, 포용주의화, 다원주의화의 길이다. 하나님의 백성이 하나님께 마음을 두지 않고 하나님의 말씀인 성경대로 행하지 않는 것이 타락의 시작이다. 이것이 망하는 길이다. 이것은 성도의 길이 아니다.

우리는 신앙생활에서나 전도나 봉사의 일에서 하나님 중심, 말씀 중심, 믿음 중심, 순종 중심, 의 중심으로 해야 한다. 하나님의 말씀 듣기를 거절하고 그것을 저버리는 것은 하나님을 저버리는 것이요 그것이 곧 불신앙이요 불순종이요 죄이다. 그러나 하나님의 말씀을 듣고 믿고 좌우로 치우치지 않고 그대로 순종하는 것은 의의 길이요 그것이 승리의 길인 것이다. 여호수아와 이스라엘 백성이 가나안 땅을 정복하려면 말씀 중심으로 진행해야 한다.

오늘날도 하나님께서는 우리가 그의 말씀을 듣고 배우고 주야로 묵상하기를 원하고 그 말씀대로 행하기를 원하신다. 하나님께서는 우리에게 경건하고 의로운 삶을 원하시는 것이다. 경건하고 의로운 삶은 세상에서 승리하는 삶이요 복된 삶이다. 시편 1편은 악인의 길을 버리고 하나님의 율법을 즐거워하며 주야로 묵상하는 자가 복되고 형통하다고 말했다(시 1:1-3). 성도들의 용기와 담력도 죄를 버리고 하나님의 말씀대로 살 때 생긴다. 죄인은 담대함이 없다. 의인은 사자같이 담대하다(잠 28:1).

죄는 죽음과 불행의 원인이다. 죄는 재앙과 멸망을 초래한다. 그러나 의는 승리의 길이다. 그러므로 하나님의 말씀을 주야로 묵상하고 좌로나 우로나 치우치지 말고 그 말씀대로 행하는 것이 중요하다. 성도들이 영적 전쟁터 같은 세상에서 승리하는 길은 하나님의 도우심을 구하는 것밖에 없다. 능력과 승리는 하나님께 있다. 세상에는 복잡한 일들이 많고 신앙생활의 여정에 우리를 넘어뜨리려는 사탄의 방해와 유혹들이 많지만, 우리는 이 모든 일들에서 우리를 사랑하시는 이로 말미암아 넉넉히 이긴다(롬 8:37).

하나님께서 여호수아에게 주신 말씀의 세 번째 내용은 그렇게 하면 하나님께서 그에게 형통함을 주시겠다는 것이다. 우리가 경건하고 의롭게 살면 이 세상에서의 신앙생활과 봉사 생활에서 승리하고 평안을 누린다는 것이 성경에 계시된 하나님의 진리다. 그것은 매우 단순한 원리다. 그러나 그것이 하나님의 뜻이며 하나님의 약속이다. 이것은 레위기 26장이나 신명기 28장의 모세 율법에서 밝히 증거된 바다. 잠언도 말하기를, "여호와를 경외하며 악을 떠날지어다. 이것이 네 몸에 양약이[치료, 건강] 되어 네 골수로 윤택하게 하리라. 네 재물과 네 소산물의 처음 익은 열매로 여호와를 공경하라. 그리하면 네 창고가 가득히 차고 네 즙틀에 새 포도즙이 넘치리라"고 했다(잠 3:7-10). 건강도 경제도 그러하다. 선지자 이사야의 증거대로, 악인에게는 평강이 없다(사 48:22; 57:21). 예수께서도 우리가 하나님의 나라와 그의 의를 구할 때, 즉 우리가 하나님께 순종하고 그의 뜻을 행함으로 의롭게 살아갈 때, 하나님께서 우리에게 먹을 것과 마실 것과 입을 것을 주시며 더 주신다고 말씀하셨다(마 6:33).

〔10절〕 이에 여호수아가 백성의 유사들[관리들]**에게 명하여 가로되 진중에 두루 다니며 백성에게 명하여 이르기를 양식을 예비하라. 삼일 안에 너희가 이 요단을 건너 너희 하나님 여호와께서 너희에게 주사 얻게 하시는 땅을 얻기 위하여 들어갈 것임이니라 하라.**

여호수아는 백성의 관리들에게 삼일 안에 요단강을 건너 가나안 땅으로 들어갈 준비를 하라고 명하였다.

〔12-15절〕 여호수아가 또 르우벤 지파와 갓 지파와 므낫세 반 지파에게 일러 가로되 여호와의 종 모세가 너희에게 명하여 이르기를 너희 하나님 여호와께서 너희에게 안식을 주시며 이 땅을 너희에게 주시리라 하였나니 너희는 그 말을 기억하라. 너희 처자와 가축은 모세가 너희에게 준 요단 이편 땅에 머무르려니와 너희 용사들은 무장하고 너희의 형제보다 앞서 건너가서 그들을 돕고 여호와께서 너희로 안식하게 하신 것같이 너희 형제도 안식하게 되며 그들도 너희 하나님 여호와께서 주시는 땅을 얻게 되거든 너희는 너희 소유지 곧 여호와의 종 모세가 너희에게 준 요단 이편 해 돋는 편으로 돌아와서 그것을 차지할지니라.

여호수아는 또 르우벤 지파와 갓 지파와 므낫세 반 지파에게 모세의 명대로 너희가 먼저 무장하고 너희 형제들보다 앞서 건너가 그들을 돕고 가나안 정복이 마치면 요단 동편으로 돌아오라고 말했다.

〔16-18절〕 그들이 여호수아에게 대답하여 가로되 당신이 우리에게 명하신 것은 우리가 다 행할 것이요 당신이 우리를 보내시는 곳에는 우리가 가리이다. 우리는 범사에 모세를 청종한 것같이 당신을 청종하려니와 오직 당신의 하나님 여호와께서 모세와 함께 계시던 것같이 당신과 함께 계시기를 원하나이다. 누구든지 당신의 명령을 거역하며 무릇 당신의 시키시는 말씀을 청종치 아니하는 자 그는 죽임을 당하리니 오직 당신은 마음을 강하게 하시며 담대히 하소서.

이스라엘 백성들은 여호수아의 명령에 순종할 것을 다짐하였다.

본장의 교훈은 무엇인가? 첫째로, 주 예수 그리스도를 믿고 구원받은 자들은 하나님께서 성령으로 영원히 우리와 함께 계심을 알고 마음을 강하게 하고 담대히 해야 한다. 하나님께서는 이 험난한 세상에서 우리의 힘이시요 우리의 기쁨이시며 우리의 큰 위로이시다.

둘째로, 우리는 하나님의 말씀인 성경을 주야로 묵상하며 그 말씀의 교훈대로 좌로나 우로 치우치지 말고 온전히 행하기를 힘써야 한다. 세상에서 바른 신앙생활과 열매 있는 봉사 생활을 하기 위해 우리는 하나님 앞에서 말씀 중심, 믿음 중심, 순종 중심, 의(義) 중심으로 살아야 한다. 그것이 하나님의 뜻이며 하나님께서 요구하시는 바이다.

셋째로, 우리가 그렇게 살며 또 부족하지만 그렇게 살려고 애쓸 때, 하나님께서는 우리에게 형통과 평강과 승리를 약속하신다. 이 세상이 아무리 어렵고 힘들지라도, 우리가 아무리 약하고 부족할지라도, 또 마귀와 악의 세력이 아무리 강할지라도, 살아계시고 참되신 하나님께서 우리와 함께하시고 우리를 도우시고 지키시고 복 주시면 우리는 평안을 누리며 형통을 누릴 것이다. 또 우리의 봉사의 삶은 열매를 맺을 것이다. 능력과 승리는 우리에게 있지 않고 오직 하나님께 있다.

2장: 라합의 붉은 줄

〔1-7절〕 눈의 아들 여호수아가 싯딤에서 두 사람을 정탐으로 가만히 보내며 그들에게 이르되 가서 그 땅과 여리고를 엿보라 하매 그들이 가서 라합이라 하는 기생의 집에 들어가 거기서 유숙하더니 혹이 여리고 왕에게 고하여 가로되 보소서. 이 밤에 이스라엘 자손 몇 사람이 땅을 탐지하러 이리로 들어 왔나이다. 여리고 왕이 라합에게 기별하여 가로되 네게로 와서 네 집에 들어간 사람들을 끌어내라. 그들은 이 온 땅을 탐지하러 왔느니라. 그 여인이 그 두 사람을 이미 숨긴지라. 가로되 과연 그 사람들이 내게 왔었으나 그들이 어디로서인지 나는 알지 못하였고 그 사람들이 어두워 성문을 닫을 때쯤 되어 나갔으니 어디로 갔는지 알지 못하되 급히 따라가라. 그리하면 그들에게 미치리라 하였으나 실상은 그가 이미 그들을 이끌고 지붕에 올라가서 그 지붕에 벌여놓은 삼대에[아마 줄기들 안에] **숨겼더라. 그 사람들은 요단 길로 나루턱까지 따라갔고 그 따르는 자들이 나가자 곧 성문을 닫았더라.**

여호수아는 싯딤에서 두 사람을 정탐꾼으로 가나안 땅의 여리고성에 은밀히 보냈다. 보냄을 받은 두 사람은 라합이라 하는 기생의 집에 유숙하였다. '기생'이라는 원어(조나 זֹנָה)는 '매춘녀 혹은 창녀'라는 뜻이다. 두 정탐꾼은 사람들의 눈을 피하기 위해 그 집에 들어갔을 것이다. 그런데 그들을 수상히 여긴 사람이 그들에 대해 여리고 왕에게 보고하였다. 그들에게 위기가 찾아왔다. 그들이 라합에게 "여호와께서 우리에게 이 땅을 주실 때에는"(14절)이라고 말한 것을 보면 그들은 믿음이 있었고 그들이 맡은 일도 하나님의 선한 일이었지만, 그들은 그 날 밤에 큰 어려운 일을 당했던 것이다.

그러나 그들은 라합을 통해 그 위기를 모면하였다. 그들이 그 집에 들어간 것은 하나님의 인도하심이었다. 그들은 그 여자가 자기들을 숨겨주리라고 생각지 못했겠지만, 그 여자는 그들을 이끌고 지붕에 올라가 거기에 벌여놓은 아마 줄기들 안에 숨겨주었고 또 그들을 찾는 자들에게 거짓말까지 하였다. 라합은 큰 위험을 무릅쓰고 그들을 숨겨주었다. 그들은 기이하게 위기를 모면했다.

하나님의 선한 일들에는 때때로 어려움이 있고 성도의 삶 속에도 때때로 환난과 고난이 있지만, 모든 일은 하나님의 뜻 안에서 일어나고(마 10:29) 환난도 하나님의 허락 속에서 오며(사 45:5-7), 하나님께서는 자기 백성을 결코 고난 중에 그대로 내버려두지 않으신다.

〔8-11절〕 두 사람이 눕기 전에 라합이 지붕에 올라가서 그들에게 이르러 말하되 여호와께서 이 땅을 너희에게 주신 줄을 내가 아노라. 우리가 너희를 심히 두려워하고 이 땅 백성이 다 너희 앞에 간담이 녹나니 이는 너희가 애굽에서 나올 때에 여호와께서 너희 앞에서 홍해 물을 마르게 하신 일과 너희가 요단 저편에 있는 아모리 사람의 두 왕 시혼과 옥에게 행한 일 곧 그들을 전멸시킨 일을 우리가 들었음이라. 우리가 듣자 곧 마음이 녹았고 너희의 연고로 사람이 정신을 잃었나니 너희 하나님 여호와는 상천하지(上天下地)에 하나님이시니라.

정탐꾼들을 숨겨준 라합은 여리고성의 기생이었다. 라합은 천한 신분과 천한 직업의 사람이었다. 왜 그가 그런 직업을 가졌는지, 왜 그가 그런 일을 했는지 우리는 모른다. 그는 너무 가난한 환경 때문에 혹은 그것이 쉽게 돈을 버는 길이라고 잘못 생각해서 혹은 실수로 그런 데 빠졌는지 모른다. 그러나 사람의 육체의 젊음이나 미모는 한때뿐이며 꽃이 시들듯이 사람의 육체는 조만간 늙고 병들게 될 것이다. 또 그 전에라도 사람의 심령은 그런 비정상적 삶 속에서 참 만족과 평안을 얻지 못하고 끝없이 방황하게 될 것이다.

라합이 그런 생활을 얼마 동안 했는지 모르나 그는 그런 생활 속에서 죄책감을 느꼈고 하나님을 찾게 되었던 것 같다. 사람은 자신의 죄악됨을 깨달을 때 하나님을 찾는다. 자신이 죄인이 아니라고 생각하는 사람은 결코 하나님께로 나올 수 없고 구원을 받을 수 없다. 라합은 하나님을 찾았고 하나님을 만났다. 예수님 당시에 세리와 죄인들과 창녀들이 회개하고 구원을 받은 것처럼, 라합은 하나님을 믿는 참 믿음을 얻게 되었다.

라합의 믿음은 그가 그 정탐꾼들에게 한 고백 속에 나타나 있다. 그는 그들에게 "나는 하나님이 이 땅을 너희에게 주신 줄 안다"고 말했다. 그는 이스라엘의 하나님께서 가나안 땅을 그 백성 이스라엘에게 주신 것을 알게 되었다. 그는 하나님께서 하신 일들을 들었기 때문에 그런 믿음을 가지게 되었다. 그는 이스라엘 백성이 애굽에서 나올 때 홍해를 기적으로 건넌 소식과 아모리 왕 시혼과 바산 왕 옥을 전멸시킨 소식을 들었다. 믿음은 들음에서 난다(롬 10:17). 라합은 또 가나안 백성이 이스라엘로 인하여 심히 두려워하고 낙담하고 있으며 그들의 마음이 녹았고 정신을 잃었다고 말했다.

라합은 하나님의 은혜로 참 하나님을 알게 되었고 믿게 되었다. 그는 "너희 하나님 여호와는 하늘 위에서와 땅 아래에서 하나님이시니라"고 고백했다. 참 하나님을 아는 것이 구원이요 영생이다. 예수께서는 "영생은 곧 유일하신 참 하나님과 그의 보내신 자 예수 그리스도를 아는 것이니이다"라고 말씀하셨다(요 17:3).

오늘날 기독교 안팎에서 종교다원주의가 유행한다. 종교다원주의는 각 종교가 다 한 하나님을 추구하고 다 한 하나님께로 가는 구원의 길이라고 말한다. 이 세상에 절대적 진리나 절대적 종교는 없다고 말한다. 한 종교만 옳고 다른 종교들은 틀렸다고 하는 것은 예의 없는 생각이요 편협함과 독선이라고 한다. 다원화 사회 속에서 모든 사상, 모든 종교를 존중하면서 함께 살아가야 한다고 말한다. 기독교는 기독교대로 진리이지만, 다른 종교는 그 종교 나름대로 진리이며 이것이 바람직한 현대적 종교 형태라고 한다.

그러나 기독교는 이런 사상을 용납하지 않는다. 종교다원주의는 구약시대에 바알과 아세라 숭배가 충만했던 배교의 시대의 모습에 불과하다. 하나님께서는 "너는 나 외에는 다른 신들을 네게 있게 말지니라"는 말씀하셨다(출 20:3). 선지자 예레미야는 "오직 여호와는 참 하나님이시요 사시는[살아계신] 하나님이시요"라고 말하였다(렘 10:10-11). 시편은 "만방의 모든 신은 헛 것이요 여호와께서는 하늘을 지으셨음이로다"라고 증거한다(시 96:5).

죄악된 가나안 땅에서, 죄악된 일을 직업으로 삼고 살았던 라합은 놀라운 하나님의 은혜를 받았다. 그것은 이방인들을 향하신 하나님의 구원 의지의 나타남이며 이방인 구원의 예표(豫表)이다. 라합은 신약성경에서 메시아의 족보에도 기록되었다(마 1:5).

〔12-14절〕 그러므로 청하노니 내가 너희를 선대(善待)하였은즉 너희도 내 아버지의 집을 선대하여 나의 부모와 남녀 형제와 무릇 그들에게 있는 모든 자를 살려주어 우리 생명을 죽는 데서 건져내기로 이제 여호와로 맹세하고 내게 진실한 표를 내라. 두 사람이 그에게 이르되 네가 우리의 이 일을 누설치 아니하면 우리의 생명으로 너희를 대신이라도 할 것이요 여호와께서 우리에게 이 땅을 주실 때에는 인자하고 진실하게 너를 대우하리라.

라합은 자기와 자기 가족들을 선대해줄 것을 요청하였고 정탐꾼들은 그의 요청대로 하나님의 이름으로 맹세하며 약속하였다.

〔15-21절〕 라합이 그들을 창에서 줄로 달아내리우니 그 집이 성벽 위에 있으므로 그가 성벽 위에 거하였음이라. 라합이 그들에게 이르되 두렵건대 따르는 사람들이 너희를 만날까 하노니 너희는 산으로 가서 거기 사흘을 숨었다가 따르는 자들이 돌아간 후에 너희 길을 갈지니라. 두 사람이 그에게 이르되 네가 우리로 서약케 한 이 맹세에 대하여 우리가 허물이 없게 하리니 우리가 이 땅에 들어올 때에 우리를 달아내리운 창에 이 붉은 줄을 매고 네 부모와 형제와 네 아비의 가족을 다 네 집에 모으라. 누구든지 네 집 문을 나서 거리로 가면 그 피가 그의 머리로 돌아갈 것이요 우리는 허물이 없으리라. 그러나 누구든지 너와 함께 집에 있는 자에게 누가 손을 대면 그 피는 우리의 머리로 돌아오려니와 네가 우리의 이 일을 누설하면 네가 우리로 서약케 한 맹세에 대하여 우리에

게 허물이 없으리라. 라합이 가로되 너희의 말대로 할 것이라 하고 그들을 보내어 가게 하고 붉은 줄을 창문에 매니라.

라합은 집이 성벽 위에 있었기 때문에 그들을 창에서 줄로 달아내렸고 그들의 약속대로 붉은 줄을 창문에 매었다. 그 붉은 줄은 라합과 그의 가족들에게 생명줄이며 구원의 줄이었다. 그것은 애굽에서 장자 재앙의 때에 심판의 천사를 피하기 위해 이스라엘 집의 대문 문지방과 문설주에 발랐던 유월절 어린양의 피와 같았다. 이것들은 다 우리 구주 예수 그리스도 십자가의 보혈을 상징했다고 본다. 그 피를 믿는 자마다 하나님의 마지막 대심판의 진노를 피할 것이다.

〔22-24절〕 그들이 가서 산에 이르러 따르는 자가 돌아가도록 사흘을 거기 유하매 따르는 자가 그들을 길에서 두루 찾다가 만나지 못하니라. 그 두 사람이 돌이켜 산에서 내려와 강을 건너 눈의 아들 여호수아에게 나아와서 그 당한 모든 일을 고하고 또 여호수아에게 이르되 진실로 여호와께서 그 온 땅을 우리 손에 붙이셨으므로 그 땅의 모든 거민이 우리 앞에서 간담이 녹더이다.

정탐군들은 산에서 3일간 숨었다고 진으로 돌아와 "진실로 여호와께서 그 온 땅을 우리 손에 붙이셨으므로 그 땅의 모든 거민이 우리 앞에 간담이 녹더이다"라고 믿음 있는 보고를 하였다.

본장은 이방인 기생 라합의 믿음을 증거한다. 라합은 천한 신분과 직업을 가진 이방 여인이었지만 하나님의 은혜로 하나님을 알고 믿었고 구원을 요청했고 맹세로 한 약속을 받았고 구원을 얻을 것이다. 이 세상에 사는 모든 사람들은 멸망할 도시에 사는 죄인들이다. 그러나 구주 예수를 믿는 자는 구원을 얻는다. 사람은 구주 예수에 대한 소식인 성경을 읽고 들음으로 그를 믿고 구원을 얻는다. 우리의 과거의 죄가 아무리 클지라도, 지금 하나님께 나아와 구주 예수의 속죄의 피를 마음의 문에 바르고, 마음의 창에 붉은 줄을 매는 자마다, 즉 주 예수를 믿는 자마다 그와 그의 집이 구원을 받을 것이다(행 16:31).

3장: 요단강을 건넘

〔1-6절〕 여호수아가 아침에 일찍이 일어나서 이스라엘 사람들로 더불어 싯딤에서 떠나 요단에 이르러서는 건너지 아니하고 거기서 유숙하니라. 삼일 후에 유사들이 진중으로 두루 다니며 백성에게 명하여 가로되 너희는 레위 사람 제사장들이 너희 하나님 여호와의 언약궤 메는 것을 보거든 너희 곳을 떠나 그 뒤를 좇으라. 그러나 너희와 그 사이 상거(相距)가 이천 규빗쯤 되게 하고 그것에 가까이 하지는 말라. 그리하면 너희 행할 길을 알리니 너희가 이전에 이 길을 지나보지 못하였음이니라. 여호수아가 또 백성에게 이르되 너희는 스스로 성결케 하라. 여호와께서 내일 너희 가운데 기사(奇事)를 행하시리라. 여호수아가 또 제사장들에게 일러 가로되 언약궤를 메고 백성 앞서 건너라 하매 곧 언약궤를 메고 백성 앞서 나아가니라.

이스라엘 백성이 가나안 땅에 들어가기 위해서는 요단강을 통과해야 하였다. 그 많은 회중이 강을 건너야 하는 일은 보통 큰 문제가 아니었다. 그러나 하나님께서는 그들을 위해 기적을 행하시기를 뜻하셨다. 이스라엘 백성은 레위 사람 제사장들[4]이 하나님의 언약궤 메는 것을 보면 그 뒤를 좇아야 했다. 그러나 그들과 언약궤 사이의 거리가 2,000규빗쯤, 약 900미터 되게 하고 그것에 가까이 하지는 말아야 했다. 또 그들은 자신들을 성결케 해야 했다.

〔7-13절〕 여호와께서 여호수아에게 이르시되 내가 오늘부터 시작하여 너를 온 이스라엘의 목전에서 크게 하여 내가 모세와 함께 있던 것같이 너와 함께 있는 것을 그들로 알게 하리라. 너는 언약궤를 멘 제사장들에게 명하여 이르기를 너희가 요단 물가에 이르거든 요단에 들어서라 하라. 여호수아가 이스라엘 자손에게 이르되 이리 와서 너희 하나님 여호와의 말씀을 들으라 하고 또 말하되 사시는 하나님이 너희 가운데 계

---

4) 신명기 17:9에 처음 이런 표현이 나오고 신명기 17:18; 18:1; 21:5; 24:8; 27:9; 31:9; 여호수아 3:3; 8:33에도 사용되었다.

시사 가나안 족속과 헷 족속과 히위 족속과 브리스 족속과 기르가스 족속과 아모리 족속과 여부스 족속을 너희 앞에서 정녕히 쫓아내실 줄을 이 일로 너희가 알리라. 보라, 온 땅의 주의 언약궤가 너희 앞서 요단으로 들어가나니 이제 이스라엘 지파 중에서 매 지파에 한 사람씩 십이 명을 택하라. 온 땅의 주 여호와의 궤를 멘 제사장들의 발바닥이 요단 물을 밟고 멈추면 요단 물 곧 위에서부터 흘러내리던 물이 끊어지고 쌓여 서리라.

언약궤를 멘 제사장들은 믿음으로 요단강에 발을 들여놓아야 했다. 여호수아는 "사시는 하나님이 너희 가운데 계시사 가나안 일곱 족속들을 너희 앞에서 정녕히 쫓아내실 줄을 이 일로 너희가 알리라"고 말하였다. 여호수아는 또 하나님을 "온 땅의 주"라고 두 번이나 표현하였다(11, 13절). 온 세상의 창조자 하나님께서는 온 땅의 소유자이시며 통치자이시다. 여호수아는 또 하나님의 언약궤를 멘 제사장들의 발바닥이 요단 물을 밟으면 위에서부터 흘러내리던 물이 끊어지고 쌓여 설 것이라고 말하였다.

〔14-17절〕 **백성이 요단을 건너려고 자기들의 장막을 떠날 때에 제사장들은 언약궤를 메고 백성 앞에서 행하니라. (요단이 모맥 거두는 시기에는 항상 언덕에 넘치더라.) 궤를 멘 자들이 요단에 이르며 궤를 멘 제사장들의 발이 물가에 잠기자 곧 위에서부터 흘러내리던 물이 그쳐서 심히 멀리 사르단에 가까운 아담 읍 변방에 일어나 쌓이고 아라바의 바다 염해로 향하여 흘러가는 물은 온전히 끊어지매 백성이 여리고 앞으로 바로 건널새 여호와의 언약궤를 멘 제사장들은 요단 가운데 마른 땅에 굳게 섰고 온 이스라엘 백성은 마른 땅으로 행하여 요단을 건너니라.**

그때는 모맥 즉 보리를 거두는 시기이었다. 유대 땅에는 겨울이 우기(雨期)이며 보리를 거두는 초봄에는 요단강 물이 항상 언덕에 넘쳤다. 그러나 언약궤를 멘 제사장들의 발이 요단강 물가에 잠기자 곧 북쪽에서 남쪽으로 흘러내리던 물이 그쳐서 심히 멀리 사르단에 가까운 아담 읍[5] 변방에서 일어나 쌓였고 아라바의 바다 염해로 향하여 흘러가는 물은 온전히 끊어졌다. 여호와의 언약궤를 멘 제사장들은 요단 가운데 마른 땅에 굳게 섰고 온 이스라엘 백성은 마른 땅으로 행하여 요단을 건넜다. 놀라운 일이 일어난 것이다.

요단강 물이 그치고 요단강을 마른 땅같이 건넌 이 사건은 애굽에서 나올 때 홍해를 기적적으로 건넌 사건과 같았다. 홍해를 건널 때에는 하나님께서 큰 동풍으로 밤새도록 바닷물을 물러가게 하셨고 물이 갈라져 바다가 마른 땅이 되었고 이스라엘 백성은 바다 가운데 육지로 행하고 물은 그들의 좌우에 벽이 되었었다(출 14:21-22).

또 선지자 엘리야 때에도, 엘리야가 승천하기 전 엘리사와 함께 요단으로 갈 때 엘리야는 겉옷을 말아 물을 치자 물이 이리저리 갈라졌고 두 사람이 육지 위로 건넌 일이 있었다(왕하 2:8). 하나님께서는 요단이라는 어려운 난관 앞에 선 이스라엘 회중을 이와 같이 기적으로 인도하셨다. 그것은 이스라엘 백성에게도, 가나안 사람들에게도 하나님의 능력을 증거하는 일이 되었다.

본장의 교훈은 무엇인가? 첫째로, 하나님께서는 살아계신 하나님이시며 온 땅의 주이시다. 그는 요단강까지도 주장하신다. 그가 원하시면 그 강물의 흐름을 그치게 하실 수 있다. 그는 이전에 홍해를 가르시고 마른 땅이 되게 하셨고 이제 요단강을 그렇게 하셨다.

둘째로, 우리는 하나님을 따를 때 두려워하는 마음과 성결함을 가져야 한다. 우리는 살아계신 하나님, 온 땅의 주이신 그는 우리가 감히 가까이 할 수 없는 거룩한 분이심을 잠시라도 잊어서는 안 된다.

셋째로, 언약궤를 멘 자들은 주의 명령이라면 요단강에라도 발을 내딛어야 한다. 하나님을 믿은 자들은 그의 명령에 순종해야 한다.

---

5) 히브리어 성경의 본문은 이렇게 되어 있으나, 대부분의 고대 역본들의 본문은 KJV 영어성경과 같이 "사르단에 가까운 아담읍에서 멀리 그쳐서 일어나 쌓였다"고 되어 있다.

4장: 기념하는 열두 돌을 세움

〔1-7절〕 온 백성이 요단 건너기를 마치매 여호와께서 여호수아에게 일러 가라사대 백성의 매 지파에 한 사람씩 열두 사람을 택하고 그들에게 명하여 이르기를 요단 가운데 제사장들의 발이 굳게 선 그곳에서 돌 열 둘을 취하고 그것을 가져다가 오늘밤 너희의 유숙할 그곳에 두라 하라. 여호수아가 이스라엘 자손 중에서 매 지파에 한 사람씩 예비한 그 열두 사람을 불러서 그들에게 이르되 요단 가운데 너희 하나님 여호와의 궤 앞으로 들어가서 이스라엘 자손들의 지파 수대로 각기 돌 한개씩 취하여 어깨에 메라. 이것이 너희 중에 표징이 되리라. 후일에 너희 자손이 물어 가로되 이 돌들은 무슨 뜻이뇨 하거든 그들에게 이르기를 요단 물이 여호와의 언약궤 앞에서 끊어졌었나니 곧 언약궤가 요단을 건널 때에 요단 물이 끊어졌으므로 이 돌들이 이스라엘 자손에게 영영한 기념이 되리라 하라.

하나님께서는 여호수아를 통해 백성의 매 지파에 한 사람씩 열두 사람을 택하게 하셨고 그들이 요단강 가운데 곧 제사장들의 발이 굳게 선 곳에서 돌 열 둘을 취하여 그들이 유숙할 곳에 두게 하셨다. 그것은 여호와의 언약궤 앞에서 요단강 물이 끊어진 역사적 사건을 이스라엘 자손들이 영원히 기억하게 하시기 위한 것이었다.

〔8-9절〕 이스라엘 자손들이 여호수아의 명한 대로 행하되 여호와께서 여호수아에게 이르신 대로 이스라엘 자손들의 지파 수를 따라 요단 가운데서 돌 열 둘을 취하여 자기들의 유숙할 곳으로 가져다가 거기 두었더라. 여호수아가 또 요단 가운데 곧 언약궤를 멘 제사장들의 발이 선 곳에 돌 열 둘을 세웠더니 오늘까지 거기 있더라.

이스라엘 백성은 여호수아를 통해 주신 하나님의 명령대로 하였다. 그들은 요단 가운데 하나님의 궤 앞으로 들어가서 제사장들의 발이 굳게 선 그곳에서 돌 열 둘을 취하여 어깨에 메어 가져와 그 날 밤 그들이 유숙할 곳에 두었다. 또 그들은 요단 가운데 곧 언약궤를 멘 제사장들의 발이 선 곳에도 돌 열 둘을 세웠다(히브리어 원문, KJV, 한글개역). 그 돌들은 '오늘까지' 즉 20여 년 후 여호수아가 이 성경을 쓸 때까지에도 거기 있었다. 그러면 여호수아는 그 날 열두 개씩의 돌을 두 군데 세운 것이다. 하나는 그들이 그 밤에 유숙했던 길갈에 세웠고(4:8, 20), 또 하나는 요단 가운데 곧 언약궤를 멘 제사장들의 발이 선 곳에 세웠다(4:9). 요단강 가운데 세운 돌들은 아마 더 큰 것들이었을 것이고 열두 개를 세운 것이 물 위로 나왔든지 혹시 그렇지 않다 할지라도 요단강 물이 줄어들 때 보였을 것이다.

요단강의 기적이 역사적 사건인가? 그렇다, 그 증거는 열두 돌들이었다. 하나는 길갈에 세워져 있고, 하나는 요단강 가운데 세워져 있었다. 열두 돌들은 하나의 '표증'이다. 그것은 하나님의 기적들에 대한 증언들을 듣고도 믿지 않는, 심령이 어둡고 완고한 사람들을 위하여 하나님께서 주신 많은 증거들 중에 하나이다. 우리는 성경에 증거된 기적들을 믿는다. 우리는 하나님의 능력을 믿어야 한다.

〔10-14절〕 궤를 멘 제사장들이 여호와께서 여호수아에게 명하사 백성에게 이르게 하신 일 곧 모세가 여호수아에게 명한 일이 다 마치기까지 요단 가운데 섰고 백성은 속히 건넜으며 모든 백성이 건너기를 마친 후에 여호와의 궤와 제사장들이 백성의 목전에서 건넜으며 르우벤 자손과 갓 자손과 므낫세 반 지파는 모세가 그들에게 이른 것같이 무장하고 이스라엘 자손들보다 앞서 건너갔으니 사만 명 가량이라. 무장하고 여호와 앞에서 건너가서 싸우려고 여리고 평지에 이르니라. 그 날에 여호와께서 모든 이스라엘의 목전에서 여호수아를 크게 하시매 그의 생존한 날 동안에 백성이 두려워하기를 모세를 두려워하던 것같이 하였더라.

궤를 멘 제사장들은 백성들이 건너기까지 요단 가운데 섰고 백성은 속히 건넜으며 모든 백성이 건너기를 마친 후에 여호와의 궤와 제사장들이 백성 앞에서 건넜다. 르우벤 자손과 갓 자손과 므낫세 반 지파 소속 군사 4만명 가량은 무장하고 이스라엘 자손들보다 앞서 건너가 싸우려고 여리고 평지에 이르렀다. 여호와께서는 이스라엘 백성의 눈앞에서 여호수아를 크게 하셨고, 백성들은 그의 사는 날 동안 모세를 두려워했듯이 그를 두려워하였다.

〔15-18절〕 여호와께서 여호수아에게 일러 가라사대 증거궤를 멘 제사장들을 명하여 요단에서 올라오게 하라 하신지라. 여호수아가 제사장들에게 명하여 요단에서 올라오라 하매 여호와의 언약궤를 멘 제사장들이 요단 가운데서 나오며 그 발바닥으로 육지를 밟는 동시에 요단 물이 본 곳으로 도로 흘러 여전히 언덕에 넘쳤더라.

여호와의 언약궤를 멘 제사장들이 요단 가운데서 나오자 요단 물은 본 곳으로 도로 흘러 이전처럼 언덕에 넘쳤다.

〔19-24절〕 정월 십일에 백성이 요단에서 올라와서 여리고 동편 지경 길갈에 진 치매 여호수아가 그 요단에서 가져 온 열두 돌을 길갈에 세우고 이스라엘 자손들에게 일러 가로되 후일에 너희 자손이 그 아비에게 묻기를 이 돌은 무슨 뜻이냐 하거든 너희는 자손에게 알게 하여 이르기를 이스라엘이 마른 땅을 밟고 이 요단을 건넜음이라. 너희 하나님 여호와께서 요단 물을 너희 앞에 마르게 하사 너희로 건너게 하신 것이 너희 하나님 여호와께서 우리 앞에 홍해를 말리시고 우리로 건너게 하심과 같았나니 이는 땅의 모든 백성으로 여호와의 손이 능하심을 알게 하며 너희로 너희 하나님 여호와를 영원토록 경외하게 하려 하심이라 하라.

여호수아는 그 열두 개의 돌을 그들이 유숙한 길갈에 세웠다. 그는 또, 후일에 그들의 후손들이 그 돌의 의미를 물으면 하나님께서 요단강을 마르게 하셨고 이스라엘 백성으로 하여금 그 마른 땅을 밟고 건너게 하셨음을 말하여 하나님의 능력을 알게 하고 그를 영원히 경외하게 해야 한다고 말하였다. 요단강 기적의 목적은 두 가지이었다. 첫째는 우리로 하나님의 능력을 알게 하는 것이요, 둘째는 하나님의 백성들로 하나님을 영원히 경외하게 하는 것, 즉 하나님을 바로 알고 경외하며 믿고 섬기고 순종하게 하는 것이다.

신구약성경에 기록된 모든 기적들은 역사적 사실들이다. 만일 그렇지 않다면, 성경은 거짓 증거의 책에 불과할 것이다. 성경에 기록된 내용은 진실한 증인들의 증거의 말들이며 사건들이다. 또 이렇게 증거된 기적들은 우리로 하나님을 바로 알고 바로 믿게 한다.

요단강 기적은, 살아계신 하나님께서 이스라엘 백성 가운데 계시다는 것과 그들이 하나님의 약속대로 가나안 땅을 정복하고 그 원주민을 쫓아낼 수 있다는 믿음을 가지게 하는 목적도 있었다. 가나안 족속들을 멸망시키는 것은 그들의 우상숭배와 음란에 대한 하나님의 심판이었다. 그러나 그들은 힘있는 족속들이며 이스라엘 백성에게 어려운 상대이었다. 그렇지만, 이스라엘 백성이 요단강 기적을 체험할 때 그들은 가나안 정복에 대한 믿음도 가질 수 있을 것이다.

요단강 기적은 역사적 사실이었다. 요단강에서 길갈로 가져와 세운 열두 개의 돌들과 또 요단강 가운데 세워진 열두 개의 돌들은 그 증표이었다. 요단강 기적은 이스라엘 백성으로 하여금 하나님을 하나님으로 바로 알고 그를 경외하고 섬기도록 하기 위하여 주신 사건이었다. 그것은 모든 시대의 사람들을 위한 것이다. 우리는 이 놀라운 하나님의 기적을 통해 하나님의 살아계심을 확인하고 하나님을 믿고 하나님을 섬기자. 아직도 하나님을 믿지 못하고 의심하는 자가 있는가? 성경이 증거하는 기적들을 통해 하나님을 믿고 구원에 이르러야 한다.

요단강의 기적은 또한 사람이 가나안 땅에 들어가는 것이 자기의 힘으로가 아니고 하나님의 능력으로 됨을 증거한다. 하나님께서는 우리에게 영광스런 천국과 영생을 약속하셨고 이 세상에서 참된 교회의 설립과 전도의 사명을 주셨다. 그러나 우리는 이 광야 같은 세상에서 믿음을 잘 지키고 하나님의 뜻을 힘있게 행하며 천국에 들어갈 힘이 없다. 때때로 요단강 같은 장애물이 우리 앞에 있다. 우리는 바른 교회를 세울 힘이 없다. 그러나 요단강의 기적을 주신 하나님께서 우리와 함께 계심을 알고 믿자. 오직 죄짓지 말고 하나님의 뜻만 순종하자.

5장: 세 가지 준비

〔1절〕 요단 서편의 아모리 사람의 모든 왕과 해변의 가나안 사람의 모든 왕이 여호와께서 요단 물을 이스라엘 자손들 앞에서 말리시고 우리를 건네셨음을 듣고 마음이 녹았고 이스라엘 자손들의 연고로 정신을 잃었더라.

가나안 땅 왕들은 요단강 기적의 소식을 듣고 마음이 녹았다.

〔2-3절〕 그때에 여호와께서 여호수아에게 이르시되 너는 부싯돌로 칼을 만들어 이스라엘 자손들에게 다시 할례를 행하라 하시매 여호수아가 부싯돌로 칼을 만들어 할례산에서 이스라엘 자손들에게 할례를 행하니라.

그때 하나님께서는 여호수아에게 백성에게 할례를 행할 것을 명하셨다. 할례는 남자의 포피(성기 귀두부를 싼 가죽)를 잘라버리는 의식이다. '할례산'이라는 원어는 '포피들의 언덕'이라는 뜻이다.

〔4-9절〕 여호수아가 할례를 시행한 까닭은 이것이니 애굽에서 나온 모든 백성 중 남자 곧 모든 군사는 애굽에서 나온 후 광야 노중에서 죽었는데 그 나온 백성은 다 할례를 받았으나 오직 애굽에서 나온 후 광야 노중에서 난 자는 할례를 받지 못하였음이라. 이스라엘 자손들이 여호와의 말씀을 청종치 아니하므로 여호와께서 그들에게 대하여 맹세하사 그들의 열조에게 맹세하여 우리에게 주마 하신 땅 곧 젖과 꿀이 흐르는 땅을 그들로 보지 못하게 하리라 하시매 애굽에서 나온 족속 곧 군사들이 다 멸절하기까지 사십년 동안을 광야에 행하였더니 그들의 대를 잇게 하신 이 자손에게 여호수아가 할례를 행하였으니 길에서는 그들에게 할례를 행치 못하였으므로 할례 없는 자가 되었음이었더라. 온 백성에게 할례 행하기를 필하매 백성이 진중 각 처소에 처하여 낫기를 기다릴 때에 여호와께서 여호수아에게 이르시되 내가 오늘날 애굽의 수치를 너희에게서 굴러가게 하였다 하셨으므로 그곳 이름을 오늘까지 길갈이라 하느니라.

여호수아가 할례를 시행한 까닭은 애굽에서 나온 후 광야 길에서 난 자들이 할례를 받지 못했기 때문이다. 애굽에서 나온 모든 백성들은 할례를 받았으나 20세 이상의 사람들은 범죄함으로 여호수아와 갈렙 외에는 광야에서 다 죽었고, 광야에서 새로 태어난 아이들(지금 40세 미만인 자들)은 할례를 받지 못했기 때문이다.

백성이 할례를 받고 진중 각 처소에서 낫기를 기다릴 때 여호와께서는 여호수아에게 “내가 오늘날 애굽의 수치를 너희에게서 굴러가게 하였다”고 말씀하셨다. 그래서 여호수아는 그곳을 길갈이라고 불렀다. 길갈이라는 원어(גִּלְגָּל)는 ‘바퀴’ 혹은 ‘굴러감’이라는 뜻이다.

‘애굽의 수치를 굴러가게 하였다’는 뜻이 무엇일까? 할례는 하나님의 언약의 표이었기 때문에 이스라엘 백성이 할례를 받았다는 것은 복된 표시이었고 애굽인들과 같은 할례 없는 자들은 그 언약과 복이 없는 자들이며 수치스런 자들이었다. 그러므로 광야에서 할례를 받지 못했던 자들은 애굽인들과 같았었는데, 이제 할례를 받음으로 그런 수치스런 상태를 면하게 되었다는 뜻일 것이다.

할례가 그렇게 중요할까? 그렇다, 할례는 그렇게 중요하다. 창세기 17장에 보면, 할례는 하나님께서 아브라함의 자손들에게 언약의 표이므로 할례를 받지 아니한 남자는 하나님의 언약을 배반한 자이므로 그 백성 중에서 끊어질 것이라고 말씀하셨다(13-14절).

할례는 불결의 제거, 죄의 제거, 곧 죄씻음과 성결을 상징한다. 죄가 인류의 불행의 근본 원인이요, 죄씻음이 그 해결책이다. 그것이 하나님의 구원이다. 사람은 누구나 죄씻음을 받아야 한다. 그것은 오늘날 세례로 표현된다. 세례는 죄씻음을 상징한다. 세례는 주의 명령이다. 사람은 죄를 가진 채로 천국에 들어갈 수 없고 영생을 얻을 수 없다. 죄의 값은 죽음이며 그 결과는 지옥 형벌이다. 그러므로 모든 사람은 죄사함의 구원을 받아야 한다. 구약시대에 모든 사람이 할례를 받음으로 언약의 백성이 되었듯이, 신약시대에 모든 사람은 주 예수 그리스도를 믿고 세례를 받음으로 언약의 백성이 된다.

〔10-12절〕 이스라엘 자손들이 길갈에 진 쳤고 그 달 십 사일 저녁에는 여리고 평지에서 유월절을 지켰고 유월절 이튿날에 그 땅 소산을 먹되 그 날에 무교병과 볶은 곡식을 먹었더니 그 땅 소산을 먹은 다음 날에 만나가 그쳤으니 이스라엘 사람들이 다시는 만나를 얻지 못하였고 그 해에 가나안 땅의 열매를 먹었더라.

이스라엘 백성은 할례받지 못했던 자녀들에게 길갈에서 할례를 베푼 후에 그 달 14일 저녁에 여리고 평지에서 유월절을 지켰다.

유월절은 하나님의 구속(救贖)의 은혜를 기억케 하는 절기이다. 애굽 왕 바로는 이스라엘 백성을 순순히 놓아주려 하지 않았다. 하나님께서는 모세를 통해 애굽에 10가지 재앙을 내리셨고 열 번째의 재앙 곧 애굽의 모든 가정의 장자를 죽이는 재앙을 당하고서야 바로는 항복하고 이스라엘 백성을 놓아주었다. 그 죽음의 재앙이 있었던 밤에 이스라엘 백성은 유월절 어린양을 잡아 그 피를 집 문설주와 인방에 발랐고 심판의 천사는 그 집을 넘어갔다.

유월절도 할례와 같이 하나님의 언약의 표이었다. 유월절은 하나님께서 이스라엘 백성을 애굽 백성과 구별하신 표이었다. 이방인들은 할례를 받은 후에만 유월절 식탁에 참여할 수 있었다. 유월절을 지키는 것은 하나님의 명령이었다(출 12:14). 이스라엘 백성이 가나안 땅을 정복하기 전에 유월절을 지킴으로 하나님의 언약을 기억하고 다시 확인하는 것은 필요하고 큰 유익이 있었음에 틀림없다.

구약의 유월절 규례는 신약의 성찬식으로 이어진다. 유월절 어린양은 예수 그리스도를 상징한다. 성찬은 주의 명령이요 신약 성도들에게 주신 하나님의 언약의 표이다. 그것은 하나님이 보내신 구주 예수 그리스도의 십자가의 고난과 속죄의 사역을 상징한다. 주 예수를 믿고 구원얻은 모든 자들은 주께서 제정하신 이 의식을 지켜야 한다. 세례받은 모든 신자는 이 의식에 참여해야 한다. 그것은 주님 다시 오실 때까지 신약교회의 성도들이 지켜야 할 규례이다.

이스라엘 백성은 광야 40년 동안 날마다 하늘로부터 내려진 만나를 일용할 양식으로 먹었으나 그들이 유월절을 지킨 다음 날 그들은 그 땅의 소산인 무교병 즉 누룩 넣지 않은 떡과 볶은 곡식을 먹었고 그 땅의 소산을 먹은 다음 날 만나는 더 이상 내리지 않았다. 이스라엘 백성은 다시 만나를 얻지 못하였고 그 해에 그들은 가나안 땅에서 난 것을 먹었다. 광야 생활을 위해 주셨던 하나님의 비상 식량인 만나는 가나안 땅에서는 계속되지 않았다.

기독교는 하나님의 기적들을 믿으나 기적주의는 아니다. 기적은 계시 시대에 하나님께서 주신 비상 사건이다. 그러나 하나님의 일반 섭리 방식은 성경말씀을 통한 신앙생활이다. 신자들은 성경말씀을 읽고 그 말씀에 증거된 하나님의 진리들을 다 믿고 그 말씀의 교훈대로 살아가면 된다. 그것이 하나님의 뜻이며 참된 기독교이다.

〔13-15절〕 여호수아가 여리고에 가까왔을 때에 눈을 들어본즉 한 사람이 칼을 빼어 손에 들고 마주섰는지라 여호수아가 나아가서 그에게 묻되 너는 우리를 위하느냐, 우리의 대적을 위하느냐? 그가 가로되 아니라. 나는 여호와의 군대장관으로 이제 왔느니라. 여호수아가 땅에 엎드려 절하고 가로되 나의 주여, 종에게 무슨 말씀을 하려 하시나이까? 여호와의 군대장관이 여호수아에게 이르되 네 발에서 신을 벗으라. 네가 선 곳은 거룩하니라. 여호수아가 그대로 행하니라.

여호수아가 여리고에 가까웠을 때 하나님의 군대장관을 만났다. 여호와의 군대장관은 신비한 인물이다. 그는 여호수아에게 엎드려 절함 즉 경배를 받았고, 여호수아는 그를 '나의 주여'라고 불렀고, 그는 여호수아에게 '네 발에서 신을 벗으라, 네가 선 곳은 거룩하니라'고 말했다. 이 세 가지 사실은 그가 신적 존재임을 나타낸다. 만일 그가 하나님이 아니시고 어떤 천사였다면, 그는 여호수아에게 경배

받기를 거절했을 것이다. 또 그가 여호수아의 선 곳이 거룩하다고 말한 것은 그가 하나님이라는 뜻이다. 하나님께서 계신 곳이 아니면 감히 거룩하다고 말할 수 없을 것이다. 그 신적인 존재이신 '여호와의 군대장관'은 구약시대에 종종 나타나셨던 하나님이나 하나님의 사자, 즉 예수 그리스도시라고 본다.

그가 이때에 여호수아에게 나타나신 것은 그를 위로 격려하시고 그가 그와 함께하심을 기억시키고 그가 친히 이스라엘 군대를 도우실 것을 증거하기 위함이었을 것이다. 여기에서 '여호와의 군대'는 이스라엘 회중을 가리킨다고 본다. 주 예수께서는 이스라엘 군대의 총사령관 곧 교회의 우두머리이시다. 그는 그들과 동행하시며 그들과 함께 싸우시며 그들을 진두지휘하시며 원수들을 멸하실 것이다.

'네 발에서 신을 벗으라'는 말씀은 성결과 경외함과 복종을 요구하시는 뜻이라고 본다. 주의 일을 하려는 자는 일상적인 신을 벗고 성결과 경외함으로 주께 복종해야 한다. 우리는 자신의 뜻대로 살지 말고 오직 하나님의 뜻대로, 성경의 교훈대로 살아야 한다.

본장의 교훈은 무엇인가? 첫째로, 가나안 정복을 앞에 둔 이스라엘 백성에게 할례를 받는 일이 필요했듯이, 신약교회는 주 예수 그리스도를 믿고 세례를 받음으로 성도가 되어 복음 사역에 동참할 수 있다.

둘째로, 가나안 정복을 앞에 둔 이스라엘 백성이 유월절을 지켰듯이, 오늘 우리는 시시때때로 성찬에 참여함으로 우리 위해 죽으시고 다시 사신 구주 예수 그리스도의 은혜를 기억하며 힘을 얻어야 한다.

셋째로, 가나안 정복을 앞에 둔 이스라엘 백성이 하나님의 군대장관을 만난 것처럼, 오늘 우리는 우리의 대장 되신 예수 그리스도를 알고 의지하고 의탁해야 한다. 우리의 개인적 신앙생활이나 복음 전도나 참 교회의 건립의 일은 영적 전쟁과 같다. 마귀는 그런 일을 가장 싫어한다. 그러므로 우리는 주 예수 그리스도와 성령만 의지하고 싸우자.

6장: 여리고성을 정복함

〔1-7절〕 이스라엘 자손들로 인하여 여리고는 굳게 닫혔고 출입하는 자 없더라. 여호와께서 여호수아에게 이르시되 보라, 내가 여리고와 그 왕과 용사들을 네 손에 붙였으니 너희 모든 군사는 성을 둘러 성 주위를 매일 한번씩 돌되 엿새 동안을 그리하라. 제사장 일곱은 일곱 양각나팔을 잡고 언약궤 앞에서 행할 것이요 제7일에는 성을 일곱 번 돌며 제사장들은 나팔을 불 것이며 제사장들이 양각나팔을 길게 울려 불어서 그 나팔 소리가 너희에게 들릴 때에는 백성은 다 큰 소리로 외쳐 부를 것이라. 그리하면 그 성벽이 무너져 내리리니 백성은 각기 앞으로 올라갈지니라 하시매 눈의 아들 여호수아가 제사장들을 불러서 그들에게 이르되 너희는 언약궤를 메고 일곱 제사장은 일곱 양각나팔을 잡고 여호와의 궤 앞에서 행하라 하고 또 백성에게 이르되 나아가서 성을 돌되 무장한 자들이 여호와의 궤 앞에 행할지니라.

본장은 요단강 서쪽 가나안 땅에서의 첫 전쟁인 여리고성 정복 전쟁에 대한 기록이다. 하나님께서는 여호수아를 통해 이스라엘의 모든 군사들에게 하루 한번씩 여리고성을 돌고 제7일에는 일곱 번 돌라고 명하셨고 또 제사장들 중 일곱은 각각 양각나팔[양이나 소의 뿔로 만든 나팔]를 잡고 또 몇 명은 언약궤를 메고 모든 군사들 앞에서 행하라고 명하셨다.

행진 대열에는 순서가 있었다. 무장한 자들이 맨 앞에 선다. 원문에는 '무장한 자'라고 단수로 되어 있지만(7, 9, 13절), 아마 한 명이 아니고 몇 명이었을 것이다(NASB). 그 다음에 일곱 양각나팔을 든 일곱 명의 제사장들이 서고 그 다음 하나님의 언약궤를 멘 제사장들이 서야 했다(12절). 언약궤는 보통 때는 레위인들 중 고핫 자손들이 메지만(민 4:15) 요단강을 건널 때(수 3:6)와 이번에는 제사장들이 메어야 했다. 그런 후 그들을 따라 모든 군사들이 행진하여야 했다.

〔8-14절〕 여호수아가 백성에게 이르기를 마치매 제사장 일곱이 일곱 양각나팔을 잡고 여호와 앞에서 진행하며 나팔을 불고 여호와의 언약궤는 그 뒤를 따르며 무장한 자들은 나팔 부는 제사장들 앞에서 진행하며 후군은 궤 뒤에 행하고 제사장들은 나팔을 불며 행하더라. 여호수아가 백성에게 명하여 가로되 너희는 외치지 말며 너희 음성을 들레지 말며 [시끄럽게 떠들지 말고] **너희 입에서 아무 말도 내지 말라. 그리하다가 내가 너희에게 명하여 외치라 하는 날에 외칠지니라 하고 여호와의 궤로 성을 한번 돌게 하니라. 무리가 진에 돌아와서 진에서 자니라. 여호수아가 아침에 일찍이 일어나니라. 제사장들이 여호와의 궤를 메고 일곱 제사장은 일곱 양각나팔을 잡고 여호와의 궤 앞에서 계속 진행하며 나팔을 불고 무장한 자들은 그 앞에 행하며 후군은 여호와의 궤 뒤에 행하고 제사장들은 나팔을 불며 행하니라. 그 제2일에도 성을 한번 돌고 진에 돌아 오니라. 엿새 동안을 이같이 행하니라.**

이스라엘 백성은 하나님의 명령대로 행하였다. 그들은 외치거나 음성을 시끄럽게 떠들지 않았고 단지 일곱 양각나팔을 든 제사장들은 나팔을 불었다(8절). 그들은 6일 동안 매일 그렇게 했고 제7일에는 성을 일곱 바퀴 돌았다. 고고학적 발굴에 의하면, 그 당시 여리고성은 둘레가 약 600미터이고 면적이 약 28,300평방미터, 약 7,000평 정도의 작은 성으로 추측된다고 한다. 그 시대의 성은 주로 외부의 침입을 막는 용도이었고 평소의 생활은 성안에서 뿐만 아니라 성밖에서도 이루어졌을 것이다. 그 정도 크기의 성이라면 제7일에 일곱 바퀴를 도는 것은 힘든 일은 아니었을 것이다.

〔15-21절〕 제7일 새벽에 그들이 일찍이 일어나서 여전한 방식으로 성을 일곱 번 도니 성을 일곱 번 돌기는 그 날뿐이었더라. 일곱 번째에 제사장들이 나팔을 불 때에 여호수아가 백성에게 이르되 외치라. 여호와께서 너희에게 이 성을 주셨느니라. 이 성과 그 가운데 모든 물건은 여호와께 바치되 기생 라합과 무릇 그 집에 동거하는 자는 살리라. 이는 그가 우리의 보낸 사자를 숨겼음이니라. 너희는 바칠 물건을 스스로 삼가라. 너희가 그것을 바친 후에 그 바친 어느 것이든지 취하면 이스라엘

진으로 바침이 되어 화를 당케 할까 두려워하노라. 은금과 동철 기구들은 다 여호와께 구별될 것이니 그것을 여호와의 곳간에 들일지니라. 이에 백성은 외치고 제사장들은 나팔을 불매 백성이 나팔 소리를 듣는 동시에 크게 소리질러 외치니 성벽이 무너져 내린지라. 백성이 각기 앞으로 나아가 성에 들어가서 그 성을 취하고 성 중에 있는 것을 다 멸하되 남녀 노유와 우양과 나귀를 칼날로 멸하니라.

일곱 째 날 그들은 여리고성을 일곱 바퀴 돌았고 양각나팔을 든 제사장들은 나팔들을 길게 울려 불었고 이스라엘 백성은 하나님의 지시대로 큰 소리로 외쳤다. 그때 그 성은 하나님의 말씀대로 무너졌으며 이스라엘 백성은 그 성으로 들어가 모든 사람들을 죽였다.

하나님께서 지시하신 정복의 방식에는 몇 가지 뜻이 있어 보인다. 우선, 이스라엘 백성은 하나님의 언약을 의지하여야 했다. 가나안 땅 정복은 전적으로 하나님의 언약에 근거한 일이다. 하나님께서는 이스라엘 백성의 조상 아브라함에게 가나안 땅을 기업으로 약속하셨다(창 12:7; 13:15; 15:18-21 등). 그는 이삭과 야곱에게도 그 약속을 계속하셨다(창 26:3; 28:13). 그러므로 이스라엘 백성은 이 하나님의 약속을 기억해야 했고 하나님을 믿고 그 약속을 믿어야 했다. 그들의 행렬에 하나님의 언약궤를 앞세운 까닭은 바로 거기에 있었다.

또 제사장들이 일곱 양각나팔을 들고 행진 중에 나팔을 분 것은 하나님께 아뢰는 뜻이 있는 것 같다(민 10:10). 제사장들의 나팔소리는 하나님께 대한 기도와 같다. "오 하나님, 주의 약속만 의지합니다. 주의 명령을 따라 이 시간 이곳까지 왔사오니 우리의 이 전쟁을 주께 부탁하나이다. 주의 대적들을 주의 종들의 손에 붙여주소서."

또 여호수아와 이스라엘 백성의 행진은 한마디로 순종의 과정이었다. 하나님의 일은 하나님의 지시하신 방식대로 이루어졌고 인간편에서는 믿음과 기도와 순종으로 이루어진 것이다.

여리고성의 정복 전쟁은 이스라엘 백성 편에서는 하나님의 약속과 능력을 체험한 전쟁이며 하나님의 방법으로 승리한 전쟁이었으나, 가나안 사람들 편에서는 처참하고 불행한 전쟁이었다. 그것은 하나님의 심판이었다. 하나님께서는 여호수아에게 "보라, 내가 여리고와 그 왕과 용사들을 네 손에 붙였노라"고 말씀하셨었다(2절).

하나님께서 그런 처참한 심판을 행하신 까닭은 가나안 원주민들의 죄악이 심히 컸기 때문이다. 그들의 죄는 우상숭배와 음란의 죄이었다. 그것들은 인간의 전형적 죄이다. 하나님께서는 죄를 미워하신다. 특히 우상숭배와 음란을 미워하신다. 하나님의 심판은 무섭다. 홍수 심판도, 소돔 성의 불심판도, 최종적 지옥도 참으로 무섭다.

〔22-25절〕 여호수아가 그 땅을 정탐한 두 사람에게 이르되 그 기생의 집에 들어가서 너희가 그 여인에게 맹세한 대로 그와 그에게 속한 모든 것을 이끌어내라 하매 정탐한 소년들이 들어가서 라합과 그 부모와 그 형제와 그에게 속한 모든 것을 이끌어내고 또 그 친족도 다 이끌어내어 그들을 이스라엘 진 밖에 두고 무리가 불로 성읍과 그 가운데 있는 모든 것을 사르고 은금과 동철 기구는 여호와의 집 곳간에 두었더라. 여호수아가 기생 라합과 그 아비의 가족과 그에게 속한 모든 것을 살렸으므로 그가 오늘날까지 이스라엘 중에 거하였으니 이는 여호수아가 여리고를 탐지하려고 보낸 사자를 숨겼음이었더라.

여호수아는 정탐군들을 라합의 집에 보내어 그와 그에게 속한 모든 사람들을 구출케 하였다. 모든 집들과 사람들을 불태우며 죽였고 금은동철 기구들은 여호와의 집 곳간에 두었다. 여호수아는 정탐군들이 라합에게 한 맹세의 약속을 지켰다. 라합은 믿음으로 구원을 받았다. 그는 그 멸망의 성 가운데서 구원을 받았다. 그는 비록 큰 죄인이었지만 이스라엘의 하나님을 믿음으로 구원을 받았다.

〔26-27절〕 여호수아가 그 때에 맹세로 무리를 경계하여 가로되 이 여리고성을 누구든지 일어나서 건축하는 자는 여호와 앞에서 저주를 받을 것이라. 그 기초를 쌓을 때에 장자를 잃을 것이요 문을 세울 때에 계자를 잃으리라 하였더라. 여호와께서 여호수아와 함께 하시니 여호수아

의 명성이 그 온 땅에 퍼지니라.

여호수아는 훗날에 여리고성을 중건하는 자에 대해 저주를 선언하였다. 이 저주는 후에 그대로 이루어졌다. 이스라엘 왕 아합 때에 벧엘 사람 히엘이 여리고를 건축하다가 터를 쌓을 때에 맏아들을 잃었고 그 문을 세울 때 말째 아들을 잃었다(왕상 16:34).

여리고성의 정복은 몇 가지 교훈을 준다. 첫째로, 이 사건은 죄의 결과가 멸망임을 증거한다. 여리고성이 그렇게 멸망한 것은 하나님의 심판이었다. 죄의 결과는 멸망이다. 노아 시대의 홍수 심판이나 소돔과 고모라 성의 멸망이 그러하였었다. 가나안 땅의 멸망도 그러했다. 최종적으로 지옥 불못이 그러할 것이다(계 21:8). 사람은 죄를 짓지 말아야 하고 이미 지은 모든 죄들을 회개하고 그것들을 떠나야 한다.

둘째로, 여리고성의 정복 사건은 사람이 멸망의 세상 속에서 구원을 얻으려면 회개하고 하나님을 믿어야 함을 증거한다. 라합은 멸망하는 성 가운데서, 비록 죄인의 신분이었지만, 구원을 얻었다. 그와 그의 모든 친족들이 구원을 얻었다. 오늘날도 마찬가지다. 사람은, 비록 그가 라합처럼 큰 죄인일지라도, 비록 그가 사는 사회가 여리고성처럼 심히 악하여 그 멸망이 임박할지라도, 오직 하나님과 그의 보내주신 구주 예수 그리스도를 믿음으로 구원을 얻는다. "주 예수 그리스도를 믿으라, 그리하면 너와 네 집이 구원을 얻으리라"고 성경은 말한다.

셋째로, 여리고성 정복의 사건은 하나님의 일들이 믿음과 기도와 순종으로 이루어짐을 증거한다. 이스라엘 백성은 하나님께서 여호수아를 통해 주신 명령과 지시대로 하나님의 언약궤를 따라 순종해야 했다. 여리고성 정복과 같이, 오늘날 우리도 하나님의 일들을 하나님의 방법대로 행해야 한다. 주께서는 우리에게 전도의 일과 참된 교회의 건립을 명하셨고 또 세상에서 빛과 소금이 되는 바르고 선한 삶을 살라고 교훈하셨다. 우리는 믿음과 기도와 순종으로 살며 일해야 한다.

7장: 아이성에서 실패함

〔1절〕 이스라엘 자손들이 바친 물건을 인하여 범죄하였으니 이는 유다 지파 세라의 증손 삽디의 손자 갈미의 아들 아간이 바친 물건을 취하였음이라. 여호와께서 이스라엘 자손들에게 진노하시니라.

여리고성 정복 때에 이스라엘 백성 중 한 사람 아간은 바친 물건을 취함으로 범죄하였다. 본장에는 '바친 물건' 혹은 '바친 것'이라는 말이 여덟 번이나 나온다(1절[2번], 11절, 12절[2번], 13절[2번], 15절). '바친 물건'이라는 원어(케렘 חֵרֶם)는 '하나님께 완전히 바쳐진 것, 저주받은 것, 멸망 받아야 할 것'이라는 뜻이다. 레위기 27:28-29는, "여호와께 아주 바친 그 물건은 사람이든지 생축이든지 기업의 밭이든지 팔지도 못하고 속하지도 못하나니 바친 것은 다 여호와께 지극히 거룩함이며 아주 바친 그 사람은 다시 속하지 못하나니 반드시 죽일지니라"고 말하였다. 우상숭배와 음란으로 심히 더러워졌던 가나안 땅은 하나님께 완전히 바쳐진 것, 멸망 받아야 할 것이었다. 이스라엘 백성이 여리고성을 정복하려 할 때 하나님께서는 여호수아를 통해 "너희는 바칠 물건을 스스로 삼가라. 너희가 그것을 바친 후에 그 바친 어느 것이든지 취하면 이스라엘 진으로 바침이 되어 화를 당케 할까 두려워하노라"고 말씀하셨었다(수 6:18). 그러나 그들이 범죄함으로 하나님께서는 그들에게 진노하셨다.

〔2-5절〕 여호수아가 여리고에서 사람을 벧엘 동편 벧아웬 곁에 있는 아이로 보내며 그들에게 일러 가로되 올라가서 그 땅을 정탐하라 하매 그 사람들이 올라가서 아이를 정탐하고 여호수아에게로 돌아와서 그에게 이르되 백성을 다 올라가게 말고 이삼천 명만 올라가서 아이를 치게 하소서. 그들은 소수니 모든 백성을 그리로 보내어 수고롭게 마소서 하므로 백성 중 삼천 명쯤 그리로 올라갔다가 아이 사람 앞에서 도망하니 아이 사람이 그들의 36인쯤 죽이고 성문 앞에서부터 스바림까지 쫓아

와서 내려가는 비탈에서 쳤으므로 백성의 마음이 녹아 물같이 된지라.

아이성은 여리고성에 비해 작은 성이므로 그들은 3천명만 올라가 치게 하였는데, 그들은 패전하여 36명쯤 죽임을 당했고 백성의 마음은 물같이 녹았다.

〔6-9절〕 여호수아가 옷을 찢고 이스라엘 장로들과 함께 여호와의 궤 앞에서 땅에 엎드려 머리에 티끌을 무릅쓰고 저물도록 있다가 여호수아가 가로되 슬프도소이다, 주 여호와여, 어찌하여 이 백성을 인도하여 요단을 건너게 하시고 우리를 아모리 사람의 손에 붙여 멸망시키려 하셨나이까? 우리가 요단 저편을 족하게 여겨 거하였더면 좋을 뻔하였나이다. 주여, 이스라엘이 그 대적 앞에서 돌아섰으니 내가 무슨 말을 하오리이까? 가나안 사람과 이 땅 모든 거민이 이를 듣고 우리를 둘러싸고 우리 이름을 세상에서 끊으리니 주의 크신 이름을 위하여 어떻게 하시려나이까?

여호수아는 하나님의 은혜로 그 전쟁에서 승리할 것을 기대했는데 패전함으로 크게 낙망하여 여호와의 궤 앞에 저물도록 땅에 엎드렸고 마음은 한없이 약해지고 두려움마저 엄습해왔다.

〔10-15절〕 여호와께서 여호수아에게 이르시되 일어나라. 어찌하여 이렇게 엎드렸느냐? 이스라엘이 범죄하여 내가 그들에게 명한 나의 언약을 어기었나니 곧 그들이 바친 물건을 취하고 도적하고 사기하여 자기 기구 가운데 두었느니라. 그러므로 이스라엘 자손들이 자기 대적을 능히 당치 못하고 그 앞에서 돌아섰나니 이는 자기도 바친 것이 됨이라. 그 바친 것을 너희 중에서 멸하지 아니하면 내가 다시는 너희와 함께 있지 아니하리라. 너는 일어나서 백성을 성결케 하여 이르기를 너희는 스스로 성결케 하여 내일을 기다리라. 이스라엘의 하나님 여호와의 말씀에 이스라엘아, 너의 중에 바친 물건이 있나니 네가 그 바친 물건을 너의 중에서 제하기 전에는 너의 대적을 당치 못하리라. 아침에 너희는 너희 지파대로 가까이 나아오라. 여호와께 뽑히는 지파는 그 족속대로 가까이 나아올 것이요 여호와께 뽑히는 족속은 그 가족대로 가까이 나아올 것이요 여호와께 뽑히는 가족은 각 남자대로 가까이 나아올 것이며

바친 물건을 가진 자로 뽑힌 자를 불사르되 그와 그 모든 소유를 그리하라. 이는 여호와의 언약을 어기고 이스라엘 가운데서 망령된 일을 행하였음이라 하셨다 하라.

하나님께서는 여호수아에게 일어나라고 하시면서 그 전쟁에서의 패전의 원인이 범죄함에 있었다는 것을 일러주셨다. 아이성에서의 이스라엘 백성의 실패는 한 사람 아간의 죄 때문이었다. 한 사람의 죄는 이렇게 이스라엘 전체에게 심각한 결과를 가져왔다. 죄가 패배의 원인이다. 죄 때문에 개인도, 가정도, 국가도, 세상도 망한다. 죄가 모든 불행의 원인이다. 하나님께서는 또 여호수아에게 이스라엘 백성이 그것을 제거하지 않으면 그 전쟁에서 이길 수 없을 것이므로 그 범죄자를 제거해야 한다고 말씀하시며 이스라엘 총회를 모을 것과 그 범죄자를 찾아내는 방법까지 구체적으로 지시해주셨다.

〔16-21절〕 이에 여호수아가 아침 일찍이 일어나서 이스라엘을 그 지파대로 가까이 나아오게 하였더니 유다 지파가 뽑혔고 유다 족속을 가까이 나아오게 하였더니 세라 족속이 뽑혔고 세라 족속의 각 남자를 가까이 나아오게 하였더니 삽디가 뽑혔고 삽디의 가족 각 남자를 가까이 나아오게 하였더니 유다 지파 세라의 증손이요 삽디의 손자요 갈미의 아들인 아간이 뽑혔더라. 여호수아가 아간에게 이르되 내 아들아, 청하노라. 이스라엘의 하나님 여호와께 영광을 돌려 그 앞에 자복하고 네 행한 일을 내게 고하라. 그 일을 내게 숨기지 말라. 아간이 여호수아에게 대답하여 가로되 참으로 나는 이스라엘 하나님 여호와께 범죄하여 여차 여차히 행하였나이다. 내가 노략한 물건 중에 시날산의 아름다운 외투 한 벌과 은 이백 세겔과 오십 세겔 중의 금덩이 하나를 보고 탐내어 취하였나이다. 보소서, 이제 그 물건들을 내 장막 가운데 땅속에 감추었는데 은은 그 밑에 있나이다.

여호수아는 즉시 아침 일찍 일어나 이스라엘 백성을 지파대로와 가족대로 모으고 그 범죄자를 찾아내었다. 아간이 뽑혔고 그에게서 그 죄를 자백받았다. 그는 노략한 물건 중에 시날산의 아름다운 외투 한 벌과 은 200세겔과 50세겔 무게의 금덩이 하나를 탐내어 취하였다. 시날산 즉 바벨론산의 아름다운 외투는 오늘날 값비싼 프랑스제 밍크 코트 같은 것일 것이다. 은 200세겔은 은 약 2.3킬로그램인데, 후에 은 1데나리온이 은 5그램이니 은 200세겔은 약 460데나리온 정도가 되며, 신약시대에 일꾼 하루 품삯인 1데나리온을 7만원만 쳐도 은 200세겔은 약 3,200만원의 가치가 된다. 50세겔 중 금덩이는 약 600그램, 즉 약 160돈으로 2,700만원 이상의 가치가 될 것이다.

탐심은 신앙생활에 큰 방해거리이다. 성경은 탐심을 우상숭배라고 말한다(골 3:5). 주께서는 탐심은 가시밭에 뿌려진 씨와 같다고 말씀하셨다(마 13:22). 사도 바울은 디모데전서 6:9-10에서 "부하려 하는 자들은 시험과 올무와 여러가지 어리석고 해로운 정욕에 떨어지나니 곧 사람으로 침륜과 멸망에 빠지게 하는 것이라. 돈을 사랑함이 일만 악의 뿌리가 되나니 이것을 사모하는 자들이 미혹을 받아 믿음에서 떠나 많은 근심으로써 자기를 찔렀도다"라고 말하였다(딤전 6:9-10). 탐심은 우리가 극히 경계해야 할 죄이다.

〔22-26절〕 이에 여호수아가 사자를 보내매 그의 장막에 달려가 본즉 물건이 그의 장막 안에 감취었는데 은은 그 밑에 있는지라. 그들이 그것을 장막 가운데서 취하여 여호수아와 이스라엘 모든 자손에게로 가져오매 그들이 그것을 여호와 앞에 놓으니라. 여호수아가 이스라엘 모든 사람으로 더불어 세라의 아들 아간을 잡고 그 은과 외투와 금덩이와 그 아들들과 딸들과 소들과 나귀들과 양들과 장막과 무릇 그에게 속한 모든 것을 이끌고 아골 골짜기로 가서 여호수아가 가로되 네가 어찌하여 우리를 괴롭게 하였느뇨? 여호와께서 오늘날 너를 괴롭게 하시리라 하니 온 이스라엘이 그를 돌로 치고 그것들도 돌로 치고 불사르고 그 위에 돌무더기를 크게 쌓았더니 오늘날까지 있더라. 여호와께서 그 극렬한 분노를 그치시니 그러므로 그곳 이름을 오늘날까지 아골 골짜기라 부르더라.

여호수아는 아간의 자백대로 그의 장막에서 그 물건들을 확인한 후 그 물건들과 아간과 그 처자들과 가축들을 다 아골 골짜기에서 돌로 쳐죽이고 불사르었다. '아골'이라는 말(아코르 עָכוֹר)은 괴로움이라는 뜻이다. 아골 골짜기는 괴로움의 골짜기이었다. 아간의 죄의 결과는 그 골짜기에서의 그 가족들의 고통의 부르짖음과 죽음이었다. 아간과 그의 가족들이 고통스런 부르짖음 가운데 죽임을 당하였을 때 하나님의 극렬한 진노가 그쳤다고 성경은 기록한다. 이스라엘 백성이 가나안 정복에 성공하려면 악을 제거해야 했다. 그들이 범죄한다면 가나안 전쟁에서 결코 승리할 수 없다. 시편 5:4, "주는 죄악을 기뻐하는 신이 아니시니 악이 주와 함께 유하지 못하며."

본장의 교훈은 무엇인가? 첫째로, 죄는 실패의 원인이다. 개인이 죄를 지으면, 그 자신이 실패한다. 우상숭배나 이단이나 교만, 미움이나 음란이나 거짓말 등 십계명을 어기는 죄는 무엇이든지, 죄는 실패의 원인이다. 특히 아간의 죄 같은 탐심의 죄는 불행과 실패를 가져온다.

둘째로, 부모가 죄를 지으면, 그 자녀들에게 불행과 화가 있다. 부모의 죄는 자녀들에게 영향을 미친다. 우리가 정말 자녀의 행복을 원한다면 우리는 범죄치 말아야 한다. 만일 우리가 범죄하면 우리의 자녀는 행복하지 못할 것이다. 그들은 하나님의 복을 받지 못할 것이다.

셋째로, 교회도 주의 능력과 영광을 체험하며 간직하려면, 교인 한 사람 한 사람이 악을 포용해서는 안 되고 악을 버려야 하고 진지하게 주님을 섬기며 순종해야 한다. 특히 직분자 한 사람의 생활이 중요하다. 교회의 중직 한 사람이 범죄하면 확실히 교회에 큰 해가 될 것이다. 또 교회가 힘있게 일하려면, 교회는 성경의 교훈대로 운영되어야 할 것이다. 교회는 직분자를 바르게 세우고 교인들을 바르게 관리하고 교회 안에 잘못된 일이 있으면, 바르게 다루고 필요하면 권징을 행사해야 할 것이다. 개인이나 교회나 죄악을 포용하고서는 영적 전쟁에서 승리할 수 없고 하나님의 일을 바르고 힘있게 시행할 수 없다.

8장: 아이성을 정복함

〔1-2절〕 여호와께서 여호수아에게 이르시되 두려워 말라. 놀라지 말라. 군사를 다 거느리고 일어나 아이로 올라가라. 보라, 내가 아이 왕과 그 백성과 그 성읍과 그 땅을 다 네 손에 주었노니 너는 여리고와 그 왕에게 행한 것같이 아이와 그 왕에게 행하되 오직 거기서 탈취할 물건과 가축은 스스로 취하라. 너는 성 뒤에 복병할지니라.

하나님께서는 여호수아에게 다시 용기를 내어 아이성을 정복하라고 명하시며 그 성을 그에게 주었다고 말씀하셨다. 이제 그 전투는 승리할 것이다. 그 승리는 하나님의 허락하심 속에서 이루어질 것이다. 하나님께서는 세상의 모든 일들을 작정하시고 주장하신다. 시편 135:6, "여호와께서 무릇 기뻐하시는 일을 천지와 바다와 모든 깊은 데서 다 행하셨도다." 세상에 지극히 작은 일 하나라도 하나님의 뜻과 상관없이 일어나지 않는다(마 10:29).

하나님의 허락하심은, 물론 하나님 편에서는 그의 기뻐하시는 뜻이었지만, 이스라엘 편에서는 악을 제거했기 때문에 가능한 일이었다. 사람의 죄는 하나님과 사람 사이를 가로막는다. 죄악은 사람의 기도에 대한 하나님의 응답을 가로막는다(사 59:1-2; 렘 5:25). 죄는 하나님께서 사람에게 주실 수 있는 모든 좋은 것을 막는다. 이스라엘 백성은 아간의 죄를 징벌했을 때 승리의 허락을 받게 된 것이다. 죄가 제거되었을 때 하나님께서는 이스라엘의 승리를 허락하셨다. 아이성 전투에서는 하나님께서 이스라엘 백성에게 그 성의 가축과 노략물을 취할 수 있도록 허락하셨다.

〔3-9절〕 이에 여호수아가 일어나서 군사와 함께 아이로 올라가려 하여 용사 삼만 명을 뽑아 밤에 보내며 그들에게 명하여 가로되 너희는 성읍 뒤로 가서 성읍을 향하고 매복하되 그 성읍에 너무 멀리하지 말고 다 스스로 예비하라. 나와 나를 좇는 모든 백성은 다 성읍으로 가까이 가리

니 그들이 처음과 같이 우리에게로 쳐 올라 올 것이라. 그리할 때에 우리가 그들 앞에서 도망하면 그들이 나와서 우리를 따르며 스스로 이르기를 그들이 처음과 같이 우리 앞에서 도망한다 하고 우리의 유인을 받아 그 성읍에서 멀리 떠날 것이라. 우리가 그 앞에서 도망하거든 너희는 매복한 곳에서 일어나서 그 성읍을 점령하라. 너희 하나님 여호와께서 너희 손에 붙이시리라. 너희가 성읍을 취하거든 그것을 불살라 여호와의 말씀대로 행하라. 보라, 내가 너희에게 명하였느니라 하고 그들을 보내매 그들이 복병할 곳으로 가서 아이 서편 벧엘과 아이 사이에 매복하였고 여호수아는 그 밤에 백성 가운데서 잤더라.

아이성 정복은 복병술을 사용함으로 이루어졌다. 아이성의 정복은 하나님께서 허락하신 일이지만, 그것은 저절로 되는 것이 아니었다. 하나님께서 허락하신 뜻이 이루어지기 위해서는 인간이 할 몫이 있었다. 이것이 하나님의 작정과 섭리의 방식이다. 그러므로 하나님의 작정과 섭리를 믿는 성도들은 소극적 태도를 가져서는 안 된다. 하나님의 작정과 섭리의 성취에는 보통 우리가 해야 할 몫이 있다. 하나님의 뜻은 우리가 우리의 몫을 함으로 이루어질 것이다. 우리는 하나님께서 지시하시는 우리의 몫을 성실히 행함으로 하나님의 뜻을 이룰 수 있다. 아이성 전투에서 이스라엘 백성은 복병술을 사용해야 하였다. 여호수아는 하나님의 지시를 그대로 실행했다.

〔10-17절〕 여호수아가 아침에 일찍이 일어나서 백성을 점고하고 이스라엘 장로들로 더불어 백성 앞서 아이로 올라가매 그를 좇은 군사가 다 올라가서 성읍 앞에 가까이 이르러 아이 북편에 진치니 그와 아이 사이에는 한 골짜기가 있었더라. 그가 오천 명 가량을 택하여 성읍 서편 벧엘과 아이 사이에 또 매복시키니 이와 같이 성읍 북편에는 온 군대가 있고 성읍 서편에는 복병이 있었더라. 여호수아가 그 밤에 골짜기 가운데로 들어가니 아이 왕이 이를 보고 그 성읍 백성과 함께 일찍이 일어나서 급히 나가 아라바 앞에 이르러 정한 때에 이스라엘과 싸우려 하고 성읍 뒤에 복병이 있는 줄은 알지 못하였더라. 여호수아와 온 이스라엘이 그들 앞에서 거짓 패하여 광야 길로 도망하매 그 성 모든 백성이 그들을

따르려고 모여서 여호수아를 따르며 유인함을 입어 성을 멀리 떠나니 아이와 벧엘에 이스라엘을 따라가지 아니한 자가 하나도 없으며 성문을 열어 놓고 이스라엘을 따랐더라.

여호수아는 이스라엘 백성에게 복병 전술을 설명했고 군사들 중 처음에는 3만명을, 그리고 후에 추가로 5천명을, 아이성의 서쪽 곧 뒤편에 매복시켰다. 그는 아침 일찍부터 아이성을 공격했다. 아이성의 왕과 군사들은 급히 대처했다. 그때 여호수아와 이스라엘 군대는 거짓 패하여 아이성 군사들을 유인해내는 데 성공했다. 아이성 왕과 모든 군사들은, 패하여 도망가는 듯한 이스라엘 군대를 추격하는데 여념이 없어서 성문을 열어 놓은 채 그들을 따라갔다. 그들은 이 두 번째 전투에서 매우 경솔하였다.

〔18-23절〕 여호와께서 여호수아에게 이르시되 네 손에 잡은 단창을 들어 아이를 가리키라. 내가 이 성읍을 네 손에 주리라. 여호수아가 그 손에 잡은 단창을 들어 성읍을 가리키니 그 손을 드는 순간에 복병이 그 처소에서 급히 일어나 성읍에 달려들어가서 점령하고 곧 성읍에 불을 놓았더라. 아이 사람이 뒤를 돌아본즉 그 성읍에 연기가 하늘에 닿은 것이 보이니 이 길로도 저 길로도 도망할 수 없이 되었고 광야로 도망하던 이스라엘 백성은 그 따르던 자에게로 돌이켰더라. 여호수아와 온 이스라엘이 그 복병이 성읍을 점령함과 성읍에 연기가 오름을 보고 다시 돌이켜 아이 사람을 죽이고 복병도 성읍에서 나와 그들을 치매 그들이 이스라엘 중간에 든지라. 혹은 이편에서 혹은 저편에서 쳐죽여서 한 사람도 남거나 도망하지 못하게 하였고 아이 왕을 사로잡아 여호수아 앞으로 끌어왔더라.

〔24-29절〕 이스라엘이 자기를 광야로 따르던 아이 모든 거민을 들에서 죽이되 그들을 다 칼날에 엎드러지게 하여 진멸하기를 마치고 온 이스라엘이 아이로 돌아와서 칼날로 죽이매 그 날에 아이 사람의 전부가 죽었으니 남녀가 일만 이천이라. 아이 거민을 진멸하기까지 여호수아가 단창을 잡아 든 손을 거두지 아니하였고 오직 그 성읍의 가축과 노략한 것은 여호와께서 여호수아에게 명하신 대로 이스라엘이 탈취하였

더라. 이에 여호수아가 아이를 불살라 그것으로 영원한 무더기를 만들었더니 오늘까지 황폐하였으며 그가 또 아이 왕을 저녁때까지 나무에 달았다가 해질 때에 명하여 그 시체를 나무에서 내려 그 성문 어귀에 던지고 그 위에 돌로 큰 무더기를 쌓았더니 그것이 오늘까지 있더라.

여호수아는 자신이 들고 있던 창을 높이 들었다. '단창(短槍)'이라는 원어(키돈 כִּידוֹן)는 '짧은 창'이 아니고, '던질 수 있는 가느다란 긴 창'을 가리킨다. 여호수아가 창을 높이 든 것은 하나의 신호였다. 이스라엘의 복병들은 여호수아의 신호에 따라 숨었던 곳에서 나와 성을 점령했고 그 성에 불을 놓았다. 아이성 왕과 군사들은 그제야 자신들의 경솔함을 알아차렸다. 그들은 이제 양쪽으로 공격을 받는 '독 안에 든 쥐'처럼 되었고 그 날 그 전투에서 아이성의 남녀 모든 사람들 12,000명이 다 죽임을 당했다. 여호수아는 아이성을 불사르고 영원한 무더기를 만들었다. 그 전쟁은 처참했다. 그것은 하나님의 심판이었다. 우상숭배와 음란으로 심히 더러워졌던 가나안 땅의 한 성 아이는 이렇게 완전히 멸망을 당하였다.

〔30-35절〕 때에 여호수아가 이스라엘의 하나님 여호와를 위하여 에발산에 한 단을 쌓았으니 이는 여호와의 종 모세가 이스라엘 자손에게 명한 것과 모세의 율법책에 기록된 대로 철 연장으로 다듬지 아니한 새 돌(아바님 쉘레모스 אֲבָנִים שְׁלֵמוֹת)['온전한 돌들' 즉 '깍지 않은 돌들']**로 만든 단이라. 무리가 여호와께 번제와 화목제를 그 위에 드렸으며 여호수아가 거기서 모세의 기록한 율법을 이스라엘 자손의 목전에서 그 돌에 기록하매 온 이스라엘과 그 장로들과 유사들과 재판장들과 본토인뿐 아니라 이방인까지 여호와의 언약궤를 멘 레위 사람 제사장들 앞에서 궤의 좌우에 서되 절반은 그리심산 앞에, 절반은 에발산 앞에 섰으니 이는 이왕에 여호와의 종 모세가 이스라엘 백성에게 축복하라고 명한 대로 함이라. 그 후에 여호수아가 무릇 율법책에 기록된 대로 축복과 저주하는 율법의 모든 말씀을 낭독하였으니 모세의 명한 것은 여호수아가 이스라엘 온 회중과 여인과 아이와 그들 중에 동거하는 객들 앞에 낭독하지 아니한 말이 하나도 없었더라.**

여호수아는 하나님을 위해 에발산에 한 단을 쌓았다. 그것은 모세의 율법책에 기록된 대로 철 연장으로 다듬지 아니한 새 돌로 만든 단이었다. 이스라엘 백성은 그 단 위에 여호와께 번제와 화목제를 드렸고 여호수아는 그 돌들 위에 모세의 기록한 율법을 기록하였다. 그런 후 온 이스라엘과 그 장로들과 유사들과 재판장들과 본토인뿐 아니라 이방인까지 여호와의 언약궤를 멘 레위 사람 제사장들 앞에서 궤의 좌우에 서되 절반은 그리심산 앞에, 절반은 에발산 앞에 섰다. 그것은 여호와의 종 모세가 명령한 대로였다(신 27:12-13). 여호수아는 율법책에 기록된 대로 축복과 저주하는 율법의 모든 말씀을 낭독하였다. 35절, "모세의 명한 것은 여호수아가 이스라엘 온 회중과 여인과 아이와 그들 중에 동거하는 객들 앞에 낭독하지 아니한 말이 하나도 없었더라." 그 말씀의 낭독은 복과 저주의 선언과 같았다. 그것은 하나님의 명령과 뜻을 재확인하는 일이었다.

하나님께서는 이스라엘 백성들 앞에 복과 저주의 두 길을 주시고 그들로 선택하게 하셨다. 만일 그들이 하나님의 율법을 순종하면 그들은 복을 얻으며 하나님께서 주시는 평안과 형통을 누릴 것이다. 그러나 만일 그들이 하나님의 율법을 거역하면 그들은 죄를 짓는 것이요 저주와 화를 당할 수밖에 없다. 복과 저주의 이 두 길은 세상에서도 그러하고 궁극적으로 내세에서도 그러할 것이다. 사람이 하나님의 말씀을 거역하고 죄를 지으면 이 세상에서 결코 복을 얻지 못하고 평안과 형통을 누릴 수 없다. 하나님께서는 죄를 미워하신다. 그러나 사람이 주 예수 그리스도를 믿음으로 죄씻음을 받고 하나님의 법을 즐거이 순종한다면 이 세상에서도 복을 받고 평안과 형통을 누리며 장차 확실히 영광의 천국에 들어갈 것이다.

말씀을 정리해보면, 아이성 정복의 사건에서 계시된 하나님의 진리와 교훈은 무엇인가? 무엇보다 첫째는 하나님의 주권 진리이다. 아이

성 정복 즉 아이성의 두 번째 전투에서의 승리는 하나님의 허락 속에서 이루어졌다. 세상 만사는 하나님의 작정과 섭리대로 이루어진다. 개인도, 가정도, 교회도, 국가도, 온 세계도 그러하다. 하나님께서 허락하지 않으시면 되어질 일이 아무것도 없다. 그러나 그가 허락하시면 무슨 일이든지 다 이루어질 것이다. 그러므로 우리는 하나님의 주권을 믿고 하나님의 주권적 작정과 주권적 섭리를 믿자.

둘째는 우리의 의무에 대한 진리이다. 우리는 하나님의 주권을 믿어야 할 뿐 아니라 또한 인간의 의무를 다해야 한다. 아이성 정복은 하나님의 허락하신 일이지만, 그것은 이스라엘 백성의 복병 전술로 이루어졌다. 하나님의 주권을 믿는 것은 소극적 태도를 갖는 것이 아니다. 우리는 일상생활 속에서 우리의 의무들을 성실히 행해야 한다. 우리는 하나님께서 교훈하신 바대로 의롭고 선한 삶을 살아야 하고 주 예수 그리스도를 증거하는 삶을 살아야 한다. 우리는 가정에서 좋은 남편, 좋은 아내, 좋은 부모, 좋은 자녀가 되어야 하고, 사회에서 좋은 시민, 좋은 직장인, 좋은 상사, 좋은 직원이 되어야 하고, 교회에서는 좋은 목사, 좋은 장로, 좋은 권사와 집사, 좋은 성도가 되어야 한다.

셋째로, 우리는 죄를 짓지 않고 순종할 때 하나님의 복을 기대할 수 있다. 아이성의 첫 번째 전투에서 실패한 이유는 아간의 범죄 때문이었다. 죄는 실패의 원인, 불행의 원인이다. 그러므로 예수 그리스도를 믿음으로 죄씻음과 의롭다 하심을 얻은 우리는 이제 모든 죄를 버리고 하나님의 말씀대로, 성경의 교훈대로 순종하며 거룩하고 의롭게 선하고 진실하게 살아야 한다. 우리가 예수님 믿고 구원받은 후에도 여전히 죄를 짓는다면 우리는 결코 복과 평안과 형통을 누리지 못할 것이지만, 우리가 말씀에 순종한다면 우리는 이 세상에서도 복과 평안과 형통을 풍성하게 누리다가 복된 천국에 들어가게 될 것이다. 그러므로 우리가 복된 삶, 평안과 형통의 삶을 원한다면, 우리는 죄 짓지 말고 항상 하나님의 말씀 곧 성경말씀에 순종하는 자들이 되어야 한다.

9장: 기브온 사람들과 언약을 맺음

〔1-2절〕 요단 서편 산지와 평지와 레바논 앞 대해변에 있는 헷 사람과 아모리 사람과 가나안 사람과 브리스 사람과 히위 사람과 여부스 사람의 모든 왕이 이 일을 듣고 모여서 일심으로 여호수아와 이스라엘로 더불어 싸우려 하더라.

여리고성과 아이성의 멸망의 소식을 들은 가나안 땅의 모든 왕들은 합심하여 여호수아와 이스라엘 백성과 싸우려고 하였다.

〔3-13절〕 기브온 거민들이 여호수아의 여리고와 아이에 행한 일을 듣고 꾀를 내어 사신의 모양을 꾸미되 해어진 전대와 해어지고 찢어져서 기운 가죽 포도주 부대를 나귀에 싣고 그 발에는 낡아 기운 신을 신고 낡은 옷을 입고 다 마르고 곰팡이 난 떡을 예비하고 그들이 길갈 진으로 와서 여호수아에게 이르러 그와 이스라엘 사람들에게 이르되 우리는 원방에서 왔나이다. 이제 우리와 약조하사이다. 이스라엘 사람들이 히위 사람에게 이르되 너희가 우리 중에 거하는 듯하니 우리가 어떻게 너희와 약조할 수 있으랴. 그들이 여호수아에게 이르되 우리는 당신의 종이니이다. 여호수아가 그들에게 묻되 너희는 누구며 어디서 왔느뇨? 그들이 여호수아에게 대답하되 종들은 당신의 하나님 여호와의 이름을 인하여 심히 먼 지방에서 왔사오니 이는 우리가 그의 명성과 그가 애굽에서 행하신 모든 일을 들으며 또 그가 요단 동편에 있는 아모리 사람의 두 왕 곧 헤스본 왕 시혼과 아스다롯에 있는 바산 왕 옥에게 행하신 모든 일을 들었음이니이다. 그러므로 우리 장로들과 우리나라의 모든 거민이 우리에게 일러 가로되 너희는 여행할 양식을 손에 가지고 가서 그들을 맞아서 그들에게 이르기를 우리는 당신들의 종이니 청컨대 이제 우리와 약조하사이다 하라 하였나이다. 우리의 이 떡은 우리가 당신들에게로 오려고 떠나던 날에 우리들의 집에서 오히려 뜨거운 것을 양식으로 취하였더니 보소서 이제 말랐고 곰팡이 났으며 또 우리가 포도주를 담은 이 가죽 부대도 새것이더니 찢어지게 되었으며 우리의 이 옷과 신도 여행이 심히 길므로 인하여 낡아졌나이다 한지라.

히위 족속이었던(7절) 기브온 사람들은 가나안 사람들의 연합적 행동에서 이탈하였고 자신들을 위해 꾀를 내어 살길을 찾았다. 그들은 사신들의 모양을 꾸미되 해어진 전대와 해어지고 찢어져서 기운 가죽 포도주 부대를 나귀에 싣게 하고 그 발에는 낡아 기운 신을 신고 낡은 옷을 입고 다 마르고 곰팡이 난 떡을 예비하게 하였다. 그 사신들은 길갈 진으로 와서 여호수아와 이스라엘 사람들에게 자기들이 원방에서 왔으니 자기들과 약조하자고 말했다. 그들은 여호와께서 애굽에서 행하신 모든 일들을 들었고 요단 동편에 있는 아모리 사람의 두 왕 곧 헤스본 왕 시혼과 바산 왕 옥에게 행하신 일들도 들었다고 말했다. 그들은 새로 한 떡이 곰팡이가 났으며 새 포도주 가죽부대도 찢어졌고 옷과 신도 낡아졌다고 거짓말을 했다. 그러나 그들의 중심에는 이스라엘의 하나님을 두려워하는 마음이 있었다.

〔14-15절〕 무리가 그들의 양식을 취하고 어떻게 할 것을 여호와께 묻지 아니하고 여호수아가 곧 그들과 화친하여 그들을 살리리라는 언약을 맺고 회중 족장들이 그들에게 맹세하였더라.

여호수아와 이스라엘 족장들은 큰 실수를 하였다. 그들은 기브온 사신들의 꾀와 거짓말과 위장(僞裝)에 속아넘어갔다. 그들은 어떻게 할 것을 여호와께 묻지 아니하고 그들과 화친하여 그들을 살리리라는 언약을 맺고 회중 족장들이 그들에게 맹세하였다.

〔16-21절〕 그들과 언약을 맺은 후 삼일이 지나서야 그들은 근린에 있어 자기들 중에 거주하는 자라 함을 들으니라. 이스라엘 자손이 진행하여 제3일에 그들의 여러 성읍에 이르렀으니 그 성읍은 기브온과 그비라와 브에롯과 기럇여아림이라. 그러나 회중 족장들이 이스라엘 하나님 여호와로 그들에게 맹세한 고로 이스라엘 자손이 그들을 치지 못한지라. 그러므로 회중이 다 족장들을 원망하니 모든 족장이 온 회중에게 이르되 우리가 이스라엘 하나님 여호와로 그들에게 맹세하였은즉 이제 그들을 건드리지 못하리라. 우리가 그들에게 맹세한 맹약을 인하여 진노가 우리에게 임할까 하노니 이렇게 행하여 그들을 살리리라 하고 무리에게

이르되 그들을 살리라 하니 족장들이 그들에게 이른 대로 그들이 온 회중을 위하여 나무 패며 물긷는 자가 되었더라[그들을 살리고 족장들이 그들에게 이른 대로 그들로 온 회중을 위하여 나무 패며 물긷는 자가 되게 하라 하였더라].

그들이 그 사신들과 언약을 맺은 후 3일이 지나자, 그들은 그들이 거주하는 성읍에 도착했고 그 사신들이 그 성읍 사람들이라는 것을 알게 되었다. 그러나 이스라엘 백성은 족장들이 하나님의 이름으로 기브온 사신들에게 맹세했기 때문에 그들을 치지 못하였다. 성급한 결정은 잘못되는 경우가 많다. 그러므로 경건한 사람들은 먼저 하나님께 물었다. 그러나 실수로 한 맹세라 할지라도, 하나님께 한 맹세는 반드시 지켜야 한다. 이스라엘 회중의 족장들이 하나님께 맹세했기 때문에 기브온 사람들은 죽임을 당하지 않았다.

〔22-27절〕 여호수아가 그들을 불러다가 일러 가로되 너희가 우리 가운데 거주하거늘 어찌하여 우리는 너희에게서 심히 멀다 하여 우리를 속였느냐? 그러므로 너희가 저주를 받나니 너희가 영영히 종이 되어서 다 내 하나님의 집을 위하여 나무 패며 물 긷는 자가 되리라. 그들이 여호수아에게 대답하여 가로되 당신의 하나님 여호와께서 그 종 모세에게 명하사 이 땅을 다 당신들에게 주고 이 땅 모든 거민을 당신들의 앞에서 멸하라 하신 것이 당신의 종에게 분명히 들리므로 당신들을 인하여 우리 생명을 잃을까 심히 두려워하여 이같이 하였나이다. 보소서, 이제 우리가 당신의 손에 있으니 당신의 의향에 좋고 옳은 대로 우리에게 행하소서 한지라. 여호수아가 곧 그대로 그들에게 행하여 그들을 이스라엘 자손의 손에서 건져서 죽이지 못하게 하니라. 그 날에 여호수아가 그들로 여호와의 택하신 곳에서 회중을 위하며 여호와의 단을 위하여 나무 패며 물 긷는 자를 삼았더니 오늘까지 이르니라.

기브온의 장로들은 다른 성읍들의 장로들과 달랐다. 그들은 이스라엘 하나님 여호와께서 애굽에서 행하신 모든 일과 또 요단 동편에 있는 아모리 사람의 두 왕 곧 헤스본 왕 시혼과 바산 왕 옥에게 행하신 모든 일을 들었고(9-10절) 또 여호수아가 여리고성과 아이성에 행한 일들도 들었고(3절) 이스라엘 백성의 하나님을 인정하게 되었다. 또 그들은 하나님께서 가나안 땅을 이스라엘 백성에게 주시고 그것을 멸하라고 모세에게 하신 말씀을 듣고 두려워했다(24절). 즉 기브온 장로들에게는 이스라엘의 하나님을 인정하는 믿음과 두려워하는 마음이 있었던 것이다. 만일 그들의 마음이 교만하고 완악하였다면 그들은 그런 꾀도 내지 못했을 것이고 이스라엘 백성에게 굴복하려고도 하지 않았을 것이다. 그들이 거짓을 말한 것은 잘못이지만, 그 멸망의 위기 앞에서 그들 속에 이스라엘의 하나님을 인정함과 두려워함이 있었던 것은 분명히 하나님의 은혜이었다. 그들은 자신들이 멸망당할 상황에서 살아 남는 길은 그것밖에 없다고 생각했을 것이다. 오늘날 우리가 보아도 그 외에 다른 길이 없었다.

여호수아는 기브온 사람들을 이스라엘 자손들의 손에서 건져서 죽이지 못하게 하였고 그들로 여호와의 택하신 곳에서 회중을 위하며 여호와의 단을 위하여 나무 패며 물 긷는 자를 삼았다. 그들에게는 나무 패며 물긷는 자가 되는 것이 큰 일이 아니었을 것이다. 그들은 죽임을 당할 처지이었기 때문에 그런 신분이라도 감사했을 것이다. 그들은 멸망당할 직전에 기이하게 구원을 받았던 것이다.

본장의 교훈은 무엇인가? 첫째로, 우리는 모든 일에 있어서 성급하게 행하거나 경솔히 맹세하지 말고 조용히 하나님의 말씀을 묵상하고 하나님께 기도하고 그를 의지하며 그의 인도하심을 구해야 한다.

둘째로, 오늘날도 성경을 통해 하나님을 인정하고 두려워하고 임박한 멸망을 깨닫고 구주 예수 그리스도를 믿는 자마다 구원을 얻는다. 주 예수 그리스도의 이름을 부르는 자마다 구원을 받을 것이다.

셋째로, 멸망당할 죄인, 영원한 지옥 불못에 들어갈 죄인인 우리가 하나님과 구주 예수의 은혜로 구원을 얻었으니, 이제 우리는 우리의 몸과 마음을 하나님께 헌신하며 선한 일을 위해 바쳐지는 종이 되자.

10장: 아모리 다섯 왕을 죽임

〔1-5절〕 여호수아가 아이를 취하여 진멸하되 여리고와 그 왕에게 행한 것같이 아이와 그 왕에게 행한 것과 또 기브온 거민이 이스라엘과 화친하여 그 중에 있다 함을 예루살렘 왕 아도니세덱이 듣고 크게 두려워하였으니 이는 기브온은 왕도와 같은 큰 성임이요 아이보다 크고 그 사람들은 다 강함이라. 예루살렘 왕 아도니세덱이 헤브론 왕 호함과 야르뭇 왕 비람과 라기스 왕 야비아와 에글론 왕 드빌에게 보내어 가로되 내게로 올라와 나를 도우라. 우리가 기브온을 치자. 이는 기브온이 여호수아와 이스라엘 자손으로 더불어 화친하였음이니라 하매 이러므로 아모리 다섯 왕 곧 예루살렘 왕과 헤브론 왕과 야르뭇 왕과 라기스 왕과 에글론 왕이 함께 모여 자기들의 모든 군대를 거느리고 올라와서 기브온에 대진하고 싸우니라.

예루살렘 왕 아도니세덱은 왕도 같은 큰 성 기브온이 이스라엘과 화친했다는 소식을 듣고 헤브론 왕 호함과 야르뭇 왕 비람과 라기스 왕 야비아와 에글론 왕 드빌을 불러 함께 기브온을 공격하려 했다.

〔6-11절〕 기브온 사람들이 길갈 진에 보내어 여호수아에게 전언하되 당신의 종들 돕기를 더디게 마시고 속히 우리에게 올라와서 우리를 구조하소서. 산지에 거하는 아모리 사람의 왕들이 다 모여 우리를 치나이다 하매 여호수아가 모든 군사와 용사로 더불어 길갈에서 올라가니라. 때에 여호와께서 여호수아에게 이르시되 그들을 두려워 말라. 내가 그들을 네 손에 붙였으니 그들의 한 사람도 너를 당할 자 없으리라 하신지라. 여호수아가 길갈에서 밤새도록 올라가서 그들에게 갑자기 이르니 여호와께서 그들을 이스라엘 앞에서 패하게 하시므로[하셨고] **〔여호수아가〕**(원문에는 하나님께서 주어임)(KJV, NASB) **그들을 기브온에서 크게 도륙하고**[치셨고] **벧호론에 올라가는 비탈에서 추격하여**[추격하셨고] **아세가와 막게다까지 이르니라**[이르러 치셨더라]. **그들이 이스라엘 앞에서 도망하여 벧호론의 비탈에서 내려갈 때에 여호와께서 하늘에서 큰 덩이 우박을 아세가에 이르기까지 내리우시매 그들이 죽었으니 이스라엘 자**

손의 칼에 죽은 자보다 우박에 죽은 자가 더욱 많았더라.

기브온 사람들은 이스라엘에게 빠른 도움을 요청했고 여호수아는 그 연합군과 싸우기 위해 즉시 길갈에서 떠나 기브온으로 밤새도록 올라갔고, 기브온성을 향해 진을 친 아모리 다섯 왕들의 군대들을 갑자기 쳤다. 하나님께서는 여호수아에게 "그들을 두려워 말라. 내가 그들을 네 손에 붙였으니 그들의 한 사람도 너를 당할 자 없으리라"고 말씀하시며 격려하셨다. 여호수아는 하나님을 의지했고 두려워하지 않고 그의 명령에 순종했다. 하나님께서는 그들을 이스라엘 앞에서 크게 치셨고 패하게 하셨고, 또 하늘에서 큰 덩이 우박을 내리셨는데 이스라엘 자손의 칼에 죽은 자들보다 우박에 죽은 자들이 더 많았다. 이스라엘 백성은 그의 도우심으로 그들을 다 멸했다.

〔12-15절〕 여호와께서 아모리 사람을 이스라엘 자손에게 붙이시던 날에 여호수아가 여호와께 고하되 이스라엘 목전에서 가로되 태양아, 너는 기브온 위에 머무르라. 달아, 너도 아얄론 골짜기에 그리할지어다 하매 태양이 머물고 달이 그치기를 백성이 그 대적에게 원수를 갚도록 하였느니라. 야살의 책에 기록되기를 태양이 중천에 머물러서 거의 종일토록 속히 내려가지 아니하였다 하지 아니하였느냐? 여호와께서 사람의 목소리를 들으신 이 같은 날은 전에도 없었고 후에도 없었나니 이는 여호와께서 이스라엘을 위하여 싸우셨음이니라. 여호수아가 온 이스라엘로 더불어 길갈 진으로 돌아왔더라.

이 전쟁에서 여호수아는 이스라엘 백성 앞에서 하나님께 아뢰며 "태양아, 기브온 위에 머무르라"고 명령하듯이 하나님께 간구하였고 하나님께서는 그의 목소리를 들으셔서 그들이 그 전쟁에서 이기기까지 태양이 머물었고 그 사실은 야살의 책에도 기록되었다. 이것은 매우 놀라운 일이었다. 여호와께서 사람의 목소리를 들으신 이 같은 날은 이스라엘 역사에, 아니 인류 역사에 전에도 없었고 후에도 없었다.[6] 여호와께서는 이스라엘을 위해 싸우셨다. 본장은 하나님께서 이스라엘을 위해 친히 싸우셨다고 거듭하여 증거한다(14, 42절).

〔16-21절〕 그 다섯 왕이 도망하여 막게다의 굴에 숨었더니 혹이 여호수아에게 고하여 가로되 막게다의 굴에 그 다섯 왕의 숨은 것을 발견하였나이다. 여호수아가 가로되 굴 어귀에 큰 돌을 굴려 막고 사람을 그 곁에 두어 그들을 지키게 하고 너희는 지체말고 너희 대적의 뒤를 따라가 그 후군을 쳐서 그들로 자기들의 성읍에 들어가지 못하게 하라. 너희 하나님 여호와께서 그들을 너희 손에 붙이셨느니라 하고 여호수아와 이스라엘 자손이 그들을 크게 도륙하여 거의 진멸시켰고 그 남은 몇 사람은 견고한 성으로 들어간 고로 모든 백성이 평안히 막게다 진으로 돌아와 여호수아에게 이르렀으나 혀를 놀려 이스라엘 자손을 대적하는 자가 없었더라.

그 다섯 왕은 도망하여 막게다 굴에 숨었다. 여호수아는 굴 어귀에 큰 돌을 굴려 막고 지키게 하였고 대적자들을 거의 다 멸하였다. 본장은 반복해서 하나님께서 가나안 성들의 왕들과 사람들을 그들의 손에 부쳐주셨다는 사실을 강조한다(8, 19, 30, 32절).

〔22-27절〕 때에 여호수아가 가로되 굴 어귀를 열고 그 굴에서 그 다섯 왕을 내게로 끌어내라 하매 그들이 그대로 하여 그 다섯 왕 곧 예루살렘 왕과 헤브론 왕과 야르뭇 왕과 라기스 왕과 에글론 왕을 굴에서 그에게로 끌어내니라. 그 왕들을 여호수아에게로 끌어내매 여호수아가 이스라엘 모든 사람을 부르고 자기와 함께 갔던 군장들에게 이르되 가까

---

6) 긴 하루에 대한 여러 해석들: (1) 하버드 관측소의 피커링 교수와 예일 대학의 토텐 교수는 천문학적 달력에 하루가 빠져 있음을 발견했다고 주장했다. 어떤 이들은 이집트, 중국, 인도 등지에서 긴 날에 대한 보도들을 가지고 이 견해를 뒷받침하려고 했다. 해리 림머는 천문학자들의 천문학적 계산에서 만 하루가 빠져 있다는 결론을 인용하며 같은 입장을 취한다. (2) 로버트 딕 윌슨은 "태양아, 잠잠하거나 중지하라, 그치라"고 번역하여 대낮의 작열하는 태양 볕이 물러갔다는 뜻으로 해석했다. (3) 카일과 델리취는 태양이 시간 계산에 사용되지 않았다면 그 시간이 24시간이 아니고 48시간이었음을 결정하기도 어려울 것이라고 말하면서, 태양의 가시성이 대기의 반사에 의해 연장되었을 것이라고 제안했다. 렌들 쇼트는 대기의 크립톤(krypton) 때문에 때때로 태양이 어디 있든지 볼 수 있다고 말했다. 첫 번째 해석이 가장 자연스러워 보인다(가이슬러, 구약개론, 133-134쪽).

이 와서 이 왕들의 목을 발로 밟으라 가까이 와서 그들의 목을 밟으매 여호수아가 군장들에게 이르되 두려워 말며 놀라지 말고 마음을 강하게 하고 담대히 하라. 너희가 더불어 싸우는 모든 대적에게 여호와께서 다 이와 같이 하시리라 하고 그 후에 여호수아가 그 왕들을 쳐죽여 다섯 나무에 매어 달고 석양까지 나무에 달린 대로 두었다가 해 질 때에 여호수아가 명하매 그 시체를 나무에서 내리어 그들의 숨었던 굴에 들여 던지고 굴 어귀를 큰 돌로 막았더니 오늘날까지 있더라.

여호수아는 그 다섯 왕을 굴에서 끌어내어 죽이고 다섯 나무들에 매어 달았고 해가 진 후에 그 시체들을 굴에 던져 넣었다.

〔28-39절〕 그 날에 여호수아가 막게다를 취하고 칼날로 그 성읍과 왕을 쳐서 그 성읍과 그 중에 있는 모든 사람을 진멸하여 한 사람도 남기지 아니하였으니 막게다 왕에게 행한 것이 여리고 왕에게 행한 것과 일반이었더라. 여호수아가 온 이스라엘로 더불어 막게다에서 립나로 나아가서 립나와 싸우매 여호와께서 또 그 성읍과 그 왕을 이스라엘의 손에 붙이신지라. 칼날로 그 성읍과 그 중의 모든 사람을 쳐서 멸하여 한 사람도 남기지 아니하였으니 그 왕에게 행한 것이 여리고 왕에게 행한 것과 일반이었더라. 여호수아가 또 온 이스라엘로 더불어 립나에서 라기스로 나아가서 대진하고 싸우더니 여호와께서 라기스를 이스라엘의 손에 붙이신지라. 이튿날에 그 성읍을 취하고 칼날로 그것과 그 중의 모든 사람을 쳐서 멸하였으니 립나에 행한 것과 일반이었더라. 때에 게셀 왕 호람이 라기스를 도우려고 올라오므로 여호수아가 그와 그 백성을 쳐서 한 사람도 남기지 아니하였더라. 여호수아가 온 이스라엘로 더불어 라기스에서 에글론으로 나아가서 대진하고 싸워 그 날에 그 성읍을 취하고 칼날로 그것을 쳐서 그 중에 있는 모든 사람을 당일에 진멸하였으니 라기스에 행한 것과 일반이었더라. 여호수아가 또 온 이스라엘로 더불어 에글론에서 헤브론으로 올라가서 싸워 그 성읍을 취하고 그것과 그 왕과 그 속한 성읍들과 그 중의 모든 사람을 칼날로 쳐서 하나도 남기지 아니하였으니 그 성읍과 그 중의 모든 사람을 진멸한 것이 에글론에 행한 것과 일반이었더라. 여호수아가 온 이스라엘로 더불어 돌아와서 드빌에 이르러 싸워 그 성읍과 그 왕과 그 속한 성읍들을 취하고 칼

날로 그 성읍을 쳐서 그 중의 모든 사람을 진멸하고 하나도 남기지 아니하였으니 드빌과 그 왕에게 행한 것이 헤브론에 행한 것과 일반이요 립나와 그 왕에게 행한 것과 일반이었더라.

이스라엘 백성은 막게다, 립나, 라기스, 게셀, 에글론, 헤브론, 드빌 등의 성들도 다 멸하였다. 하나님께서는 그들을 다 이스라엘의 손에 붙여주셨다. 이것은 가나안 땅의 남부 전쟁에서의 승리이었다. 여호수아와 이스라엘 백성은 오직 하나님만 의지하고 가나안 사람들을 두려워하지 말고 하나님의 뜻에 순종하기만 하면 되었다.

〔40-43절〕 이와 같이 여호수아가 온 땅 곧 산지와 남방과 평지와 경사지와 그 모든 왕을 쳐서 하나도 남기지 아니하고 무릇 호흡이 있는 자는 진멸하였으니 이스라엘의 하나님 여호와의 명하신 것과 같았더라. 여호수아가 또 가데스 바네아에서 가사까지와 온 고센 땅을 기브온에 이르기까지 치매 이스라엘의 하나님 여호와께서 이스라엘을 위하여 싸우신 고로 여호수아가 이 모든 왕과 그 땅을 단번에 취하니라. 여호수아가 온 이스라엘로 더불어 길갈 진으로 돌아왔더라.

하나님께서 이스라엘을 위해 싸우셨으므로 여호수아는 온 땅을 쳐서 하나도 남기지 아니하고 무릇 호흡이 있는 자는 다 멸하였고 그 땅을 단번에 취하였다. 그들은 가나안 땅의 남부를 점령하였다.

본장의 교훈은 무엇인가? 첫째로, 여호수아가 가나안 땅을 완전히 정복하는 것이 하나님의 뜻이었듯이, 오늘날에는 모든 사람에게 복음을 전하여 하나님의 택한 백성을 다 구원하며 구원받은 자들을 온전케 하는 것이 하나님의 뜻이다. 즉 전도와 성화가 하나님의 뜻인 것이다.

둘째로, 가나안 전쟁이 하나님의 손 안에 있었듯이, 전도와 성화는 하나님의 손 안에 있다. 하나님께서는 만세 전에 어떤 자들을 택하셨고 예수 그리스도를 보내셔서 그들의 속죄를 이루시고 때가 되어 그들로 예수님 믿고 구원받게 하시고 또 그들의 성화를 온전히 이루신다. 전도와 성화는 가나안 전쟁이다. 우리는 이 전쟁을 잘 감당해야 한다.

11-12장: 하솔의 연합군을 멸함

〔11:1-5〕 하솔 왕 야빈이 이 소식을 듣고 마돈 왕 요밥과 시므론 왕과 악삽 왕과 및 북방 산지와 긴네롯 남편 아라바와 평지와 서방 돌의 높은 곳에 있는 왕들과 동서편 가나안 사람과 아모리 사람과 헷 사람과 브리스 사람과 산지의 여부스 사람과 미스바 땅 헤르몬산 아래 히위 사람들에게 사람을 보내매 그들이 그 모든 군대를 거느리고 나왔으니 민중이 많아 해변의 수다한 모래 같고 말과 병거도 심히 많았으며 이 왕들이 모여 나아와서 이스라엘과 싸우려고 메롬 물가에 함께 진 쳤더라.

이스라엘 백성은 하솔의 연합군이라는 거대한 대적자들을 만났다. 이스라엘 백성이 가나안 땅 중부로 진입해서 여리고성을 비롯하여 그 주위를 진멸하고 그 다음 남부를 진멸하였을 때, 그 소식을 들은 가나안 땅 북부의 성들은 연합하여 이스라엘과 싸우려 한 것이다. 그들의 우두머리는 갈릴리 바다 서북쪽에 위치한 하솔이라는 성이었다. 하솔 왕 야빈은 이스라엘에 대한 소식을 듣고 마돈 왕과 시므론 왕과 악삽 왕과 북방 산지와 긴네롯 남쪽 아라바와 평지와 서방 돌의 높은 곳에 있는 왕들과 동서편 가나안 사람과 그 주위의 사람들에게 사람을 보내었고 그들은 모든 군대를 거느리고 나와 이스라엘과 싸우려고 메롬 물가에 함께 진 쳤다. 이것은 가나안 땅의 북부 전쟁이었다. 그 군사들의 수는 해변의 많은 모래같이 많았고 말과 병거도 심히 많았다. 가나안 땅 북부의 연합군은 거대한 세력이었다. 전쟁은 두렵고 힘든 일이다. 가나안 땅의 이 북부 전쟁도 그러했다.

〔6-9절〕 여호와께서 여호수아에게 이르시되 그들을 인하여 두려워 말라. 내일 이맘때에 내가 그들을 이스라엘 앞에 붙여 몰살시키리니 너는 그들의 말 뒷발의 힘줄을 끊고 불로 그 병거를 사르라. 이에 여호수아가 모든 군사와 함께 메롬 물가로 가서 졸지에 습격할 때에 여호와께서 그들을 이스라엘의 손에 붙이신 고로 그들을 격파하고 큰 시돈과 미

스르봇 마임까지 쫓고 동편에서는 미스바 골짜기까지 쫓아가서 한 사람도 남기지 아니하고 쳐죽이고 여호수아가 여호와께서 자기에게 명하신 대로 행하여 그들의 말 뒷발의 힘줄을 끊고 불로 그 병거를 살랐더라.

이 전쟁에서도 하나님께서는 그 두려운 대적자들을 이스라엘의 손에 붙여주셨다. 하나님께서는 여호수아에게 그들을 인해 두려워 말라고 하시며 승리할 것이라고 말씀하셨다. 여호수아는 모든 군사와 함께 메롬 물가로 가서 갑자기 그들을 습격했고 여호와께서 그들을 이스라엘의 손에 붙이셨기 때문에 이스라엘은 그들을 격파하고 한 사람도 남기지 아니하고 쳐서 죽였다. 전쟁의 승패는 하나님의 뜻과 하나님의 손에 달렸다. 하나님께서 가나안 족속들을 다 멸하시려고 뜻하셨기 때문에 또 그들을 이스라엘의 손에 붙이셨기 때문에 이스라엘은 하솔의 거대한 연합군을 이길 수 있었다. 여호수아는 이 전쟁에서도 하나님께 순종하였고 그의 지시와 명령대로 행하였다. 9절은 "여호수아가 여호와께서 자기에게 명하신 대로 행하여 그들의 말 뒷발의 힘줄을 끊고 불로 그 병거를 살랐더라"고 기록한다.

〔10-15절〕 하솔은 본래 그 모든 나라의 머리였더니 그때에 여호수아가 돌아와서 하솔을 취하고 그 왕을 칼날로 쳐죽이고 그 가운데 모든 사람을 칼날로 쳐서 진멸하여 호흡이 있는 자는 하나도 남기지 아니하였고 또 불로 하솔을 살랐으며 여호수아가 그 왕들의 모든 성읍과 그 모든 왕을 취하여 칼날로 쳐서 진멸하여 여호와의 종 모세의 명한 것과 같이 하였으되 여호수아가 하솔만 불살랐고 산 위에 건축된 성읍들은 이스라엘이 불사르지 아니하였으며 이 성읍들의 모든 재물과 가축은 이스라엘 자손들이 탈취하고 모든 사람은 칼날로 쳐서 진멸하여 호흡이 있는 자는 하나도 남기지 아니하였으니 여호와께서 그 종 모세에게 명하신 것을 모세는 여호수아에게 명하였고 여호수아는 그대로 행하여 여호와께서 무릇 모세에게 명하신 것을 하나도 행치 아니한 것이 없었더라.

여호수아는 돌아와서 하솔을 취하고 그 왕을 칼날로 쳐죽이고 그 가운데 모든 사람을 칼날로 쳐서 완전히 멸하여 호흡이 있는 자는 하나도 남기지 아니하였고 또 하솔만 불로 살랐으며 또 그 왕들의 모든 성읍과 그 모든 왕을 칼날로 쳐서 다 멸하여 여호와의 종 모세의 명한 것과 같이 했다. 그 성읍들의 모든 재물과 가축은 이스라엘 자손들이 탈취하였다. 15절은 기록하기를, "여호와께서 그 종 모세에게 명하신 것을 모세는 여호수아에게 명하였고 여호수아는 그대로 행하여 여호와께서 무릇 모세에게 명하신 것을 하나도 행치 아니한 것이 없었더라"라고 하였다.

〔16-20절〕 여호수아가 이같이 그 온 땅 곧 산지와 온 남방과 고센 온 땅과 평지와 아라바와 이스라엘의 산지와 그 평지를 취하였으니 곧 세일로 올라가는 할락산에서부터 헤르몬산 아래 레바논 골짜기의 바알 갓까지라. 그 모든 왕을 잡아 쳐죽였으며 여호수아가 그 모든 왕과 싸운 지는 여러 날이라. 기브온 거민 히위 사람 외에는 이스라엘 자손과 화친한 성읍이 하나도 없고 다 이스라엘 자손에게 쳐서 취한 바 되었으니 그들의 마음이 강퍅하여 이스라엘을 대적하여 싸우러 온 것은 여호와께서 그리하게 하신 것이라. 그들로 저주받은 자 되게 하여 은혜를 입지 못하게 하시고 여호와께서 모세에게 명하신 대로 진멸하려 하심이었더라.

가나안 전쟁은 두렵고 힘든 전쟁이었지만, 여호수아는 하나님과 모세의 명령대로 온전히 순종하여 승리하였다. 기브온 거민 외에는 이스라엘과 화친한 성읍이 하나도 없었다. 가나안 족속들이 이스라엘을 대적하여 싸우려 한 것도, 그들이 하나님의 은혜나 이스라엘의 호의를 받지 못한 것도, 또 그들이 결국 처참하게 패배하고 죽임을 당한 것도 다 하나님의 주권적 섭리 아래 되었던 것이다. 그것은 그들의 우상숭배와 음란의 죄악에 대한 하나님의 심판이었다.

〔21-23절〕 그때에 여호수아가 가서 산지와 헤브론과 드빌과 아납과 유다 온 산지와 이스라엘의 온 산지에서 아낙 사람을 멸절하고 그가 또 그 성읍들을 진멸하였으므로 이스라엘 자손의 땅 안에는 아낙 사람이 하나도 남음이 없고 가사와 가드와 아스돗에만 약간 남았었더라. 이와 같이 여호수아가 여호와께서 모세에게 이르신 말씀대로 그 온 땅을 취

하여 이스라엘 지파의 구별을 따라 기업으로 주었더라. 그 땅에 전쟁이 그쳤더라.

본래 가나안 땅에는 아낙 자손들이 있었다. 아낙 자손은 거인이었다(민 13:33). 이스라엘은 이런 거인들을 상대해야 했고 그것은 심히 두려운 일이었다. 그러나 여호수아는 여호와께서 모세에게 이르신 말씀대로 그 온 땅을 취하여 이스라엘 지파의 구별을 따라 기업으로 주었다. 23절은 "그 땅에 전쟁이 그쳤더라"고 기록한다.

〔12:1-6〕 이스라엘 자손이 요단 저편 해 돋는 편 곧 아르논 골짜기에서 헤르몬산까지의 동방 온 아라바를 점령하고 그 땅에서 쳐죽인 왕들은 이러하니라. 헤스본에 거하던 아모리 사람의 왕 시혼이라. 그 다스리던 땅은 아르논 골짜기 가에 있는 아로엘에서부터 골짜기 가운데 성읍과 길르앗 절반 곧 암몬 자손의 지경 얍복강까지며 또 동방 아라바 긴네롯 바다까지며 또 동방 아라바의 바다 곧 염해의 벧여시못으로 통한 길까지와 남편으로 비스가 산록까지며 또 르바의 남은 족속으로서 아스다롯과 에드레이에 거하던 바산 왕 옥이라. 그 치리하던 땅은 헤르몬산과 살르가와 온 바산과 및 그술 사람과 마아가 사람의 지경까지의 길르앗 절반이니 헤스본 왕 시혼의 지경에 접한 것이라. 여호와의 종 모세와 이스라엘 자손이 그들을 치고 여호와의 종 모세가 그 땅을 르우벤 사람과 갓 사람과 므낫세 반 지파에게 기업으로 주었더라.

여호수아 12장은 여호수아가 정복한 성들의 왕들을 열거하는데, 우선 요단강 동편에 있었던 아모리 왕 시혼과 바산 왕 옥과 그들의 땅을 언급한다. 그들의 땅은 르우벤, 갓, 므낫세 반 지파에게 주었다.

〔7-24절〕 여호수아와 이스라엘 자손이 요단 이편 곧 서편 레바논 골짜기의 바알갓에서부터 세일로 올라가는 곳 할락산까지에서 쳐서 멸한 왕들은 이러하니 (그 땅을 여호수아가 이스라엘의 구별을 따라 그 지파에게 기업으로 주었으니 곧 산지와 평지와 아라바와 경사지와 광야와 남방 곧 헷 사람과 아모리 사람과 가나안 사람과 브리스 사람과 히위 사람과 여부스 사람의 땅이라.) 하나는 여리고 왕이요 하나는 벧엘 곁의 아이 왕이요 하나는 예루살렘 왕이요 하나는 헤브론 왕이요 하나는 야

르뭇 왕이요 하나는 라기스 왕이요 하나는 에글론 왕이요 하나는 게셀 왕이요 하나는 드빌 왕이요 하나는 게델 왕이요 하나는 호르마 왕이요 하나는 아랏 왕이요 하나는 립나 왕이요 하나는 아둘람 왕이요 하나는 막게다 왕이요 하나는 벧엘 왕이요 하나는 답부아 왕이요 하나는 헤벨 왕이요 하나는 아벡 왕이요 하나는 랏사론 왕이요 하나는 마돈 왕이요 하나는 하솔 왕이요 하나는 시므론 므론 왕이요 하나는 악삽 왕이요 하나는 다아낙 왕이요 하나는 므깃도 왕이요 하나는 게데스 왕이요 하나는 갈멜의 욕느암 왕이요 하나는 돌의 높은 곳의 돌 왕이요 하나는 길갈의 고임 왕이요 하나는 디르사 왕이라. 도합 31왕이었더라.

요단강 서편에서는 여리고 왕과 아이 왕을 비롯하여 31명의 왕이 언급된다. 이들은 다 하나님의 뜻 가운데서 또 하나님의 역사하심 속에서 가나안 전쟁에서 여호수아와 이스라엘 백성에게 죽임을 당했던 왕들이었고 그 땅들과 성들이었다.

여호수아 11-12장의 교훈은 무엇인가? 첫째로, 우리는 가나안 족속이 되지 말아야 한다. 그들은 우상숭배와 음란의 죄가 가득했고 마침내 하나님의 진노와 심판을 받았다. 우리는 모든 죄를 다 버려야 한다.

둘째로, 우리는 이 세상을 두려워하지 말고 하나님만 의지하고 성도의 의무를 다해야 한다. 하나님께서 명하신 성도의 의무는 세 가지로 요약할 수 있다. 첫째, 하나님께 참된 예배를 드려야 한다. 둘째, 영적으로 성장하여 죄 짓지 말고 의와 선과 사랑을 실천해야 한다. 셋째, 하나님과 구주 예수 그리스도를 알지 못하는 사람들에게 말과 행위로 복음을 전해야 한다. 이것이 성도들이 개인적으로나 교회적으로 힘써야 할 의무이다. 개인의 신앙생활이나 개인이나 교회의 전도 활동은 영적 전쟁이다. 마귀의 시험과 이 세상의 죄악된 풍조와 우리 자신의 남은 죄성은 우리의 신앙생활을 방해한다. 또 마귀와 세상은 개인이나 교회의 전도 활동과 참된 교회의 건립을 방해한다. 그러나 우리는 이 세상을 두려워 말고 하나님만 의지하고 성도의 의무를 다해야 한다.

13장: 요단 동편의 땅 분배

〔1-7절〕 여호수아가 나이 많아 늙으매 여호와께서 그에게 이르시되 너는 나이 많아 늙었고 얻을 땅의 남은 것은 매우 많도다. 이 남은 땅은 이러하니 블레셋 사람의 온 지방과 그술 사람의 전경 곧 애굽 앞 시홀 시내에서부터 가나안 사람에게 속한 북방 에그론 지경까지와 블레셋 사람의 다섯 방백의 땅 곧 가사 사람과 아스돗 사람과 아스글론 사람과 가드 사람과 에그론 사람과 또 남방 아위 사람의 땅과 또 가나안 사람의 온 땅과 시돈 사람에게 속한 므아라와 아모리 사람의 지경 아벡까지와 또 그발 사람의 땅과 동편 온 레바논 곧 헤르몬산 아래 바알갓에서부터 하맛에 들어가는 곳까지와 또 레바논에서부터 미스르봇마임까지의 산지 모든 거민 곧 모든 시돈 사람의 땅이라. 내가 그들을 이스라엘 자손 앞에서 쫓아내리니 너는 나의 명한 대로 그 땅을 이스라엘에게 분배하여 기업이 되게 하되 너는 이 땅을 아홉 지파와 므낫세 반 지파에게 나누어 기업이 되게 하라 하셨더라.

여호수아가 나이 많아 늙었으나 아직도 이스라엘이 정복해야 할 남은 땅이 많았다. 요단 동편에서 두 지파와 반 지파가 기업을 얻었으므로 서쪽에서는 아홉 지파와 반 지파가 기업을 얻으면 되었다.

〔8-14절〕 므낫세 반 지파와 함께 르우벤 사람과 갓 사람은 요단 동편에서 그 기업을 모세에게 받았는데 여호와의 종 모세가 그들에게 준 것은 이러하니 곧 아르논 골짜기 가에 있는 아로엘에서부터 골짜기 가운데 있는 성읍과 디본까지 이르는 메드바 온 평지와 헤스본에 도읍하였던 아모리 사람의 왕 시혼의 모든 성읍 곧 암몬 자손의 지경까지와 길르앗과 및 그술 사람과 마아갓 사람의 지경과 온 헤르몬산과 살르가까지 이른 온 바산 곧 르바의 남은 족속으로서 아스다롯과 에드레이에 도읍하였던 바산 왕 옥의 온 나라라. 모세가 이 땅의 사람들을 쳐서 쫓아내었어도 그술 사람과 마아갓 사람은 이스라엘 자손이 쫓아내지 아니하였으므로 그술과 마아갓이 오늘날까지 이스라엘 가운데 거하더라. 오직 레위 지파에게는 여호수아가[그가](원문)[모세를 가리킨다고 봄] **기업으**

로 준 것이 없었으니 이는 이스라엘 하나님 여호와께 드리는 화제물이 그 기업이 됨이 그에게 이르신 말씀과 같음이었더라.

요단 동편에서 두 지파와 반 지파가 기업을 얻은 땅은 아모리 왕 시혼과 바산 왕 옥의 땅들이었다. 오직 레위 지파는 제외되었다.

〔15-23절〕 모세가 르우벤 자손의 지파에게 그 가족을 따라서 주었으니 그 지경은 아르논 골짜기 가에 있는 아로엘에서부터 골짜기 가운데 있는 성읍과 메드바 곁에 있는 온 평지와 헤스본과 그 평지에 있는 모든 성읍 곧 디본과 바못 바알과 벧 바알 므온과 야하스와 그데못과 메바앗과 기랴다임과 십마와 골짜기 가운데 산에 있는 세렛 사할과 벧브올과 비스가 산록과 벧여시못과 평지 모든 성읍과 헤스본에 도읍한 아모리 사람 시혼의 온 나라라. 모세가 시혼을 그 땅에 거하는 시혼의 방백 곧 미디안의 귀족 에위와 레겜과 술과 훌과 레바와 함께 죽였으며 이스라엘 자손이 그들을 도륙하는 중에 브올의 아들 술사 발람도 칼날로 죽였었더라. 르우벤 자손의 서편 경계는 요단과 그 강가라. 이상은 르우벤 자손의 기업으로 그 가족대로 받은 성읍과 촌락이니라.

르우벤 지파의 기업은 아르논 골짜기 가에 있는 아로엘에서부터 헤스본, 디본, 야하스, 기랴다임 등 아모리 사람 시혼의 땅이었다. 특히 22절은 술사 발람도 칼날로 죽임을 당했다고 기록하였다.

〔24-28절〕 모세가 갓 지파 곧 갓 자손에게도 그 가족을 따라서 주었으니 그 지경은 야셀과 길르앗 모든 성읍과 암몬 자손의 땅 절반[아마 아모리 족속의 왕 시혼이 정복하기 전에] **곧 랍바 앞의 아로엘까지와 헤스본에서 라맛 미스베와 브도님까지와 마하나임에서 드빌 지경까지와 골짜기에 있는 벧 하람과 벧니므라와 숙곳과 사본 곧 헤스본 왕 시혼의 나라의 남은 땅 요단과 그 강가에서부터 요단 동편 긴네렛 바다의 끝까지라. 이는 갓 자손의 기업으로 그 가족대로 받은 성읍과 촌락이니라.**

갓 지파의 기업은 야셀과, 길르앗 모든 성읍, 암몬 자손의 땅 절반, 시혼의 땅의 남은 부분 등을 포함하였다.

〔29-31절〕 모세가 므낫세 반 지파에게 주었으되 므낫세 자손의 반 지파에게 그 가족대로 주었으니 그 지경은 마하나임에서부터 온 바산

곧 바산 왕 옥의 전국과 바산 경내 야일의 모든 고을 육십 성읍과 길르앗 절반과 바산 왕 옥의 나라 성읍 아스다롯과 에드레이라. 이는 므낫세의 아들 마길의 자손에게 돌린 것이니 곧 마길 자손의 절반이 그 가족대로 받으니라.

므낫세 반 지파의 기업은 마하나임, 바산 왕 옥의 나라, 길르앗 절반, 아스다롯, 에드레이 등을 포함하였다.

〔32-33절〕 요단 동편 여리고 맞은편 모압 평지에서 모세가 분배한 기업이 이러하여도 오직 레위 지파에게는 모세가 기업을 주지 아니하였으니 이는 그들에게 말씀하심같이 이스라엘 하나님 여호와께서 그 기업이 되심이었더라.

이스라엘 열두 지파 중 레위 지파는 땅을 기업으로 분배받는 일에서 제외되었다(14, 23절). 레위 지파가 땅의 분배에서 제외된 것은 하나님께서 친히 그들의 기업이 되셨기 때문이다(33절).

레위 지파는 신약시대에 목사들이나 전도사들, 그리고 전임 유급 봉사자들에게 적용될 수 있으나, 그들뿐 아니라, 모든 성도들에게 적용될 수 있다. 모든 성도는 왕 같은 제사장이다. 베드로전서 2:9, "오직 너희는 택하신 족속이요 왕 같은 제사장들이요 거룩한 나라요 그의 소유된 백성이니." 또 모든 성도는 자신의 몸을 하나님의 기뻐하시는 거룩한 산 제사로 드려야 할 자들이다(롬 12:1-2).

우리에게 이 세상은 나그네의 삶이며(대상 29:15) 하나님과 그의 나라는 우리의 영원한 기업이며 우리의 참 본향이다. 다윗은 "주여, 내가 무엇을 바라리요? 나의 소망은 주께 있나이다"라고 고백했다(시 39:7). 하나님께서는 우리의 보화이시요 소망이시다. 하나님보다 더 가치 있는 것은 세상에 아무것도 없다. 그러므로 시편 73편 저자는 "하늘에서는 주 외에 누가 내게 있으리요. 땅에서는 주밖에 나의 사모할 자 없나이다. 내 육체와 마음은 쇠잔하나 하나님은 내 마음의 반석이시요 영원한 분깃이시라"고 고백하였다(시 73:25-26).

사도 바울은 "무엇이든지 내게 유익하던 것을 내가 그리스도를 위하여 다 해로 여길 뿐더러 또한 모든 것을 해로 여김은 내 주 그리스도 예수를 아는 지식이 가장 고상함을 인함이라. 내가 그를 위하여 모든 것을 잃어버리고 배설물로 여김은 그리스도를 얻고 그 안에서 발견되려 함이니 내가 가진 의(義)는 율법에서 난 것이 아니요 오직 그리스도를 믿음으로 말미암은 것이니 곧 믿음으로 하나님께로서 난 의(義)라"고 고백하였다(빌 3:7-9).

세상은 지나가는 곳이며 하나님께서는 우리의 보화이시며 천국은 우리의 본향이기 때문에, 성도는 이 세상에서 하나님을 위해서 살며 하나님의 뜻만 행하려 한다. 사도 바울은 고린도후서 5장에서 말하기를, "그리스도의 사랑이 우리를 강권하시는도다. 우리가 생각건대 한 사람이 모든 사람을 대신하여 죽었은즉 모든 사람이 죽은 것이라. 저가 모든 사람을 대신하여 죽으심은 산 자들로 하여금 다시는 저희 자신을 위하여 살지 않고 오직 저희를 대신하여 죽었다가 다시 사신 자를 위하여 살게 하려 함이니라"고 했다(고후 5:14-15). 하나님과 주 예수 그리스도를 위해 사는 삶, 그것이 성도의 삶이다.

구원받은 성도들은 레위 지파와 같다. 우리의 기업은 세상에 있는 것이 아니다. 우리가 세상에서 게으르지 말고 충실히, 근면하게 살아야 하지만, 우리는 이 세상이 지나가는 세상이며 우리의 삶이 나그네와 행인 같은 삶임을 알고 있다. 하나님께서는 우리의 참된 보화이시며 천국은 우리의 영원한 본향이다. 그러므로 우리는 살아도 하나님을 위해 살고 죽어도 하나님을 위해 죽어야 한다(롬 14:7-8). 주 예수님의 말씀처럼, 우리의 음식은 오직 하나님의 뜻을 행하는 것이어야 한다(요 4:34). 이것은 영적 레위인인 성도의 삶의 모습이어야 한다. 우리는 이 세상이나 이 세상에 있는 것들을 사랑하지 말고 레위인들처럼 오직 하나님만 우리의 보화로 삼고 천국만 우리의 기업으로 삼고 살자.

14장: 갈렙의 온전한 순종

〔1-5절〕 이스라엘 자손이 가나안 땅에서 취한 기업 곧 제사장 엘르아살과 눈의 아들 여호수아와 이스라엘 자손 지파의 족장들이 분배한 것이 이 아래와 같으니라. 여호와께서 모세에게 명하신 대로 그들의 기업을 제비 뽑아 아홉 지파와 반 지파에게 주었으니 두 지파와 반 지파의 기업은 모세가 요단 저편에서 주었음이요 레위 자손에게는 그들 가운데서 기업을 주지 아니하였으니 요셉 자손은 므낫세와 에브라임의 두 지파가 되었음이라. 이 땅에서 레위 사람에게 아무 분깃도 주지 아니하고 오직 거할 성읍들과 가축과 재물을 둘 들만 줄 뿐으로 이스라엘 자손이 여호와께서 모세에게 명하신 것과 같이 행하여 그 땅을 나누었더라.

여호수아와 제사장 엘르아살이 여호와께서 모세에게 명하신 대로 이스라엘의 아홉 지파와 반 지파의 기업으로 제비 뽑아 나누어준 땅들과 성들에 대해서는 15장 이하에 기록되어 있다. 단지 레위 지파는 하나님께서 그들의 기업이 되셨기 때문에 다른 아무 기업도 주지 않았고 오직 거할 성읍들과 가축과 재물을 둘 들만 주었다.

〔6-9절〕 때에 유다 자손이 길갈에 있는 여호수아에게 나아오고 그니스 사람 여분네의 아들 갈렙이 여호수아에게 말하되 여호와께서 가데스 바네아에서 나와 당신에게 대하여 하나님의 사람 모세에게 이르신 일을 당신이 아시는 바라. 내 나이 40세에 여호와의 종 모세가 가데스 바네아에서 나를 보내어 이 땅을 정탐케 하므로 내 마음에 성실한 대로 그에게 보고하였고 나와 함께 올라갔던 내 형제들은 백성의 간담을 녹게 하였으나 나는 나의 하나님 여호와를 온전히 좇았으므로 그 날에 모세가 맹세하여 가로되 네가 나의 하나님 여호와를 온전히 좇았은즉 네 발로 밟는 땅은 영영히 너와 네 자손의 기업이 되리라 하였나이다.

〔10-12절〕 이제 보소서. 여호와께서 이 말씀을 모세에게 이르신 때로부터 이스라엘이 광야에 행한 이 45년 동안을 여호와께서 말씀하신 대로 나를 생존케 하셨나이다. 오늘날 내가 85세로되 모세가 나를 보내

던 날과 같이 오늘날 오히려 강건하니 나의 힘이 그때나 이제나 일반이라. 싸움에나 출입에 감당할 수 있사온즉 그 날에 여호와께서 말씀하신 이 산지를 내게 주소서. 당신도 그 날에 들으셨거니와 그곳에는 아낙 사람이 있고 그 성읍들은 크고 견고할지라도 여호와께서 혹시 나와 함께 하시면 내가 필경 여호와의 말씀하신 대로 그들을 쫓아내리이다.

열두 정탐군들 중 하나이었던 갈렙은 45년 전 가데스 바네아에서 가나안 땅 정탐을 위해 보냄을 받고 돌아와 보고한 일을 회고하면서 그때 모세가 자신에게 맹세한 대로 자신이 원하는 땅 헤브론 산지를 기업으로 줄 것을 여호수아에게 요청하였다.

〔13-15절〕 여호수아가 여분네의 아들 갈렙을 위하여 축복하고 헤브론을 그에게 주어 기업을 삼게 하매 헤브론이 그니스 사람 여분네의 아들 갈렙의 기업이 되어 오늘날까지 이르렀으니 이는 그가 이스라엘의 하나님 여호와를 온전히 좇았음이며 헤브론의 옛 이름은 기럇 아르바라. 아르바는 아낙 사람 가운데 가장 큰 사람이었더라. 그 땅에 전쟁이 그쳤더라.

여호수아는 갈렙의 요청을 허락하며 그를 축복하고 헤브론을 기업으로 주었다. 본문 14절은 "이는 그가 이스라엘의 하나님 여호와를 온전히 좇았음이라"고 증거한다. 그 당시의 사건을 기록한 민수기 14:24에 보면, 하나님께서는 "오직 내 종 갈렙은 그 마음이 그들과 달라서 나를 온전히 좇았은즉 그의 갔던 땅으로 내가 그를 인도하여 들이리니 그 자손이 그 땅을 차지하리라"고 친히 증거하셨다. 갈렙은 하나님을 온전히 좇았다. 그 사실은 오늘 본문(8, 9, 14절)과 민수기 14:24과 성경의 다른 곳들(민 32:11-12; 신 1:35)에서 증거된다. 갈렙의 삶은 우리 모두에게 본이 된다. 우리는 갈렙과 같이 하나님을 온전히 따르는 자가 되기를 원한다.

민수기에 보면, 가나안 땅을 정탐했던 열두 명의 사람들이 돌아와 회중 앞에 보고했을 때 다른 동료들은 그 땅이 '젖과 꿀이 흐르는' 아름다운 땅이긴 하지만 그 땅 거민들은 강하고 성읍들은 견고하고 심히 크며 거기서 거인들의 후손인 아낙 자손들을 보았다고 했으나 갈렙은 백성을 안정시키며 "우리가 곧 올라가서 그 땅을 취하자. 능히 이기리라"고 말하였다(13:27-30). 또 동료들의 나쁜 보고로 인해 백성들이 낙심하여 밤새도록 통곡하고 모세와 아론을 원망하고 한 장관을 세워 애굽으로 다시 돌아가자고 할 때, 갈렙은 그 옷을 찢으며 말하였다. "우리가 두루 다니며 탐지한 땅은 심히 아름다운 땅이라. 여호와께서 우리를 기뻐하시면 우리를 그 땅으로 인도하여 들이시고 그 땅을 우리에게 주시리라. 이는 과연 젖과 꿀이 흐르는 땅이니라. 오직 여호와를 거역하지 말라. 또 그 땅 백성을 두려워하지 말라. 그들은 우리 밥이라. 그들의 보호자는 그들에게서 떠났고 여호와는 우리와 함께하시느니라. 그들을 두려워 말라"(민 14:7-9).

갈렙은 하나님을 믿었고 그의 약속을 믿었고 그의 능력을 믿었다. 그렇기 때문에 그는 그런 긍정적 보고를 할 수 있었고 사람들에게 그런 믿음의 권면을 할 수 있었던 것이다. 하나님을 믿은 자가 아니면 하나님을 온전히 따를 수 없다. 갈렙은 하나님을 믿었기 때문에 하나님을 온전히 따르며 그의 뜻에 순종할 수 있었다.

갈렙이 하나님과 그의 약속을 믿고 온전히 따르며 순종하는 데에는 용기와 인내가 필요하였다. 열두 정탐꾼들 중 갈렙과 뜻을 같이 하는 자는 여호수아뿐이었다. 10 대 2의 상황이었다. 열 정탐꾼들의 보고의 영향으로 백성들 가운데 거센 반대 세력이 일어났다. 백성들 중에는 한 장관을 세워 애굽으로 다시 돌아가자고 제안하는 자도 있었고(민 14:4) 심지어 돌로 갈렙을 치려고까지 하였다(민 14:10).

때때로 하나님의 일에는 거센 반대 세력이 있다. 선지자 엘리야는 바알 선지자 450명과 아세라 선지자 400명을 갈멜산으로 불러 대결해야 했다(왕상 18:19). 또 선지자 미가야는 400명 가량의 거짓 선지자들과 구별되는 외로운 선지 사역을 해야 했다(왕상 22:6). 하나님을 온전히 따르며 순종하는 길은 때때로 고난의 길이다. 그러므로 연약한 마음으로는 하나님을 끝까지 따르며 그의 일을 완수할 수 없다. 온전한 순종을 위해서는 용기와 인내가 필요하다. 만일 갈렙에게 그런 용기와 인내가 없었다면, 그는 중도에 실패했을지도 모른다. 그러나 그는 하나님의 은혜로 온전히, 끝까지 하나님을 따랐다.

다윗은 시편 3편에서 "여호와여, 나의 대적이 어찌 그리 많은지요. 일어나 나를 치는 자가 많소이다"라고 말했지만, 또한 고백하기를, "내가 누워 자고 깨었으니 여호와께서 나를 붙드심이로다. 천만인이 나를 둘러치려 하여도 나는 두려워 아니하리이다"라고 했다(시 3:1, 5-6). 많은 대적들과 싸워야 하는 고난의 현실 속에서도 그는 하나님을 확신하고 그의 도우심과 인도하심을 참고 기다렸던 것이다.

본문에 보면, 갈렙은 45년의 세월이 흐른 당시에도 여전히 하나님을 의지하며 성읍이 크고 견고하며 아낙 사람이 있는 헤브론 산지를 기업으로 요청하였고 또 "여호와께서 혹시 나와 함께 하시면 내가 필경 여호와의 말씀하신 대로 그들을 쫓아내리이다"라고 믿음의 말을 했다(수 14:12). 그것은 변함 없는 믿음과 용기이다. 그는 여전히 하나님을 온전히 따르며 순종하고 있었다.

갈렙은 하나님을 믿었고 하나님의 약속의 말씀을 믿었고 온전히 하나님을 따랐다. 그는 주위의 동료들의 다른 생각과 백성들의 거대한 불신앙적 언행 앞에서도 굴하지 않고 용기와 인내로 자기의 임무를 다했다. 신앙의 선진들은 다 그와 같았다. 다윗도, 바울도 그러하였다.

<u>믿음이 없고 혼탁한 말세지말을 사는 우리들에게 필요한 것은 온전한 순종이다. 물론 이것은 하나님의 은혜로 된다. 오늘날 우리도 하나님의 은혜로 하나님을 믿고 그의 모든 말씀과 약속을 믿고 소망하고 그 교훈을 힘써 지키면서 온전히 하나님만 순종하자. 믿음 없는 세상에 영향을 받지 말고 용기와 인내로 행하여 승리하는 자가 되자.</u>

15-17장: 유다와 요셉의 기업

15장부터 17장까지는 요단강 서쪽에서 처음으로 땅 분배를 받은 유다 지파와 에브라임 지파와 므낫세 지파의 기업에 대해 증거한다.

〔15:1-12〕 유다 자손의 지파가 그 가족대로 제비 뽑은 땅의 극남단은 에돔 지경에 이르고 또 남으로 신 광야까지라. 그 남편 경계는 염해의 극단 곧 남향한 해만에서부터 아그랍빔 비탈 남편으로 지나 신에 이르고 가데스 바네아 남편으로 올라가서 헤스론을 지나며 아달로 올라가서 돌이켜 갈가에 이르고 거기서 아스몬에 이르고 애굽 시내에 미치며 바다에 이르러 경계의 끝이 되나니 이것이 너희 남편 경계가 되리라. 그 동편 경계는 염해니 요단 끝까지요 그 북편 경계는 요단 끝에 당한 해만에서부터 벧호글라로 올라가서 벧 아라바 북편을 지나 르우벤 자손 보한의 돌에 이르고 또 아골 골짜기에서부터 드빌을 지나 북으로 올라가서 강 남편에 있는 아둠밈 비탈 맞은편 길갈을 향하고 나아가 엔 세메스 물을 지나 엔로겔에 이르며 또 힌놈의 아들의 골짜기로 올라가서 여부스 곧 예루살렘 남편 어깨에 이르며 또 힌놈의 골짜기 앞 서편에 있는 산꼭대기로 올라가나니 이곳은 르바임 골짜기 북편 끝이며 또 이 산꼭대기에서부터 넵도아 샘물까지 이르러 에브론산 성읍들에 미치고 또 바알라 곧 기럇 여아림에 미치며 또 바알라에서부터 서편으로 돌이켜 세일산에 이르러 여아림 산 곧 그살론 곁 북편에 이르고 또 벧세메스로 내려가서 딤나로 지나고 또 에그론 북편으로 나아가 식그론에 이르러 바알라산에 미치고 얍느엘에 이르나니 그 끝은 바다며 서편 경계는 대해와 그 해변이니 유다 자손이 그 가족대로 얻은 사면 경계가 이러하니라.

유다 지파는 가나안 땅의 남부를 기업으로 얻었다. 여호수아서는 많은 지역들과 성읍들의 이름을 기록한다. 성경이 이러한 이름들을 자세히 기록하고 있는 것은 성경이 역사적 기록임을 증거한다. 성경은 사람이 지어낸 허구적, 신화적 내용이 아니고 일차적으로 역사적 내용이다. 그러므로 사도 바울은, 나는 율법과 및 선지자들의 글에 기록된 것을 다 믿는다고 말했다(행 24:14). 우리는 성경이 증거하는 모든 내용들, 성경에 기록된 모든 내용들을 다 믿어야 한다.

〔13-19절〕 여호와께서 여호수아에게 명하신 대로 여호수아가 기럇 아르바 곧 헤브론 성을 유다 자손 중에서 분깃으로 여분네의 아들 갈렙에게 주었으니 아르바는 아낙의 아비였더라. 갈렙이 거기서 아낙의 소생 곧 그 세 아들 세새와 아히만과 달매를 쫓아내었고 거기서 올라가서 드빌 거민을 쳤는데 드빌의 본 이름은 기럇 세벨이라. 갈렙이 말하기를 기럇 세벨을 쳐서 그것을 취하는 자에게는 내가 내 딸 악사를 아내로 주리라 하였더니 갈렙의 아우요[아우] **그나스의 아들인 옷니엘이 그것을 취함으로 갈렙이 그 딸 악사를 그에게 아내로 주었더라. 악사가 출가할 때에 그에게 청하여 자기 아비에게 밭을 구하자 하고 나귀에서 내리매 갈렙이 그에게 묻되 네가 무엇을 원하느냐? 가로되 내게 복을 주소서 아버지께서 나를 남방 땅으로 보내시오니 샘물도 내게 주소서 하매 갈렙이 윗샘과 아랫샘을 그에게 주었더라.**

본문은 갈렙에 대해 말한다. 갈렙은 여호수아에게 헤브론 산지 곧 기럇 아르바를 기업으로 요청했고 여호수아는 그 요청을 허락했었다(수 14:12-13). 그 산지에는 아낙 사람들이 살았고 그 성읍들은 크고 견고했지만 갈렙은 하나님의 약속의 말씀을 의지하며 그 지역을 요청했었다. 여호수아 14:15의 말씀대로, 아르바는 아낙의 아비이었고 아낙 사람들 중 가장 큰 자이었다. 갈렙은 기럇 아르바[아르바의 성] 곧 헤브론을 정복하였고 아낙의 세 아들들 세새와 아히만과 달매를 쫓아내었다. 갈렙은 하나님과 그의 능력과 그의 약속을 믿었고 그의 명하신 일을 용기 있게 수행하였다.

갈렙은 기럇 아르바를 정복한 후 드빌 곧 기럇 세벨이라는 곳으로 나아갔는데, 그때 그는 이 성을 취하는 자에게 나의 딸 악사를 아내로 주겠다고 약속했다. 그때 그의 아우[7] 그나스의 아들인 옷니엘이

---

7) '그의 아우요'라는 말은 '그의 아우'라고 고쳐 읽어야 할 것이다.

그것을 취했고 갈렙은 약속대로 그의 딸 악사를 그에게 아내로 주었다. 악사가 출가할 때 자기 남편을 설득하여 아버지에게 밭을 구했고 샘물도 구했는데 갈렙은 그에게 윗샘과 아랫샘을 주었다. 믿음으로 기럇 세벨을 친 옷니엘에게 하나님께서는 갈렙의 딸 악사를 복으로 주셨고 그와 함께 밭도, 두 개의 샘도 주셨던 것이다. 하나님께서는 그를 믿고 행하는 모든 자에게 복을 주신다.

〔20-62절〕 유다 자손의 지파가 그 가족대로 얻은 기업은 이러하니라. 유다 자손의 지파의 남으로 에돔 경계에 접근한 성읍들은 갑스엘과 에델과 야굴과 기나와 디모나와 아다다와 게데스와 하솔과 잇난과 십과 델렘과 브알롯과 하솔 하닷다와 그리욧 헤스론 곧 하솔과 아맘과 세마와 몰라다와 하살갓다와 헤스몬과 벧 벨렛과 하살 수알과 브엘세바와 비스요댜와 바알라와 이임과 에셈과 엘돌랏과 그실과 홀마와 시글락과 맛만나와 산산나와 르바옷과 실힘과 아인과 림몬이니 모두 29성읍이요 또 그 촌락이었으며, 평지에는 에스다올과 소라와 아스나와 사노아와 엔간님과 답부아와 에남과 야르뭇과 아둘람과 소고와 아세가와 사아라임과 아디다임과 그데라와 그데로다임이니 모두 14성읍이요 또 그 촌락이었으며, 스난과 하다사와 믹달갓과 딜르안과 미스베와 욕드엘과 라기스와 보스갓과 에글론과 갑본과 라맘과 기들리스와 그데롯과 벧다곤과 나아마와 막게다니 모두 16성읍이요 또 그 촌락이었으며, 립나와 에델과 아산과 입다와 아스나와 느십과 그일라와 악십과 마레사니 모두 아홉 성읍이요 또 그 촌락이었으며, 에그론과 그 향리와 촌락과 에그론에서부터 바다까지 아스돗 곁에 있는 모든 성읍과 그 촌락이었으며 아스돗과 그 향리와 촌락과 가사와 그 향리와 촌락이니 애굽 시내와 대해가에 이르기까지였으며, 산지는 사밀과 얏딜과 소고와 단나와 기럇 산나 곧 드빌과 아납과 에스드모와 아님과 고센과 홀론과 길로니 모두 11성읍이요 또 그 촌락이었으며, 아랍과 두마와 에산과 야님과 벧 답부아와 아베가와 훔다와 기럇 아르바 곧 헤브론과 시올이니 모두 아홉 성읍이요 또 그 촌락이었으며, 마온과 갈멜과 십과 윳다와 이스르엘과 욕드암과 사노아와 가인과 기브아와 딤나니 모두 열 성읍이요 또 그 촌락이었으며, 할훌과 벧 술과 그돌과 마아랏과 벧 아놋과 엘드곤이니 모두 여

섯 성읍이요 또 그 촌락이었으며, 기럇 바알 곧 기럇 여아림과 라빠니 모두 두 성읍이요 또 그 촌락이었으며, 광야에는 벧 아라바와 밋딘과 스가가와 닙산과 염성과 엔 게디니 모두 여섯 성읍이요 또 그 촌락이었더라.

유다의 기업은 112개 이상의 성들을 포함하였다.

〔63절〕 예루살렘 거민 여부스 사람을 유다 자손이 쫓아내지 못하였으므로 여부스 사람이 오늘날까지 유다 자손과 함께 예루살렘에 거하니라.

유다 자손들은 예루살렘 거민 여부스 사람들을 쫓아내지 못했다.

〔16:1-4〕 요셉 자손이 제비 뽑은 것은 여리고 곁 요단 곧 여리고 물 동편 광야에서부터 나아가 여리고로 말미암아 올라가서 산지를 지나 벧엘에 이르고 벧엘에서부터 루스로 나아가 아렉 사람의 경계로 지나 아다롯에 이르고 서편으로 내려가서 야블렛 사람의 경계에 이르러 아래 벧 호론 곧 게셀에 미치고 그 끝은 바다라. 요셉의 자손 므낫세와 에브라임이 그 기업을 얻었더라.

16장은 에브라임 지파의 기업에 대해 증거한다.

〔5-10절〕 에브라임 자손의 그 가족대로 얻은 것의 경계는 이러하니라. 그 기업의 경계는 동으로 아다롯 앗달에서 윗 벧 호론에 이르고 또 서편으로 나아가 북편 믹므다에 이르고 동편으로 돌아 다아낫 실로에 이르러 야노아 동편을 지나고 야노아에서부터 아다롯과 나아라로 내려가서 여리고에 미치며 요단으로 나아가고 또 답부아에서부터 서편으로 지나서 가나 시내에 미치나니 그 끝은 바다라. 에브라임 자손의 지파가 그 가족대로 얻은 기업이 이러하였고 그 외에 므낫세 자손의 기업 중에서 에브라임 자손을 위하여 구별한 모든 성읍과 촌락도 있었더라. 그들이 게셀에 거하는 가나안 사람을 쫓아내지 아니하였으므로 가나안 사람이 오늘날까지 에브라임 가운데 거하며 사역하는 종이 되니라.

에브라임 자손들도 게셀에 거하는 가나안 사람을 쫓아내지 못했다(10절). 그러므로 가나안 사람들은 여호수아가 이 책을 기록할 때까지도 에브라임 가운데 거하며 사역하는 종이 되었다.

〔17:1-6〕 므낫세 지파를 위하여 제비 뽑은 것은 이러하니라. 므낫세는 요셉의 장자이었고 므낫세의 장자 마길은 길르앗의 아비라. 그는 무사(武士)이어서 길르앗과 바산을 얻었으므로 므낫세의 남은 자손을 위하여 그 가족대로 제비를 뽑았는데 그들은 곧 아비에셀의 자손과 헬렉의 자손과 아스리엘의 자손과 세겜의 자손과 헤벨의 자손과 스미다의 자손이니 그들의 가족대로 요셉의 아들 므낫세의 남(男) 자손이며 헤벨의 아들 길르앗의 손자 마길의 증손 므낫세의 현손 슬로브핫은 아들이 없고 딸뿐이요 그 딸들의 이름은 말라와 노아와 호글라와 밀가와 디르사라. 그들이 제사장 엘르아살과 눈의 아들 여호수아와 방백들 앞에 나아와서 말하기를 여호와께서 모세에게 명하사 우리 형제 중에서 우리에게 기업을 주라 하셨다 하매 여호와의 명령을 따라 그들에게 기업을 그 아비 형제 중에서 주므로 요단 동편 길르앗과 바산 외에 므낫세에게 열 분깃이 돌아갔으니 므낫세의 여손들이 그 남 자손 중에서 기업을 얻은 까닭이었으며 길르앗 땅은 므낫세의 남은 자손에게 속하였더라.

17장은 므낫세 지파의 기업에 대해 증거한다.

〔7-13절〕 므낫세의 경계는 아셀에서부터 세겜 앞 믹므닷에 미치고 우편으로 가서 엔답부아 거민의 땅에 이르나니 답부아 땅은 므낫세에게 속하였으되 므낫세 경계에 있는 답부아 읍은 에브라임 자손에게 속하였으며 또 경계가 가나 시내로 내려가서 그 시내 남편에 이르나니 므낫세의 성읍 중에 이 성읍들은 에브라임에게 속하였으며 므낫세의 경계는 그 시내 북편이요 그 끝은 바다며 그 남편은 에브라임에 속하였고 북편은 므낫세에 속하였고 바다가 그 경계가 되었으며 그들의 땅의 북은 아셀에 미쳤고 동은 잇사갈에 미쳤으며 잇사갈과 아셀에도 므낫세의 소유가 있으니 곧 벧 스안과 그 향리와 이블르암과 그 향리와 돌의 거민과 그 향리요 또 엔돌 거민과 그 향리와 다아낙 거민과 그 향리와 므깃도 거민과 그 향리들 세 높은 곳이라. 그러나 므낫세 자손이 그 성읍들의 거민을 쫓아내지 못하매 가나안 사람이 결심하고 그 땅에 거하였더니 이스라엘 자손이 강성한 후에야 가나안 사람에게 사역을 시켰고 다 쫓아내지 아니하였더라.

므낫세 자손도 그 성읍들에서 가나안 사람들을 다 쫓아내지 못했으므로 그들이 결심하고 그 땅에 거했고 이스라엘 자손이 강성한 후에야 그들에게 사역을 시켰고 다 쫓아내지 못했다(12-13절).

가나안 전쟁에 있어서 부족했던 점은 불완전한 정복이었다. 각 지파는 가나안 족속의 일부를 죽이거나 쫓아내지 못하고 그들의 땅에서 거주하도록 포용했던 것이다. 그것이 후에 이스라엘 백성의 종교적, 도덕적 부패의 주원인이 되었다(삿 2장). 사람은 모방을 잘하는 존재이다. 악한 본은 악한 영향을 끼친다. 바른 교제가 참으로 중요하다. 경건하고 선한 사람과 교제하면 좋은 영향을 받지만, 불경건하고 악한 사람과 교제하면 나쁜 영향을 받게 된다. 그러므로 사도 바울은 "속지 말라. 악한 동무들은 선한 행실을 더럽히나니 깨어 의를 행하고 죄를 짓지 말라. 하나님을 알지 못하는 자가 있기로 내가 너희를 부끄럽게 하기 위하여 말하노라"고 말했고(고전 15:33-34), 또 "적은 누룩이 온 덩이에 퍼지느니라"고 말하였다(갈 5:9). 우리의 신앙이 부패되지 않으려면, 우리는 교제를 조심해야 한다.

〔14-18절〕 요셉 자손이 여호수아에게 말하여 가로되 여호와께서 지금까지 내게 복을 주시므로 내가 큰 민족이 되었거늘 당신이 나의 기업을 위하여 한 제비, 한 분깃으로만 내게 주심은 어찜이니이까? 여호수아가 그들에게 이르되 네가 큰 민족이 되므로 에브라임 산지가 네게 너무 좁을진대 브리스 사람과 르바임 사람의 땅 삼림에 올라가서 스스로 개척하라. 요셉 자손이 가로되 그 산지는 우리에게 넉넉지도 못하고 골짜기 땅에 거하는 가나안 사람에게는 벧 스안과 그 향리에 거하는 자든지 이스르엘 골짜기에 거하는 자든지 다 철병거가 있나이다. 여호수아가 다시 요셉의 족속 곧 에브라임과 므낫세에게 일러 가로되 너는 큰 민족이요 큰 권능이 있은즉 한 분깃만 가질 것이 아니라. 그 산지도 네 것이 되리니 비록 삼림이라도 네가 개척하라. 그 끝까지 네 것이 되리라. 가나안 사람이 비록 철병거를 가졌고 강할지라도 네가 능히 그를 쫓아내리라.

요셉 자손 곧 에브라임과 므낫세 지파가 여호수아에게 "여호와께서 지금까지 내게 복을 주시므로 내가 큰 민족이 되었거늘 당신이 나의 기업을 위하여 한 제비, 한 분깃으로만 내게 주심은 어찜이니이까?"라고 말하자, 여호수아는 그들에게 "네가 큰 민족이 되므로 에브라임 산지가 네게 너무 좁을진대 브리스 사람과 르바임 사람의 땅 삼림에 올라가서 스스로 개척하라" "가나안 사람이 비록 철병거를 가졌고 강할지라도 네가 능히 그를 쫓아내리라"고 격려하였다. 요셉 자손들은 갈렙처럼 믿음과 용기가 충만하지는 못했던 것 같으나 여호수아의 격려를 받고 용기를 얻었을 것이다.

15장부터 17장까지에서 우리는 두 가지 중요한 교훈을 받는다.

첫째로, 우리는 믿음으로 세상을 정복하고 하나님의 뜻을 이루어야 한다. 그것이 갈렙과 옷니엘이 행한 바이며 또 여호수아가 에브라임과 므낫세 지파에게 권면하고 격려한 바이다. 오늘날 세상을 정복한다는 것은 전도와 영혼 구원이며 개인적, 교회적 거룩함이다. 그것은 하나님의 소원이며 뜻이다. 전도는 인간적으로 두렵고 어려운 일이지만, 우리는 성령의 능력으로 일하며 사람은 하나님의 은혜로 구원받는다.

둘째로, 우리는 불완전한 정복을 해서는 안 된다. 불완전한 정복은 불완전한 구원에 비교될 수 있다. 교회가 참된 복음과 회개와 믿음을 충실히 전하지 않으면 불완전한 구원을 받은 자들이 많아질 것이다. 실상, 불완전한 구원은 구원이 아닐 것이다. 우리가 참으로 구원을 얻었다면, 우리는 바른 신앙을 고백할 것이며 모든 죄를 버리려고 할 것이며 하나님의 뜻과 교훈에 순종하려 할 것이다. 비록 처음 믿은 자들은 지식과 인격에 있어서 부족이 있을지라도, 세월이 흐름에 따라 흠과 점이 없는 성숙한 지식과 인격의 사람으로 자라갈 것이다. 그것은 개인적으로는 성화의 모습이며 교회적으로는 바른 교회의 모습이다. 그러므로 바른 교훈을 버렸거나 충실한 권징이 없는 교회는 참 교회가 아닐 것이다. 교회는 고의적 불신앙과 죄를 포용해서는 안 된다.

18-19장: 베냐민과 나머지 6지파의 기업

〔18:1-7〕 이스라엘 자손의 온 회중이 실로에 모여서 거기 회막을 세웠으니 그 땅이 이미 그들의 앞에 돌아와 복종하였음이나 이스라엘 자손 중에 그 기업의 분배를 얻지 못한 자가 오히려 일곱 지파라. 여호수아가 이스라엘 자손에게 이르되 너희가 너희 열조의 하나님 여호와께서 너희에게 주신 땅을 취하러 가기를 어느 때까지 지체하겠느냐? 너희는 매 지파에 삼인씩 선정하라. 내가 그들을 보내리니 그들은 일어나서 그 땅에 두루 다니며 그 기업에 상당하게 그려 가지고 내게로 돌아올 것이라. 그들이 그 땅을 일곱 부분에 나누되 유다는 남편 자기 경내에 거하고 요셉의 족속은 그 북편 자기 경내에 거한즉 그 남은 땅을 일곱 부분으로 그려서 이곳 내게로 가져올지니 내가 여기서 너희를 위하여 우리 하나님 여호와 앞에서 제비 뽑으리라. 레위 사람은 너희 중에 분깃이 없나니 여호와의 제사장 직분이 그들의 기업이 됨이며 갓과 르우벤과 므낫세 반 지파는 요단 저편 동편에서 이미 기업을 받았나니 이는 여호와의 종 모세가 그들에게 준 것이니라.

여호수아 11장과 14장 끝에 전쟁이 그쳤다고 기록하였지만(11:23; 14:15), 아직 다 정복한 것은 아니었다. 대략적으로는 이루어졌을 뿐이다. 일곱 지파는 아직 땅의 분배를 얻지 못했다. 그 일곱 지파는 베냐민, 시므온, 아셀, 납달리, 스불론, 잇사갈, 단 등이었다. 그들은 기업의 땅 경계도 아직 확정하지 못했다. 그들이 지체한 것은 믿음이 적었기 때문일 것이다. 믿음이 적으니 순종심도 적었을 것이며 그들 속에는 연약한 마음과 두려움도 있었을 것이다. 이제 여호수아는 그들을 권면하며 보내어 남은 땅의 지도를 그려오게 하였다.

〔8-10절〕 그 사람들이 일어나 떠나니 여호수아가 땅을 그리러 가는 그들에게 명하여 가로되 가서 그 땅으로 두루 다니며 그려 가지고 내게로 돌아오라. 내가 여기 실로에서 여호와 앞에서 너희를 위하여 제비 뽑으리라. 그 사람들이 가서 그 땅으로 두루 다니며 성읍들을 따라서 일곱

부분으로 책에 그리고 실로 진에 돌아와 여호수아에게 나아오니 여호수아가 그들을 위하여 실로 여호와 앞에서 제비 뽑고 그가 거기서 이스라엘 자손의 분파대로 땅을 분배하였더라.

여호수아는 그려온 땅을 분배하여 제비 뽑아 나누게 하였다.

[11-20절] 베냐민 자손 지파를 위하여 그 가족대로 제비를 뽑았으니 그 제비 뽑은 땅의 경계는 유다 자손과 요셉 자손의 중간이라. 그 북방 경계는 요단에서부터 여리고 북편으로 올라가서 서편 산지를 넘어서 또 올라가서 벧아웬 황무지에 이르며 또 그 경계가 거기서부터 루스로 나아가서 루스 남편에 이르나니 루스는 곧 벧엘이며 또 그 경계가 아다롯 앗달로 내려가서 아래 벧 호론 남편 산 곁으로 지나고 벧 호론 앞 남편 산에서부터 서방으로 돌아 남편으로 향하여 유다 자손의 성읍 기럇 바알 곧 기럇 여아림에 이르러 끝이 되나니 이는 서방 경계며, 남방 경계는 기럇 여아림 끝에서부터 서편으로 나아가 넵도아 물 근원에 이르고 르바임 골짜기 북편 힌놈의 아들 골짜기 앞에 있는 산 끝으로 내려가고 또 힌놈의 골짜기로 내려가서 여부스 남편에 이르러 엔 로겔로 내려가고 또 북향하여 엔 세메스로 나아가서 아둠밈 비탈 맞은편 글릴롯으로 나아가서 르우벤 자손 보한의 돌까지 내려가고 북으로 아라바 맞은편을 지나 아라바로 내려가고 또 북으로 벧 호글라 곁을 지나서 요단 남단에 당한 염해의 북편 해만이 그 경계의 끝이 되나니 이는 남편 경계며, 동방 경계는 요단이니 이는 베냐민 자손이 그 가족대로 얻은 기업의 사면 경계이었더라.

[21-28절] 베냐민 자손의 지파가 그 가족대로 얻은 성읍들은 여리고와 벧 호글라와 에멕 그시스와 벧 아라바와 스마라임과 벧엘과 아윔과 바라와 오브라와 그발 암모니와 오브니와 게바니 12성읍이요 또 그 촌락이며, 기브온과 라마와 브에롯과 미스베와 그비라와 모사와 레겜과 이르브엘과 다랄라와 셀라와 엘렙과 여부스 곧 예루살렘과 기부앗과 기럇이니 14성읍이요 또 그 촌락이라. 이는 베냐민 자손이 그 가족대로 얻은 기업이었더라.

베냐민 지파는 유다 지파와 요셉 곧 에브라임 지파의 중간에 위치한 땅을 얻었고 거기에는 벧엘, 기브온, 라마, 여부스 즉 예루살렘 등 14성읍들이 포함되었다.

〔19:1-9〕 둘째로 시므온 곧 시므온 자손의 지파를 위하여 그 가족대로 제비를 뽑았으니 그 기업은 유다 자손의 기업 중에서라. 그 얻은 기업은 브엘세바 곧 세바와 몰라다와 하살 수알과 발라와 에셈과 엘돌랏과 브둘과 호르마와 시글락과 벧 말가봇과 하살수사와 벧 르바옷과 사루헨이니 13성읍이요 또 그 촌락이며 또 아인과 림몬과 에델과 아산이니 네 성읍이요 또 그 촌락이며 또 남방 라마 곧 바알랏 브엘까지 이 성들을 둘러 있는 모든 촌락이니 이는 시므온 자손의 지파가 그 가족대로 얻은 기업이라. 시므온 자손의 이 기업은 유다 자손의 기업 중에서 취하였으니 이는 유다 자손의 분깃이 자기들에게 너무 많으므로 시므온 자손이 자기의 기업을 그들의 기업 중에서 얻음이었더라.

〔10-16절〕 셋째로 스불론 자손을 위하여 그 가족대로 제비를 뽑았으니 그 기업의 경계는 사릿에 미치고 서편으로 올라가서 마랄라에 이르러 답베셋에 미치고 욕느암 앞 시내에 미치며 사릿에서부터 동편으로 돌아 해 뜨는 편을 향하고 기슬롯 다볼의 경계에 이르고 다브랏으로 나가서 야비아로 올라가고 또 거기서부터 동편으로 가드 헤벨을 지나 엣가신에 이르고 네아까지 연한 림몬으로 나아가서 북으로 돌아 한나돈에 이르고 입다엘 골짜기에 이르러 끝이 되며 또 갓닷과 나할랄과 시므론과 이달라와 베들레헴이니 모두 12성읍이요 또 그 촌락이라. 스불론 자손이 그 가족대로 얻은 기업은 이 성읍들과 그 촌락이었더라.

〔17-23절〕 넷째로 잇사갈 곧 잇사갈 자손을 위하여 그 가족대로 제비를 뽑았으 그 지경 안은 이스르엘과 그술롯과 수넴과 하바라임과 시온과 아나하랏과 랍빗과 기시온과 에베스와 레멧과 언간님과 엔핫다와 벧 바세스며 그 경계는 다볼과 사하수마와 벧 세메스에 미치고 그 끝은 요단이니 모두 16성읍이요 또 그 촌락이라. 잇사갈 자손 지파가 그 가족대로 얻은 기업은 이 성읍들과 그 촌락이었더라.

시므온 지파는 유다 자손의 기업 중 남쪽에서(1절) 기업을 얻었다. 그것은 유다의 기업이 너무 많았기 때문이다(9절). 스불론 지파는 가나안 땅 북부 즉 갈릴리 지방에서 기업을 얻었고, 아셀과 납달리 지파 기업의 남쪽으로 가드헤벨 등 12성읍들이었다. 잇사갈 지파는 스불론 지파 기업의 동남쪽, 므낫세 지파 기업의 북동쪽에 기업을 얻었고, 이스르엘, 수넴, 다볼 등 16성읍들이었다.

〔24-31절〕 다섯째로 아셀 자손의 지파를 위하여 그 가족대로 제비를 뽑았으니 그 지경 안은 헬갓과 할리와 베덴과 악삽과 알람멜렉과 아맛과 미살이며 그 경계의 서편은 갈멜에 미치며 시홀 림낫에 미치고 꺾여 해 돋는 편을 향하여 벧 다곤에 이르며 스불론에 달하고 북편으로 입다 엘 골짜기에 미쳐서 벧에멕과 느이엘에 이르고 가불 좌편으로 나가서 에브론과 르홉과 함몬과 가나를 지나 큰 시돈까지 이르고 돌아서 라마와 견고한 성읍 두로에 이르고 돌아서 호사에 이르고 악십 지방 곁 바다가 끝이 되며 또 움마와 아벡과 르홉이니 모두 22성읍과 그 촌락이라. 아셀 자손의 지파가 그 가족대로 얻은 기업은 이 성읍들과 그 촌락이었더라.

〔32-39절〕 여섯째로 납달리 자손을 위하여 납달리 자손의 가족대로 제비를 뽑았으니 그 경계는 헬렙과 사아난님의 상수리나무에서부터 아다미 네겝과 얍느엘을 지나 락굼까지요 그 끝은 요단이며 서편으로 돌아 아스놋 다볼에 이르고 그곳에서부터 나가 훅곡에 이르러는 남은 스불론에 접하였고 서는 아셀에 접하였으며 해 돋는 편은 유다에 달한 요단이며 그 견고한 성읍들은 싯딤과 세르와 함맛과 락갓과 긴네렛과 아다마와 라마와 하솔과 게데스와 에드레이와 엔 하솔과 이론과 믹다렐과 호렘과 벧 아낫과 벧 세메스니 모두 19성읍이요 또 그 촌락이라. 납달리 자손의 지파가 그 가족대로 얻은 기업은 이 성읍들과 그 촌락이었더라.

〔40-48절〕 일곱째로 단 자손의 지파를 위하여 그 가족대로 제비를 뽑았으니 그 기업의 지경은 소라와 에스다올과 이르세메스와 사알랍빈과 아얄론과 이들라와 엘론과 딤나와 에그론과 엘드게와 깁브돈과 바알랏과 여훗과 브네브락과 가드 림몬과 메얄곤과 락곤과 욥바 맞은편 경계까지라. 그런데 단 자손의 지경이 더욱 확장되었으니 이는 단 자손이 올라가서 레센을 쳐서 취하여 칼날로 치고 그것을 얻어 거기 거하였음이라. 그 조상 단의 이름을 따라서 레센을 단이라 하였더라. 단 자손의

지파가 그 가족대로 얻은 기업은 이 성읍들과 그 촌락이었더라.

아셀 지파는 스불론 북서쪽에 22성읍들을 기업으로 얻었다. 납달리 지파는 아셀 지파의 동쪽, 스불론 지파의 북동쪽에 19성읍들을 기업으로 얻었다. 단 지파는 유다의 북서쪽에 기업을 얻었고, 소라, 에스다올, 에그론 등의 성읍을 포함했고, 또 가나안 땅의 가장 북쪽에 있는 레셈이라는 성읍을 취했고 그 이름을 단이라 고쳐 불렀다.

〔49-51절〕 이스라엘 자손이 그 경계를 따라서 기업의 땅 나누기를 마치고 자기들 중에서 눈의 아들 여호수아에게 기업을 주었으되 곧 여호와의 명령대로 여호수아의 구한 성읍 에브라임 산지 딤낫 세라를 주매 여호수아가 그 성읍을 중건하고 거기 거하였었더라. 제사장 엘르아살과 눈의 아들 여호수아와 이스라엘 자손 지파의 족장들이 실로에서 회막 문 여호와 앞에서 제비 뽑아 나눈 기업이 이러하니라. 이에 땅 나누는 일이 마쳤더라.

여호수아는 그 일곱 지파들을 위해 실로의 회막 문 앞, 즉 여호와 앞에서 제비 뽑고 거기서 이스라엘 자손의 각 지파대로 땅을 분배하였다. 이렇게 함으로써 땅 나누는 일이 마쳤다(수 18:10; 19:51).

가나안 정복은 신약시대에 전도와 개인적 성화와 온전한 교회 건립에 적용될 수 있다. 전도는 지체할 일이 아니다. 하나님의 뜻은 전도를 통해 믿는 자들을 구원하시는 것이다(고전 1:18, 21). 우리는 때를 얻든지 못 얻든지 복음을 전해야 한다(딤후 4:2). 가족들 중에 믿지 않는 이들에게 복음을 전하고, 주위의 이웃 사람들에게 복음을 전하고, 우리나라나 세계의 어느 곳이든지 교회가 없는 곳에는 전도자들을 파송하고 그들을 위해 기도하고 후원하고 그들이 그곳에 복음을 전하고 참된 교회들을 세우도록 해야 한다. 전도는 주께서 명하신 가장 큰 명령이다. 그것은 우리가 뒤로 미루지 말고 즉시 실천하고 항상 실천해야 할 일이다. 또 구원받은 성도들은 자기 속에 있는 가나안적 죄성을 제거하고 온전한 성화를 이루기 위해 말씀과 성령 안에서 힘써야 한다.

20장: 도피성

〔1-6절〕 여호와께서 여호수아에게 일러 가라사대 이스라엘 자손에게 고하여 이르라. 내가 모세로 너희에게 말한 도피성을 택정하여 부지중 오살(誤殺)한 자를 그리로 도망하게 하라. 이는 너희 중 피의 보수자를 피할 곳이니라. 그 성읍들의 하나에 도피하는 자는 그 성읍에 들어가는 문 어귀에 서서 그 성읍 장로들의 귀에 자기의 사고를 고할 것이요 그들은 그를 받아 성읍에 들여 한 곳을 주어 자기들 중에 거하게 하고 피의 보수자가 그 뒤를 따라온다 할지라도 그들은 그 살인자를 그의 손에 내어주지 말지니 이는 본래 미워함이 없이 부지중에 그 이웃을 죽였음이라. 그 살인자가 회중의 앞에 서서 재판을 받기까지나 당시 대제사장의 죽기까지 그 성읍에 거하다가 그 후에 그 살인자가 본 성읍 곧 자기가 도망하여 나온 그 성읍의 자기 집으로 돌아갈지니라.

모세의 율법과 이스라엘의 역사에서 도피성에 대한 법은 독특한 규정이다. 이 법은 출애굽기 21:13에 처음 암시되었고 민수기 35장에 자세히 규정되었고 신명기 19:1-7에도 같은 법이 다시 설명되었다. 이스라엘 백성은 가나안 땅을 정복한 후 모세의 율법에 규정된 대로 도피성을 구별하였다.

도피성은 부지중에 실수로 사람을 죽인 자가 피의 보복을 피할 수 있게 한 성읍이었다. 3절에 '부지중 오살한 자'라는 원문은 '실수로(비쉐가가 בִּשְׁגָגָה) 부지중(비벨리 다아스 בִּבְלִי־דָעַת) 사람을 죽인 자'라는 뜻이다. 5절과 9절에도 같은 말이 나온다. 실수로 사람을 죽인 자의 행위는 고의적으로 죽인 자의 행위와 그 성격이 다르다. 실수로 사람을 죽인 자는 잘못을 하기는 한 것이지만, 사형을 시킬 만큼 악한 자는 아니다. 그런데 그로 인해 죽은 사람의 가족이 그에게 감정적인 보복을 하려 할 수 있기 때문에 그런 보복을 피할 수 있도록 배려한 법이 도피성에 대한 법인 것이다.

그곳으로 피한 사람은 그 성문에서 그 성읍 장로들에게 자신의 사고에 대해 고하고 장로들은 그에게 그 성읍의 한 곳을 그에게 주어 그가 회중 앞에서 재판을 받기까지 그곳에 거하게 했다. 그 재판은 그가 본래 살던 성, 즉 그가 실수로 사람을 죽였던 그 성에서 이루어졌던 것 같다. 민수기 35:24-25는 "회중이 친 자와 피를 보수(報讎)하는[보수하려는] 자 간에 이 규례대로 판결하여 피를 보수하는[보수하려는] 자의 손에서 살인자를 건져내어 그가 피하였던 도피성으로 돌려보낼 것이요 그는 거룩한 기름 부음을 받은 대제사장의 죽기까지 거기 거할 것이니라"고 말한다. 그가 그 재판에서 그 사고가 고의적인 것이 아니었다는 사실이 판정되면 그는 당시의 대제사장이 죽기까지 그곳에서 어느 기간 동안 살 수 있었다. 그것은 일종의 금고 상태와 같았다. 대제사장이 죽기 전에는 그가 그 성읍을 떠나서 자기 집으로 돌아갈 수 없었다. 만일 그가 그 성 밖으로 나갔다가 죽임을 당하면 그것은 그 자신의 책임이 될 것이다.

〔7-9절〕 무리가 납달리의 산지 갈릴리 게데스와 에브라임 산지의 세겜과 유다 산지의 기럇 아르바 곧 헤브론을 구별하였고 또 여리고 동 요단 저편 르우벤 지파 중에서 평지 광야의 베셀과 갓 지파 중에서 길르앗 라못과 므낫세 지파 중에서 바산 골란을 택하였으니 이는 곧 이스라엘 모든 자손과 그들 중에 우거하는 객을 위하여 선정한 성읍들로서 누구든지 부지중 살인한 자로 그리로 도망하여 피의 보수자의 손에 죽지 않게 하기 위함이며 그는 회중 앞에 설 때까지 거기 있을 것이니라.

도피성의 용도로 여섯 개의 성읍들이 구별되었다. 그 성들은 요단강 동쪽에서 3개, 요단강 서쪽에서 3개이었는데, 요단강 서쪽에서는 북쪽에서부터 납달리 산지 갈릴리 게데스와 중부의 에브라임 산지의 세겜과 남부의 유다 산지의 기럇 아르바 곧 헤브론이었고, 요단강 동쪽에서는 북쪽에서부터 보면 므낫세 지파 중에서 바산 골란과 중부의 갓 지파 중에서 길르앗 라못과 남부의 르우벤 지파 중에서 평지 광야의 베셀이었다.

이 여섯 개의 성읍들은 다 레위인들이 받은 48개의 성읍들 중에 속한 것이었다(민 35:6-7). 그 성들은 요단강 동쪽과 서쪽에서 북부와 중부와 남부에 흩어져 있어서 실수로 살인한 자들이 쉽게, 빨리 피할 수 있도록 배려되었고, 레위인들은 비교적 경건한 자들이었기 때문에 다른 지파들의 성들보다 공의로운 배려를 기대할 수 있었다. 신명기 19:8-9에 보면, 후에 영토가 더 확장되면 3개의 성읍들을 더 추가하라는 명령도 있다.

도피성은 이스라엘 백성뿐 아니라, 그 경내에 우거하는 이방인들도 사용할 수 있었다. 민수기 35:15는 "이 여섯 성읍은 이스라엘 자손과 타국인과 이스라엘 중에 우거하는 자의 도피성이 되리니 무릇 그릇 살인한 자가 그리로 도피할 수 있으리라"고 규정하였다. 오늘 본문 9절도 "이는 곧 이스라엘 모든 자손과 그들 중에 우거하는 객을 위하여 선정한 성읍들로서 누구든지 부지중 살인한 자로 그리로 도망하여 피의 보수자의 손에 죽지 않게 하기 위함이며 그는 회중 앞에 설 때까지 거기 있을 것이니라"고 기록한다. 하나님께서는 이 법을 통해 이방인들에 대한 그의 배려도 증거하셨다.

도피성에 대한 법의 중요한 점은 살인에 대한 구별이다. 살인에는 두 종류가 있다. 고의적 살인이 있고 실수로 하는 살인이 있다. 이 둘은 구별해서 처벌되어야 했다. 출애굽기 21:12-14는, "사람을 쳐죽인 자는 반드시 죽일 것이나 만일 사람이 계획함이 아니라 나 하나님이 사람을 그 손에 붙임이면 내가 위하여 한 곳을 정하리니 그 사람이 그리로 도망할 것이며 사람이 그 이웃을 짐짓 모살하였으면 너는 그를 내 단에서라도 잡아내려 죽일지니라"고 말했다.

민수기 35장에 보면, 고의적 살인은 예를 들어 이웃을 미워하여 손으로나 돌이나 나무나 철 연장으로 쳐서 죽인 경우이다. 하나님께서는 이런 살인자는 반드시 죽이라고 명령하셨다. 왜냐하면 생명은 존엄한 것이기 때문이다. 그러나 실수로, 부지중 사람을 죽인 경우가 있다. 민수기 35장에는 우연히 밀치거나 우연히 돌이나 연장을 던지다가 사람을 죽인 경우를 예로 들었다. 사람은 누구나 실수할 수 있다. 실수도 잘못이기는 하지만, 사형에 해당할 정도의 잘못은 아니다. 그러나 죽은 자의 가족은 감정을 가지고 그에게 보복하려고 할 수 있기 때문에 그 살인자는 도피성으로 피할 수 있었다.

도피성에 도피한 살인자는 당시의 대제사장이 죽기까지 거기에서 거하다가 그 후에 자기 집으로 돌아갈 수 있었다. 그것은 금고 상태와 같았다. 그러나 그것은 유배나 귀양 같은 형벌이 아니고 하나님의 은혜로 보호함을 얻는 것이요 은신처를 가지는 것이었다.

여러 주석가들은 이 규정이 예수 그리스도의 속죄 사역을 예표한다고 보았다.[8] 대제사장의 죽음은 대제사장이신 우리 주 예수 그리스도의 죽음을 예표하는 의미가 있는 것 같다. 그로 말미암는 속죄는 죄인의 죄를 씻고 그를 자유케 한다. 그 살인자의 잘못은 용서함을 얻고 이제 자유로이 자기 집으로 돌아갈 수 있게 되는 것이다.

도피성으로 구별된 여섯 개의 성 이름도 예수 그리스도에게 적합해 보인다. 게데스(케데쉬)는 '거룩하다'는 뜻을 가진다. 우리의 도피성 되신 예수 그리스도께서는 우리의 거룩한 처소이시다. 세겜(쉐켐)은 '어깨'라는 뜻이다. 대제사장이 어깨에 이스라엘 열두 지파의 이름을 새긴 보석을 두었듯이(출 28:9, 12), 예수 그리스도께서는 우리의 이름을 그의 어깨에 두셨다. 헤브론은 '교통, 연합'이라는 뜻이다. 예수 그리스도께서는 하나님과 우리를 연합시키시고 교제케 하신다. 베셀(베체르)은 '금광석' 혹은 '요새'라는 뜻이다. 예수 그리스도께서는 우리의 보배시요 우리의 요새이시다. 라못(라모스)은 '고

---

8) 카일-델리취, 매튜 풀, 매튜 헨리, 박윤선 등.

지(高地)'라는 뜻이다. 예수 그리스도께서는 우리의 산성이시다. 골란은 아마 '기쁨'이라는 뜻을 가진다. 예수 그리스도께서는 우리의 기쁨이시다.

도피성은 실수르 살인한 사람들의 유일한, 안전한 피난처이었다. 구주 예수 그리스도께서는 죄인들의 유일한, 안전한 피난처이시다(롬 8:1). 도피성은 요단강 동서쪽에 세 개씩 북부, 중부, 남부에 걸쳐 있었고 실수로 살인한 사람이 쉽게 달려가 피할 수 있는 성이었다. 예수 그리스도께서는 죄인이 쉽게 달려가 피할 수 있는 구주이시다. 누구든지 주의 이름을 부르면 구원을 얻을 것이다(롬 10:13). 도피성은 이방인도 혜택을 받을 수 있었다. 예수 그리스도께서는 유대인에게나 이방인에게나 구별 없이 구주이시다(롬 3:29-30). 그러나 죄인이 도피성을 벗어나면 보호함을 잃고 죽임을 당할 수 있었다. 우리도 예수 그리스도를 떠나면 구원을 잃을 수밖에 없다.

도피성에 대한 법은 의미심장하다. 그 법에서 하나님께서는 우리가 사람의 생명을 존중해야 할 것을 가르치셨다. 고의적 살인과 실수로 한 살인은 구별되어야 했다. 고의적 살인자는 반드시 사형을 당해야 했지만, 실수로 사람을 죽인 자는 도피성으로 피신하여 생명을 보호받을 수 있었다. 거기에는 생명에 대한 하나님의 특별한 배려가 있었다. 우리는 하나님을 본받아 사람의 생명을 귀히 여겨야 한다.

그러나 도피성은 그 이상의 깊은 뜻이 있다. 그것은 예수 그리스도의 속죄 은혜를 예표하였다고 본다. 예수 그리스도께서는 우리의 도피성이 되신다. 하나님께서는 예수 그리스도 안에서 우리의 모든 죄를 다 용서하셨다. 그는 우리의 실수의 죄뿐 아니라, 고의적인 죄까지도 용서하셨다. 그는 모세의 살인죄를 용서하셨고 다윗의 간음죄와 살인죄를 용서하셨다. 하나님께서는 지옥 갈 우리 죄인들을 구주 예수 그리스도의 죽음과 부활로 구원하셨다. 예수님은 우리의 피난처이시다.

21장: 레위인의 성읍

〔1-3절〕 때에 레위 사람의 족장들이 제사장 엘르아살과 눈의 아들 여호수아와 이스라엘 자손의 지파 족장들에게 나아와 가나안 땅 실로에서 그들에게 말하여 가로되 여호와께서 모세로 명하사 우리의 거할 성읍들과 우리의 가축 먹일 그 들을 우리에게 주라 하셨었나이다 하매 이스라엘 자손이 여호와의 명을 따라 자기의 기업에서 이 아래 성읍들과 그 들을 레위 사람에게 주니라.

〔4-6절〕 그핫 가족을 위하여 제비를 뽑았는데 레위 사람 중 제사장 아론의 자손들은 유다 지파와 시므온 지파와 베냐민 지파 중에서 제비대로 13성읍을 얻었고 그 남은 그핫 자손들은 에브라임 지파의 가족과 단 지파와 므낫세 반 지파 중에서 제비대로 열 성읍을 얻었으며 게르손 자손들은 잇사갈 지파의 가족들과 아셀 지파와 납달리 지파와 바산에 있는 므낫세 반 지파 중에서 제비대로 13성읍을 얻었더라.

〔7-12절〕 므라리 자손들은 그 가족대로 르우벤 지파와 갓 지파와 스불론 지파 중에서 12성읍을 얻었더라. 여호와께서 모세로 명하신 대로 이스라엘 자손이 제비 뽑아 레위 사람에게 준 성읍들과 그 들이 이러하니라. 유다 자손의 지파와 시므온 자손의 지파 중에서는 이 아래 기명한 성읍들을 주었는데 레위 자손 중 그핫 가족들에 속한 아론 자손이 첫째로 제비 뽑혔으므로 아낙의 아비 아르바의 성읍 유다 산지 기랏 아르바 곧 헤브론과 그 사면 들을 그들에게 주었고 오직 그 성읍의 밭과 촌락은 여분네의 아들 갈렙에게 주어 소유가 되게 하였더라.

〔13-19절〕 제사장 아론 자손에게 준 것은 살인자의 도피성 헤브론과 그 들이요 또 립나와 그 들과 얏딜과 그 들과 에스드모아와 그 들과 홀론과 그 들과 드빌과 그 들과 아인과 그 들과 윳다와 그 들과 벧 세메스와 그 들이니 이 두 지파에서 아홉 성읍을 내었고 또 베냐민 지파 중에서는 기브온과 그 들과 게바와 그 들과 아나돗과 그 들과 알몬과 그 들 곧 네 성읍을 내었으니 제사장 아론 자손의 성읍이 모두 13성읍과 그 들이었더라.

〔20-26절〕 그 남은 레위 사람 그핫 자손의 가족 곧 그핫 자손에게는 제비 뽑아 에브라임 지파 중에서 그 성읍들을 주었으니 곧 살인자의 도피성 에브라임 산지 세겜과 그 들이요 또 게셀과 그 들과 깁사임과 그 들과 벧 호론과 그 들이니 네 성읍이요 또 단 지파 중에서 준 것은 엘드게와 그 들과 깁브돈과 그 들과 아얄론과 그 들과 가드 림몬과 그 들이니 네 성읍이요 또 므낫세 반 지파 중에서 준것은 다아낙과 그 들과 가드 림몬과 그 들이니 두 성읍이라. 그핫 자손의 남은 가족의 성읍이 모두 열과 그 들이었더라.

〔27-33절〕 레위 가족의 게르손 자손들에게는 므낫세 반 지파 중에서 살인자의 도피성 바산 골란과 그 들을 주었고 또 브에스드라와 그 들을 주었으니 두 성읍이요 잇사갈 지파 중에서는 기시온과 그 들과 다브랏과 그 들과 야르뭇과 그 들과 언 간님과 그 들을 주었으니 네 성읍이요 아셀 지파 중에서는 미살과 그 들과 압돈과 그 들과 헬갓과 그 들과 르홉과 그 들을 주었으니 네 성읍이요 납달리 지파 중에서는 살인자의 도피성 갈릴리 게데스와 그 들을 주었고 또 함못 돌과 그 들과 가르단과 그 들을 주었으니 세 성읍이라. 게르손 사람이 그 가족대로 얻은 성읍이 모두 13성읍과 그 들이었더라.

〔34-40절〕 그 남은 레위 사람 므라리 자손의 가족들에게 준 것은 스불론 지파 중에서 욕느암과 그 들과 가르다와 그 들과 딤나와 그 들과 나할랄과 그 들이니 네 성읍이요 르우벤 지파 중에서 준 것은 베셀과 그 들과 야하스와 그 들과 그데못과 그 들과 므바앗과 그 들이니 네 성읍이요 갓 지파 중에서 준 것은 살인자의 도피성 길르앗 라못과 그 들이요 또 마하나임과 그 들과 헤스본과 그 들과 야셀과 그 들이니 모두 네 성읍이라. 이는 레위 가족의 남은 자 곧 므라리 자손이 그 가족대로 얻은 성읍이니 그 제비 뽑아 얻은 성읍이 12성읍이었더라.

〔41-42절〕 레위 사람의 이스라엘 자손의 기업 중에서 얻은 성읍이 모두 48성읍이요 또 그 들이라. 이 각 성읍의 사면에 들이 있었고 모든 성읍이 다 그러하였더라.

본장은 레위인들에게 거할 성읍들과 그 들을 주었다는 것을 기록한다. 그 성읍들은 이스라엘 각 지파에 속했던 것들이었는데 모두

48성읍들과 그 사면 들이었다.

〔43-45절〕 여호와께서 이스라엘의 열조에게 맹세하사 주마 하신 온 땅을 이와 같이 이스라엘에게 다 주셨으므로 그들이 그것을 얻어 거기 거하였으며 여호와께서 그들의 사방에 안식을 주셨으되 그 열조에게 맹세하신 대로 하셨으므로 그 모든 대적이 그들을 당한 자가 하나도 없었으니 이는 여호와께서 그들의 모든 대적을 그들의 손에 붙이셨음이라. 여호와께서 이스라엘 족속에게 말씀하신 선한 일이 하나도 남음이 없이 다 응하였더라.

본장의 중요한 진리는 하나님의 신실하심에 대한 것이다. 가나안 땅은 "여호와께서 이스라엘의 열조에게 맹세하사 주마 하신" 땅이다(43절). 그 땅에 거주하는 것은 '여호와께서 그 열조에게 맹세하신 안식'이며(44절) "여호와께서 이스라엘 족속에게 말씀하신 선한 일"이었다(45절). 하나님께서는 아브라함에게 "내가 이 땅을 네 자손에게 주리라"고 말씀하셨고(창 12:7), 그의 아들 이삭에게도 "내가 이 모든 땅을 너와 네 자손에게 주리라"고 말씀하셨고(창 26:3), 또한 그의 아들 야곱에게도 이 땅을 "내가 너와 네 자손에게 주리라"고 말씀하셨다(창 28:13).

이스라엘 백성이 하나님께서 약속하신 바를 얻는 과정에는 많은 난관들이 있었다. 아브라함에게 약속하신 내용은 약 700년이 지난 후에야 이루어졌다. 모세가 이스라엘 백성을 애굽 왕 바로의 권세로부터 건져내는 것도 심히 어려운 일이었다. 애굽에서 나온 후에도 홍해의 난관, 백성들의 불평과 불신앙, 고라 일당의 반역, 모압 여자들과의 음행 등 많은 어려운 일들이 있었고 또 가나안 땅을 정복하는 일도 많은 전쟁을 수행해야 하는 일이었다.

그러나 하나님께서는 열조들에게 약속하신 바를 다 이루셨다. 그는 그들에게 안식을 주셨다. 이스라엘은 하나님의 약속하신 바를 다 받았다. 하나님께서는 그들의 모든 대적을 그들의 손에 붙여주셨고,

그 모든 대적들 중에 그들을 당한 자는 하나도 없었다. 45절, “여호와께서 이스라엘 족속에게 말씀하신 선한 일이 하나도 남음이 없이 다 응하였더라[모든 선한 말씀 중 한 말씀도 실패치 않고 다 이루어졌더라].” 하나님께서는 약속을 이루시는 신실하신 하나님이시다. 하나님의 약속은 하나도 실패치 않고 다 이루어진다.

하나님께서 오늘날 우리들에게 하신 약속은 영생이며(요 3:16; 요 6:40; 딛 1:2; 요일 5:13), 새 하늘과 새 땅 곧 천국이며(계 21:1-5), 주 예수 그리스도의 재림이다(계 22:20). 그 약속들도 다 이루어질 것이다. 하나님께서는 택하신 자들을 하나도 잃어버리지 않고 다 구원하실 것이며(요 6:39) 영생을 주기로 작정된 자들은 다 믿을 것이다(행 13:48). 영생과 천국과 주 예수 그리스도의 재림은 하나님의 작정하시고 약속하신 바대로 다 이루어질 것이다.

본장의 교훈은 무엇인가? 하나님께서 이스라엘의 열조들에게 맹세로 약속하신 바는 다 이루어졌다. 이스라엘 백성은 하나님의 약속대로 가나안 땅을 기업으로 얻었고 땅을 분배받았다. 오늘날 우리에게 하신 하나님의 약속들, 즉 구원과 영생과 천국과 예수 그리스도의 재림의 약속들도 다 이루어질 것이다. 그러므로 우리는 하나님의 모든 약속을 믿고 확신하자. 사도 요한은 신약성경 끝부분에서 “이것들을 증거하신 이가 가라사대 내가 진실로 속히 오리라 하시거늘 아멘 주 예수여, 오시옵소서”라고 말했다(계 22:20). 우리도 아멘으로 화답하자.

하나님의 은혜와 예수 그리스도의 대속으로 구원받은 우리는 오직 하나님의 신실하심을 본받아 하나님 앞에서 신실한 자들이 되자. 하나님을 배반하는 자들이 되지 말자. 참 신자는 “어린양이 어디로 인도하든지 따라가는 자”(계 14:4)이다. 어디든지 주를 따르는 자들이 되자. 주께서는 우리에게 ‘죽도록 충성하라’고 명하신다. 우리는 죽도록 충성하는 자들이 되자. 하나님의 신실하심같이 우리도 신실한 자가 되자.

22장: 세 지파가 큰 단을 만듦

〔1-6절〕 그때에 여호수아가 르우벤 사람과 갓 사람과 므낫세 반 지파를 불러서 그들에게 이르되 여호와의 종 모세가 너희에게 명한 것을 너희가 다 지키며 또 내가 너희에게 명한 모든 일에 내 말을 너희가 청종하여 오늘날까지 날이 오래도록 너희가 너희 형제를 떠나지 아니하고 오직 너희 하나님 여호와의 명하신 그 책임을 지키도다. 이제는 너희 하나님 여호와께서 이미 말씀하신 대로 너희 형제에게 안식을 주셨으니 그런즉 이제 너희는 여호와의 종 모세가 요단 저편에서 너희에게 준 소유지로 가서 너희의 장막으로 돌아가되 크게 삼가 여호와의 종 모세가 너희에게 명한 명령과 율법을 행하여 너희 하나님 여호와를 사랑하고 그 모든 길로 행하며 그 계명을 지켜 그에게 친근히 하고 너희의 마음을 다하며 성품을 다하여 그를 섬길지니라 하고 여호수아가 그들에게 축복하여 보내매 그들이 자기 장막으로 갔더라.

〔7-12절〕 므낫세 반 지파에게는 모세가 바산에서 기업을 주었고 기타 반 지파에게는 여호수아가 요단 이편 서편에서 그 형제 중에서 기업을 준지라. 여호수아가 그들을 그 장막으로 돌려보낼 때에 그들에게 축복하고 일러 가로되 너희는 많은 재산과 심히 많은 가축과 은, 금, 동, 철과 심히 많은 의복을 가지고 너희의 장막으로 돌아가서 너희의 대적에게서 탈취한 것을 너희의 형제와 나눌지니라 하매 르우벤 자손과 갓 자손과 므낫세 반 지파가 가나안 땅 실로에서 이스라엘 자손을 떠나 여호와께서 모세로 명하신 대로 얻은 땅 곧 그 소유지 길르앗으로 가니라.

여호수아는 르우벤 지파와 갓 지파와 므낫세 반 지파 장정들이 모세와 자신의 명령을 다 지키고 순종했고 여러 날 동안 하나님의 명하신 책임(미쉬메렛 מִשְׁמֶרֶת)[명령]을 잘 지키고 있다고 인정한 후 그들에게 권면했다. “크게 삼가 모세의 명한 명령과 율법을 행하고 너희 하나님 여호와를 사랑하고 그 모든 길로 행하고 그 계명을 지키고 그를 친근히 하고[붙들고] 마음을 다하고 성품[영혼]을 다하여 그를 섬기라"(5절). 5절의 '친근히 하라'는 원어(다바크 דָּבַק)는 '붙들라'는 뜻이고, '성품을 다하여'라는 원어는 '영혼을 다하여'라는 뜻이다. 여호수아는 그들에게 축복하고 그들을 돌려보내었다. 여호수아는 또 그들에게 그들이 얻은 많은 전쟁 노획물들을 그들의 형제들과 나누라고 말하였다(8절). 세 지파 장정들은 여호수아의 권면을 들은 후 요단 서편의 실로에서 요단 동편 길르앗 땅으로 돌아갔다.

〔10-12절〕 르우벤 자손과 므낫세 반 지파가 가나안 땅 요단 언덕 가에 이르자 거기서 요단 가에 단을 쌓았는데 볼만한 큰 단이었더라. 이스라엘 자손이 들은즉 이르기를 르우벤 자손과 갓 자손과 므낫세 반지파가 가나안 땅의 맨 앞편 요단 언덕 가 이스라엘 자손에게 속한 편에 단을 쌓았다 하는지라. 이스라엘 자손이 이를 듣자 곧 이스라엘 자손의 온 회중이 실로에 모여서 그들과 싸우러 가려 하니라.

그 세 지파의 장정들은 요단 동편으로 돌아가다가 가나안 땅 요단강 언덕, 즉 요단강을 건너기 전 요단강 서쪽 강 언덕에서 큰 단을 만들었고 이스라엘 자손들은 그들이 큰 단을 만들었다는 소식을 들었다. 그들의 행위는 덕스럽지 못했다. 그들은 다른 지파 사람들과 의논한 후 그 일을 했어야 했다. 그들의 행위는 다른 지파 사람들에게 오해를 일으켰다. 그러므로 이스라엘 온 회중은 실로에 모여서 그들과 싸우러 가려 하였다. 그들은 그 세 지파 사람들이 하나님을 배반하는 행동을 했다고 생각했다. 물론 그것은 오해이었고 그들의 판단은 성급하고 부족했다. 사람의 생각과 판단은 부족이 많다. 하나님께서 도우시지 않았다면, 동족들 간에 큰 전쟁이 불가피하였다.

〔13-20절〕 이스라엘 자손이 제사장 엘르아살의 아들 비느하스를 길르앗 땅으로 보내어 르우벤 자손과 갓 자손과 므낫세 반 지파를 보게 하되 이스라엘 각 지파에서 한 방백씩 열 방백을 그와 함께 하게 하니 그들은 각기 이스라엘 천만인 중 족속의 두령이라. 그들이 길르앗 땅에 이르러 르우벤 자손과 갓 자손과 므낫세 반 지파에게 나아가서 그들에게 말하여 가로되 여호와의 온 회중이 말하기를 너희가 어찌하여 이스라엘

하나님께 범죄하여 오늘날 여호와를 좇는 데서 떠나서 자기를 위하여 단을 쌓아 여호와를 거역하고자 하느냐? 브올의 죄악으로 인하여 여호와의 회중에 재앙이 내렸으나 오늘날까지 우리가 그 죄에서 정결함을 얻지 못하였거늘 그 죄악이 우리에게 부족하여서 오늘날 너희가 돌이켜 여호와를 좇지 않고자 하느냐? 너희가 오늘날 여호와를 배역하면 내일은 그가 이스라엘 온 회중에게 진노하시리라. 그런데 너희 소유지가 만일 깨끗지 아니하거든 여호와의 성막이 있는 여호와의 소유지로 건너와 우리 중에서 소유를 취할 것이니라. 오직 우리 하나님 여호와의 단 외에 다른 단을 쌓음으로 여호와께 패역하지 말며 우리에게도 패역하지 말라. 세라의 아들 아간이 바친 물건에 대하여 범죄하므로 이스라엘 온 회중에 진노가 임하지 아니하였었느냐? 그 죄악으로 망한 자가 그 사람뿐이 아니었느니라.

이스라엘 온 회중은 우선 사실을 확인하기 위해 제사장 비느하스와, 열 지파에서 한 명씩 열 명을 조사단으로 길르앗 땅에 보내었다. 비느하스는 그들에게 그들이 하나님께 범죄하여 하나님 좇는 데서 떠나서 자기를 위해 단을 쌓아 여호와를 배역(背逆)하고자 하느냐고 지적하였다. 그는 또 브올의 범죄를 상기시키며 말했다. 브올의 죄는 모압 평지 싯딤에서 이스라엘 자손들이 모압 여자들과 음행한 것을 가리킨다. 그때 하나님께서는 진노하셔서 이스라엘 자손을 염병으로 치셔서 24,000명이나 죽었었다(민 25:1-3). 비느하스는 또 아간의 죄와 하나님의 징벌에 대해서도 상기시켰다. 비느하스와 이스라엘 조사단은 그 세 지파 사람들이 요단 강가에 큰 단을 만든 것이 하나님을 배역하고 범죄한 것이 아닌가 하고 지적한 것이었다.

〔21-29절〕 르우벤 자손과 갓 자손과 므낫세 반 지파가 이스라엘 천만인의 두령에게 대답하여 가로되 전능하신 자 하나님 여호와(엘 엘로힘 예호와 אֵל אֱלֹהִים יְהוָה)[신들의 신이신 여호와],[9] **전능하신 자 하나님 여호와**(엘 엘로힘 예호와 אֵל אֱלֹהִים יְהוָה)[신들의 신이신 여호와]**께서**

9) 이것은 히브리어 마소라 본문의 액센트들에 따른 읽기이다.

아시나니 이스라엘도 장차 알리라. 이 일이 만일 여호와께 패역함이거나 범죄함이거든 주는 오늘날 우리를 구원치 마시옵소서. 우리가 단을 쌓은 것이 돌이켜 여호와를 좇지 아니하려 함이거나 혹시 그 위에 번제나 소제를 드리려 함이거나 혹시 화목제물을 드리려 함이어든 여호와는 친히 벌하시옵소서. 우리가 목적이 있어서 주의하고 이같이 하였노라. 곧 생각하기를 후일에 너희 자손이 우리 자손에게 말하여 이르기를 너희가 이스라엘 하나님 여호와와 무슨 상관이 있느냐? 너희 르우벤 자손 갓 자손아, 여호와께서 우리와 너희 사이에 요단으로 경계를 삼으셨나니 너희는 여호와께 분의가 없느니라 하여 너희 자손이 우리 자손으로 여호와 경외하기를 그치게 할까 하여 우리가 말하기를 우리가 이제 한 단 쌓기를 예비하자 하였노니 이는 번제를 위함도 아니요 다른 제사를 위함도 아니라. 우리가 여호와 앞에서 우리 번제와 우리 다른 제사와 우리 화목제로 섬기는 것을 우리와 너희 사이와 우리의 후대 사이에 증거가 되게 할 뿐으로서 너희 자손으로 후일에 우리 자손에게 이르기를 너희는 여호와께 분의가 없다 못하게 하려 함이로라. 우리가 말하였거니와 만일 그들이 후일에 우리에게나 우리 후대에게 이같이 말하면 우리가 말하기를 우리 열조가 지은 여호와의 단 모형을 보라. 이는 번제를 위한 것도 아니요 다른 제사를 위한 것도 아니라. 오직 우리와 너희 사이에 증거만 되게 할 뿐이라. 우리가 번제나 소제나 다른 제사를 위하여 우리 하나님 여호와의 성막 앞에 있는 단 외에 단을 쌓음으로 여호와께 패역하고 오늘날 여호와를 좇음에서 떠나려 함은 결단코 아니니라 하리라.

세 지파 사람들은 비느하스와 이스라엘 조사단에게 자신들이 단을 만든 것이 하나님을 떠나 배역함이 아니고 어떤 목적이 있어서 행한 것이라고 대답했다. 22절의 "전능하신 자 하나님 여호와"라는 원문은 "신들의 신이신 여호와"라는 말로서 참되신 하나님이라는 뜻일 것이다. 또 그들은 "이 일이 만일 여호와께 패역함이거나 범죄함이거든 주는 오늘날 우리를 구원치 마시옵소서. 우리가 단을 쌓은 것이 돌이켜 여호와를 좇지 아니하려 함이거나 혹시 그 위에 번제나 소제를 드리려 함이거나 혹시 화목제물을 드리려 함이어든 여호와는 친히 벌하시옵소서[심사하시옵소서][10]"라고 말하였다.

세 지파 사람들은, 그들이 그 단을 만든 목적은 이스라엘 자손과 그들 사이에 증거가 되게 하여 훗날에 이스라엘 자손들이 그들 자손들에게 '너희는 이스라엘 하나님 여호와와 상관이 없다. 요단강이 너희와 우리 사이의 경계선이다. 너희는 우리 하나님 안에 참여하지 못한다'라고 말하지 못하도록 하기 위함이라고 말했다. 그들은 또 "우리가 번제나 소제나 다른 제사를 위하여 우리 하나님 여호와의 성막 앞에 있는 단 외에 단을 쌓음으로 여호와께 패역하고 오늘날 여호와를 좇음에서 떠나려 함은 결단코 아니니라"고 분명히 말했다. 그들은 하나님을 배반하거나 동족을 배반한 것이 아니었다. 오히려 그들은 자신들이 훗날에 이스라엘과 동일하게 하나님의 백성이라는 사실이 부정될까봐 염려한 것이다. 그들이 그 단을 만든 것은, 비록 덕스럽게 행하지는 못했지만, 믿음으로 한 것이었다.

〔30-34절〕 제사장 비느하스와 그와 함께한 회중의 방백 곧 이스라엘 천만인의 두령들이 르우벤 자손과 갓 자손과 므낫세 자손의 말을 듣고 좋게 여긴지라. 제사장 엘르아살의 아들 비느하스가 르우벤 자손과 갓 자손과 므낫세 자손에게 이르되 우리가 오늘날 여호와께서 우리 중에 계신 줄을 아노니 이는 너희가 이 죄를 여호와께 범치 아니하였음이라. 너희가 이제 이스라엘 자손을 여호와의 손에서 건져내었느니라 하고 제사장 엘르아살의 아들 비느하스와 방백들이 르우벤 자손과 갓 자손을 떠나 길르앗 땅에서 가나안 땅에 돌아와 이스라엘 자손에게 이르러 회보하매 그 일이 이스라엘 자손을 즐겁게 한지라. 이스라엘 자손이 하나님을 찬송하고 르우벤 자손과 갓 자손의 거하는 땅에 가서 싸와[싸워] **그것을 멸하자 하는 말을 다시 하지 아니하였더라. 르우벤 자손과 갓 자손이 그 단을 엣이라 칭하였으니 우리 사이에 이 단은 여호와께서 하나님이 되시는 증거라 함이었더라.**

---

10) 예박케쉬 יְבַקֵּשׁ라는 원어는 '조사하시옵소서, 심사하시옵소서'라는 뜻이다.

비느하스와 이스라엘 회중의 대표자들은 세 지파 사람들의 말을 듣고 좋게 여겼다. 비느하스는 그들 앞에서 '하나님께서 우리 중에 계신 줄 아노라'고 말했다. 비느하스는 돌아와 이스라엘 자손들 앞에 보고하였고, 그의 말을 들은 이스라엘 온 회중도 즐거워했다. 큰 시험거리가 잘 해결되었고 큰 오해가 잘 풀렸다. 하마터면 큰 싸움이 일어날 뻔한 일이 평안하고 은혜스럽게 잘 마무리되었다.

본장의 교훈은 무엇인가? 첫째로, 우리는 무슨 좋은 일이든지 덕스럽게 행해야 한다. 세 지파 사람들은 좋은 의도로 단을 만들었지만, 오해를 주는 방식으로 행했다. 그들은 먼저 이스라엘의 지도자 여호수아나 회중의 동의를 구하고 행했다면 좋았을 것이다. 덕스럽게 행한다는 것은 남에게 유익을 주는 방식으로 행하는 것을 말한다. 우리는 범사에 덕스럽게 행하는 자가 되어야 한다. 아무리 좋은 일도 남에게 오해를 주는 방식으로 행해서는 안 될 것이다.

둘째로, 우리는 남의 말이나 행동을 오해하지 않도록 조심해야 한다. 이스라엘 자손들은 요단 동편으로 보내진 세 지파 사람들이 하나님을 배반하고 범죄했다고 오해하였고 그들과 싸우려 하였다. 사람이 생각을 잘못하면 말과 행동도 잘못되어진다. 우리는 다른 사람을 판단하기 전에 먼저 그의 말과 행동을 정확히 파악해야 한다. 또 세상에는 잘못된 말들도 많이 있다. 어리석은 자는 아무 말이나 다 믿지만, 지혜로운 자는 사람의 말들을 분별하며 꼭 믿어야 할 바만 믿는다.

셋째로, 우리는 하나님을 배역하고 배반하는 자가 되지 말아야 한다. 이스라엘 자손들이 세 지파 사람들에 대해 염려한 것은 그들이 하나님을 배반했을까봐이었다. 신앙생활에서 가장 중요한 것은 하나님을 바르게 믿고 섬기며 따르는 것이다. 우리는 마음을 다하고 성품을 다하여 하나님을 사랑하고 그를 친근히 하며 그를 섬기며 그가 우리에게 주신 모든 명령과 교훈을 힘써 지키고 모든 악을 떠나야 한다.

23장: 여호수아의 마지막 권면

〔1-4절〕 여호와께서 이스라엘의 사방 대적을 다 멸하시고 안식을 이스라엘에게 주신 지 오랜 후에 여호수아가 나이 많아 늙은지라.[11] **여호수아가 온 이스라엘 곧 그 장로들과 두령들**[지도자들]**과 재판장들과 유사**[관리]**들을 불러다가 그들에게 이르되 나는 나이 많아 늙었도다. 너희 하나님 여호와께서 너희를 위하여**(미페네켐 מִפְּנֵיכֶם)[너희 앞에서, 너희 때문에] **이 모든 나라에 행하신 일을 너희가 다 보았거니와 너희 하나님 여호와 그는 너희를 위하여 싸우신 자시니라. 보라, 내가 요단에서부터 해 지는 편 대해까지의 남아 있는 나라들과 이미 멸한 모든 나라를 내가 너희를 위하여 제비뽑아 너희 지파에게 기업이 되게 하였느니라.**

여호수아 23장은 여호수아의 마지막 권면이다. 여호수아는 지난 날을 회고하며 앞으로의 일을 전망한다. 그는 "너희 하나님 여호와께서 너희를 위하여 이 모든 나라에 행하신 일을 너희가 다 보았거니와 너희 하나님 여호와 그는 너희를 위하여 싸우신 자시니라"고 말한다. 9절에서도, 그는 "여호와께서 강대한[크고 강한] 나라들을 너희 앞에서 쫓아내셨으므로 오늘날까지 너희를 당한 자가 하나도 없었느니라"고 말한다. 하나님께서 그들을 위해 싸우셨으므로 그들은 항상 승리했다. 하나님보다 전쟁에 능한 자는 없다. 여호수아는 이미 멸한 나라들을 포함하여 하나님께서 주신 그 땅을 열 지파에게 분배하였다. 두 지파 반은 요단 동쪽에서 기업을 얻었었다.

〔5절〕 너희 하나님 여호와 그가 너희 앞에서 그들을 쫓으사 너희 목

---

11) 여호수아는 출애굽 때 '청년'이었으므로(출 33:11) 40세 이하이었을 것이다. 그와 함께 가나안 정탐을 했던 갈렙은 40세이었다(수 14:7). 광야 40년을 지나고 가나안 땅에 들어간 때 그는 80세 이하이었을 것이며 많은 가나안 전쟁들을 치르며 그 땅을 거의 정복한 때는 그로부터 5년 내지 10년 후이었을 것이다. 그렇다면, 성경에 그가 110세까지 살았다고 증거하므로, 그는 가나안 땅을 정복한 후 대략 20년 내지 25년을 살았을 것이다.

전에서 떠나게 하시리니 너희 하나님 여호와께서 너희에게 말씀하신 대로 너희가 그 땅을 차지할 것이라.

여호수아는 이제 하나님께서 그들 앞에서 가나안 원주민들을 다 쫓아내시고 떠나게 하실 것이며 그들이 하나님의 약속대로 그 땅을 차지할 것이라고 말했고, 또 9절에서 그는 "너희 중 한 사람이 천 명을 쫓으리니 이는 너희 하나님 여호와 그가 너희에게 말씀하신 것같이 너희를 위하여 싸우심이라"고 말했다. 이제까지 그들과 함께하셨던 하나님께서는 앞으로도 계속 그들과 함께하실 것이다.

〔6절〕 그러므로 너희는 크게 힘써 모세의 율법책에 기록된 것을 다 지켜 행하라. 그것을 떠나 좌로나 우로나 치우치지 말라.

여호수아는 특히 그들이 모세의 율법책에 기록된 것들을 다 지켜 행하고 좌우로 치우치지 말라고 권면하였다. 이것은 중요한 권면이다. 하나님을 체험했고 하나님의 도우심을 기대하는 자라면 하나님 중심으로 살고 하나님의 말씀인 성경 중심으로 살아야 한다. 그는 성경의 바른 교리들을 다 믿고 생활 교훈들을 힘써 지켜야 한다.

〔7절〕 너희 중에 남아 있는 이 나라들 중에 가지 말라. 그 신들의 이름을 부르지 말라. 그것을 가리켜 맹세하지 말라. 또 그것을 섬겨서 그것에게 절하지 말라.

여호수아는 또 그들 중에 남아 있는 자들과 그들의 신들에게 가지 말고 그 신들의 이름을 부르거나 섬기거나 절하지 말라고 권면하였다. 이것은 하나님께서 주신 열 가지 계명들 중 첫 번째 계명에 관계된다. 사람이 참 하나님 외에 다른 신을 섬기는 것은 죄 중에 가장 큰 죄이다. 특히 구원받은 성도는 이런 죄를 짓지 말아야 한다.

〔8절〕 오직 너희 하나님 여호와를 친근히 하기[꼭 붙들기]**를 오늘날까지 행한 것같이 하라.**

여호수아는 또 그들이 오직 여호와 하나님을 친근히 하고 꼭 붙들고 따라야 한다고 권면하였다. 여호와 하나님께서는 영원자존하신 유일하신 창조자 하나님이시다. '경건함'이란 늘 하나님 앞에서 사는 것이다. 성도는 경건하게 항상 하나님을 꼭 붙잡고 따라야 한다.

〔9-10절〕 대저 여호와께서 강대한 나라들을 너희 앞에서 쫓아내셨으므로 오늘날까지 너희를 당한 자가 하나도 없었느니라. 너희 중 한 사람이 천 명을 쫓으리니 이는 너희 하나님 여호와 그가 너희에게 말씀하신 것같이 너희를 위하여 싸우심이라.

〔11절〕 그러므로 스스로 조심하여 너희 하나님 여호와를 사랑하라.

여호수아는 또 "너희 하나님 여호와를 사랑하라"고 권면하였다. 모세는 말하기를, "이스라엘아, 들으라. 우리 하나님 여호와는 오직 하나인 여호와시니 너는 마음을 다하고 성품을 다하고 힘을 다하여 네 하나님 여호와를 사랑하라"고 하였다(신 6:4-5). 이 교훈은 모든 계명들 중에서 가장 첫 번째 되는 중요한 교훈이다. 우리는 세상의 부귀영광이나 육신의 쾌락이나 그 무엇보다, 심지어 가족이나 자기 자신보다 이 세상의 창조자와 섭리자이신 하나님을 사랑해야 한다.

〔12-13절〕 너희가 만일 퇴보하여 너희 중에 빠져 남아 있는 이 민족들을 친근히 하여 더불어 혼인하며 피차 왕래하면 정녕히 알라. 너희 하나님 여호와께서 이 민족들을 너희 목전에서 다시는 쫓아내지 아니하시리니 그들이 너희에게 올무가 되며 덫이 되며 너희 옆구리에 채찍이 되며 너희 눈에 가시가 되어서 너희가 필경은 너희 하나님 여호와께서 너희에게 주신 이 아름다운 땅에서 멸절하리라.

여호수아는 또 교제에 관해 교훈했다. 그는 이스라엘 백성이 가나안 땅에 남아 있는 이방인들을 다 멸하지 않고 그들과 친근히 하고 그들과 혼인하고 왕래하면, 즉 그들과 잘못된 교제를 하면, 하나님께서 그 이방인들을 쫓아내지 않으시고 그들이 이스라엘 백성에게 올무와 덫이 되고 옆구리에 채찍이 되고 눈에 가시가 되게 하셔서 마침내 이스라엘 백성으로 다 멸망케 하실 것이라고 경고하였다.

〔14-16절〕 보라, 나는 오늘날 온 세상이 가는 길로 가려니와 너희

하나님 여호와께서 너희에게 대하여 말씀하신 모든 선한 일이 하나도 틀리지 아니하고 다 너희에게 응하여 그 중에 하나도 어김이 없음을 너희 모든 사람의 마음과 뜻에 아는 바라. 너희 하나님 여호와께서 너희에게 말씀하신 모든 선한 일이 너희에게 임한 것같이 여호와께서 모든 불길한 일도 너희에게 임하게 하사 너희 하나님 여호와께서 너희에게 주신 이 아름다운 땅에서 너희를 멸절하기까지 하실 것이라. 만일 너희가 너희 하나님 여호와께서 너희에게 명하신 언약을 범하고 가서 다른 신들을 섬겨 그에게 절하면 여호와의 진노가 너희에게 미치리니 너희에게 주신 아름다운 땅에서 너희가 속히 망하리라.

여호수아는 또, 하나님께서 그들에게 약속하신 대로 하나도 틀림없이 모든 좋은 것을 다 주신 것같이, 그가 모든 나쁜 것, 즉 재앙도 틀림없이 다 내리실 것이며, 또 만약 그들이 하나님의 언약을 범하고 가서 다른 신들을 섬겨 그들에게 절하면, 여호와께서 그들에게 진노하셔서 그들이 결국 다 멸망할 것이라고 경고하였다.

본장의 교훈은 무엇인가? 첫째로, 우리는 우리의 성화, 전도, 참된 교회의 건립과 세계복음화가 하나님의 도우심과 함께하심으로 이루어진다는 것을 알아야 한다. 이 세상에 죄악된 일들이 많고 사탄과 악령들의 방해와 핍박이 많을지라도, 하나님께서는 우리를 도우실 것이며 우리 앞에서 행하시고 우리를 위해 일하실 것이다.

둘째로, 우리는 하나님만 믿고 섬기며 그가 주신 성경책을 주야로 읽고 묵상하며 그것을 다 믿고 힘써 행하자. 보수 신앙은 사도적 교훈을 그대로 믿는 것이며 그것은 하나님의 뜻이다(살후 2:15; 딤후 1:13). 우리는 신구약성경의 바른 교훈을 파악하고 다 믿고 행해야 한다.

셋째로, 우리는 잘못된 교제를 피하자. 잘못된 교제는 신앙의 부패와 변질을 가져오고 그것은 우리에게 올무와 덫이 된다. 그것은 개인과 교회에 큰 시험거리이며 마침내 멸망에 이르게 한다. 우리는 성경이 말하는 교제와 분리의 원리를 지켜야 한다(롬 16:17; 살후 3:6).

24장: 세겜에서 언약을 세움

〔1-7절〕 여호수아가 이스라엘 모든 지파를 세겜에 모으고 이스라엘 장로들과 그 두령들과 재판장들과 유사들을 부르매 그들이 하나님 앞에 보인지라. 여호수아가 모든 백성에게 이르되 이스라엘 하나님 여호와의 말씀에 옛적에 너희 조상들 곧 아브라함의 아비, 나홀의 아비 데라가 강 저편에 거하여 다른 신들을 섬겼으나 내가 너희 조상 아브라함을 강 저편에서 이끌어내어 가나안으로 인도하여 온 땅을 두루 행하게 하고 그 씨를 번성케 하려고 그에게 이삭을 주었고 이삭에게는 야곱과 에서를 주었으며 에서에게는 세일산을 소유로 주었으나 야곱과 그 자손들은 애굽으로 내려갔으므로 내가 모세와 아론을 보내었고 또 애굽에 재앙을 내렸나니 곧 내가 그 가운데 행한 것과 같고 그 후에 너희를 인도하여 내었었노라. 내가 너희 열조를 애굽에서 인도하여 내어 바다에 이르게 한즉 애굽 사람이 병거와 마병을 거느리고 너희 열조를 홍해까지 따르므로 너희 열조가 나 여호와께 부르짖기로 내가 너희와 애굽 사람 사이에 흑암을 두고 바다를 이끌어 그들을 덮었었나니 내가 애굽에서 행한 일을 너희가 목도하였으며 또 너희가 여러 날을 광야에 거하였었느니라.

여호수아는 이스라엘 모든 지파들과 지도자들을 세겜에 모았다. 이스라엘 백성이 실로에 모여서 회막을 세웠었으나(수 18:1), 이제 세겜이 그 중심이 되었던 것 같다. 세겜은 레위 지파의 48개의 성읍들 가운데 여섯 개의 도피성 중 하나이다(수 20:7). 세겜은 팔레스틴 중부 에브라임 산지에 있었고 실로보다 조금 북쪽에, 아합 시대 수도 사마리아보다는 조금 동남쪽에 있었다. 신약성경의 수가성은 바로 세겜성이든지 아니면 세겜성 부근의 어떤 성이었다고 보인다.

여호수아는 2절 이하에 창세기, 출애굽기, 민수기에 기록된 내용을 증거하면서 그것을 '이스라엘 하나님 여호와의 말씀에'라고 표현하였다. 그것은 모세 오경의 내용의 진실성과 신적 권위성을 보인다.

하나님께서는 옛적에 조상 아브라함의 아비 데라가 유브라데 강 저편 즉 갈대아 우르와 하란에서 다른 신들을 섬겼을 때 아브라함을 불러 가나안 땅으로 인도하셨다. 또 그는 그에게 아들 이삭과 손자 야곱을 주셨고 야곱은 그 자녀들과 함께 애굽에 내려갔었다. 그는 모세를 보내어 애굽에 재앙들을 내리고 그들을 거기에서 인도하여 내셨고 그들을 뒤쫓던 애굽의 모든 군사들을 홍해에 빠져 죽게 하셨다. 이스라엘 백성은 광야에서 여러 날 거하였었다.

〔8-13절〕 **내가 또 너희를 인도하여 요단 저편에 거하는 아모리 사람의 땅으로 들어가게 하매 그들이 너희와 싸우기로 내가 그들을 너희 손에 붙이매 너희가 그 땅을 점령하였고 나는 그들을 너희 앞에서 멸절시켰으며 때에 모압 왕 십볼의 아들 발락이 일어나 이스라엘을 대적하여 사람을 보내어 브올의 아들 발람을 불러다가 너희를 저주케 하려 하였으나 내가 발람을 듣기를 원치 아니한 고로 그가 오히려 너희에게 축복하였고 나는 너희를 그 손에서 건져내었으며 너희가 요단을 건너 여리고에 이른즉 여리고 사람과 아모리 사람과 브리스 사람과 가나안 사람과 헷 사람과 기르가스 사람과 히위 사람과 여부스 사람들이 너희와 싸우기로 내가 그들을 너희의 손에 붙였으며 내가 왕벌을 너희 앞에 보내어 그 아모리 사람의 두 왕을 너희 앞에서 쫓아내게 하였나니 너희 칼로나 너희 활로나 이같이 한 것이 아니며 내가 또 너희의 수고하지 아니한 땅과 너희가 건축지 아니한 성읍을 너희에게 주었더니 너희가 그 가운데 거하며 너희가 또 자기의 심지 아니한 포도원과 감람원의 과실을 먹는다 하셨느니라.**

하나님께서는 그들을 요단 동편 아모리 사람의 땅으로 인도하셔서 그 땅을 점령케 하셨고 모압 왕 발락이 선지자 발람을 통해 이스라엘을 저주하는 것을 막으셨다. 또 그는 요단 서편의 가나안 족속들을 쫓아내시고 그 땅을 그들에게 주셨다. 그들은 칼로나 활로가 아니고 하나님의 은혜와 함께하심으로 그 땅을 정복하였고 그들이 건축치 않은 성들과 심지 않은 포도원들과 감람원들을 취하였다.

〔14-18절〕 **그러므로 이제는 여호와를 경외하며 성실과 진정으로**(베사밈 우베에메스 בְּתָמִים וּבֶאֱמֶת)[순전함과 진실함으로] **그를 섬길 것이**

라. 너희의 열조가 강 저편과 애굽에서 섬기던 신들을 제하여 버리고 여호와만 섬기라. 만일 여호와를 섬기는 것이 너희에게 좋지 않게 보이거든 너희 열조가 강 저편에서 섬기던 신이든지 혹 너희의 거하는 땅 아모리 사람의 신이든지 너희 섬길 자를 오늘날 택하라. 오직 나와 내 집은 여호와를 섬기겠노라. 백성이 대답하여 가로되 여호와를 버리고 다른 신들 섬기는 일을 우리가 결단코 하지 아니하오리니 이는 우리 하나님 여호와 그가 우리와 우리 열조를 인도하여 애굽땅 종 되었던 집에서 나오게 하시고 우리 목전에서 그 큰 이적들을 행하시고 우리가 행한 모든 길에서, 우리의 지난 모든 백성 중에서 우리를 보호하셨음이며 여호와께서 또 모든 백성 곧 이 땅에 거하던 아모리 사람을 우리 앞에서 쫓아내셨음이라. 그러므로 우리도 여호와를 섬기리니 그는 우리 하나님이심이니이다.

여호수아는 "그러므로 이제는 여호와를 경외하며 성실과 진정으로[순전함과 진실함으로] 그를 섬길 것이라. 너희의 열조가 강 저편과 애굽에서 섬기던 신들을 제하여 버리고 여호와만 섬기라"고 권했다. 이스라엘 백성은 순전함과 진실함으로 하나님을 섬기며 조상들이 유브라데 강 저편과 애굽에서 섬기던 신들을 버려야 했다.

그는 그들에게, "만일 여호와를 섬기는 것이 너희에게 좋지 않게 보이거든 너희 열조가 강 저편에서 섬기던 신이든지 혹 너희의 거하는 땅 아모리 사람의 신이든지 너희 섬길 자를 오늘날 택하라. 오직 나와 내 집은 여호와를 섬기겠노라"고 말하였다. 이스라엘 왕 아합 때에 이스라엘 백성이 심각한 배교에 빠져 있었을 때, 엘리야는 "너희가 어느 때까지 두 사이에서 머뭇머뭇 하려느냐? 여호와가 만일 하나님이면 그를 좇고 바알이 만일 하나님이면 그를 좇을지니라"고 말했었다(왕상 18:21). 우리는 참 하나님과 참 신앙을 택해야 한다.

여호수아는 또 "나와 내 집은 여호와를 섬기겠노라"고 말하였다. 그는 환경에 좌우됨 없이 하나님만 섬기겠다는 그의 중심을 잘 나타내었다. 이것이 참 신앙의 태도이다. 참 신앙은 환경을 따라가는 것이 아니고 시대 풍조를 따라가는 것이 아니고 사람들의 숫자나 여론을 따라가는 것도 아니다. 가나안을 정탐했던 열두 정탐꾼들 중에 열 명은 불신앙적 보고를 했고 두 명만 신앙적 보고를 했었다. 아합 시대에도 엘리야는, "여호와의 선지자는 나만 홀로 남았으나 바알의 선지자는 사백 오십인이로다"고 말했었다(왕상 18:22).

〔19-24절〕 여호수아가 백성에게 이르되 너희가 여호와를 능히 섬기지 못할 것은 그는 거룩하신 하나님이시요 질투하는 하나님이시니 너희 허물과 죄를 사하지 아니하실 것임이라. 만일 너희가 여호와를 버리고 이방 신들을 섬기면 너희에게 복을 내리신 후에라도 돌이켜 너희에게 화를 내리시고 너희를 멸하시리라. 백성이 여호수아에게 말하되 아니니이다 우리가 정녕 여호와를 섬기겠나이다. 여호수아가 백성에게 이르되 너희가 여호와를 택하고 그를 섬기리라 하였으니 스스로 증인이 되었느니라. 그들이 가로되 우리가 증인이 되었나이다. 여호수아가 가로되 그러면 이제 너희 중에 있는 이방신들을 제하여 버리고 너희 마음을 이스라엘의 하나님 여호와께로 향하라. 백성이 여호수아에게 말하되 우리 하나님 여호와를 우리가 섬기고 그 목소리를 우리가 청종하리이다 한지라.

여호수아는 백성에게 중대한 경고를 했다. "너희가 여호와를 능히 섬기지 못할 것은 그는 거룩하신 하나님이시요 질투하는 하나님이시니 너희 허물과 죄를 사하지 아니하실 것임이라. 만일 너희가 여호와를 버리고 이방 신들을 섬기면 너희에게 복을 내리신 후에라도 돌이켜 너희에게 화를 내리시고 너희를 멸하시리라." 하나님께서는 생명과 복의 근원이시다. 만일 사람이 하나님을 알고 그를 믿고 따르면 생명과 복을 누리지만, 만일 그를 배반하고 거역한다면 죽음과 영원한 불행을 얻게 될 것이다.

이스라엘 백성은 여호수아의 교훈을 듣고 그들이 하나님을 버리고 다른 신들을 섬기는 일을 하지 않겠다고 대답했다. 그들은 결심의 이유로 하나님께서 그들을 애굽 땅 종 되었던 집에서 나오게 하셨고 그들 앞에서 큰 기적들을 행하셨고 그들의 모든 길에서 그들을 보호하셨고 그들 앞에서 가나안 족속들을 쫓아내셨기 때문이라고 말한다. 그들은 "그러므로 우리도 여호와를 섬기리니 그는 우리 하나님이심이니이다" "우리가 정녕 여호와를 섬기겠나이다"라고 말했다. 그들은 여호와를 택하고 섬기는 일에 증인이 되었다.

〔25-28절〕 그 날에 여호수아가 세겜에서 백성으로 더불어 언약을 세우고 그들을 위하여 율례와 법도를 베풀었더라. 여호수아가 이 모든 말씀을 하나님의 율법 책에 기록하고 큰 돌을 취하여 거기 여호와의 성소 곁에 있는 상수리나무 아래 세우고 모든 백성에게 이르되 보라 이 돌이 우리에게 증거가 되리니 이는 여호와께서 우리에게 하신 모든 말씀을 이 돌이 들었음이라. 그런즉 너희로 너희 하나님을 배반치 않게 하도록 이 돌이 증거가 되리라 하고 백성을 보내어 각기 기업으로 돌아가게 하였더라.

그 날 여호수아는 세겜에서 백성과 언약을 세웠다. 그것은 그들이 말한 대로 다른 신들을 제하여 버리고 하나님만 섬기고 그의 목소리를 청종하겠다고 하나님 앞에서 하는 공적 약속이었다. 그것은 이스라엘 자손들이 시내산과 모압 평지에서 하나님과 맺었던 두 차례의 언약(출 24:4-8; 신 29:10-13)을 재확인하는 것이었다.

또 여호수아는 거기에서 그들을 위해 율례와 법도를 베풀었고 그 모든 말씀을 하나님의 율법책에 기록했다. 하나님의 율법책은 모세 5경을 가리킨다. 여호수아는 여호수아서를 그 율법책에 첨가하였다. 이렇게 성경은 하나님의 섭리 가운데 한 권씩 늘어나기 시작하였다.

또 그는 큰 돌을 취해 여호와의 성소 곁에 있는 상수리나무 아래 세웠다. '성소 곁에'라는 말은 그 당시 회막이 세겜에 있었음을 보이는 것 같다. 하나님의 성막은 성소(聖所) 곧 거룩한 곳이다. 그렇다면, 실로에 있었던(수 18:1) 회막은 세겜으로 이동되었던 것 같다. 그 큰 돌은 여호수아와 백성이 맺은 언약에 대한 증거의 돌이었다.

〔29-31절〕 이 일 후에 여호와의 종 눈의 아들 여호수아가 110세에 죽으매 무리가 그를 그의 기업의 경내 딤낫 세라에 장사하였으니 딤낫 세라는 에브라임 산지 가아스산 북이었더라. 이스라엘이 여호수아의 사는 날 동안과 여호수아 뒤에 생존한 장로들 곧 여호와께서 이스라엘을 위하여 행하신 모든 일을 아는 자의 사는 날 동안 여호와를 섬겼더라.

〔32-33절〕 이스라엘 자손이 애굽에서 이끌어 낸 요셉의 뼈를 세겜에 장사하였으니 이곳은 야곱이 세겜의 아비 하몰의 자손에게 금 일백개를 주고 산 땅이라. 그것이 요셉 자손의 기업이 되었더라. 아론의 아들 엘르아살도 죽으매 무리가 그를 그 아들 비느하스가 에브라임 산지에서 받은 산에 장사하였더라.

본장의 교훈은 무엇인가? 첫째로, 우리는 하나님만 섬기자. 둘째로, 우리는 이방신들을 버리자. 셋째로, 우리는 성경 교훈대로 행하자.

오늘날 이방신들은 무엇인가? 그것들은 물론 이방 종교들을 가리킨다. 그것들은 또한 기독교 이단 종파들을 가리킨다. 그것들은 또 오늘날 자유주의 신학을 가리킨다. 오늘날 교회들 속에는 신학의 변질이 있다. 그것은 성경의 진리들을 가감하고 왜곡시키고 변질시키는 것이다. 불건전한 신비주의나 은사주의도 악령의 활동이라고 보이며 돈이나 명예나 쾌락을 추구하는 세속주의도 악령의 활동들이다.

참 교회는 하나님만 섬기고 이방신들을 다 버려야 한다. 참 교회는 배교와 타협치 말아야 하고 오직 성경의 교훈대로 행해야 한다. 하나님께서는 예레미야를 통해 "너희는 길에 서서 보며 옛적 길 곧 선한 길이 어디인지 알아보고 그리로 행하라. 너희 심령이 평강을 얻으리라"고 말씀하셨다(렘 6:16). 모든 성경은 하나님의 감동으로 된 것으로 교훈과 책망과 바르게 함과 의로 교육하기에 유익하다(딤후 3:16). 우리는 시대의 풍조들을 따르지 말고 성경의 교훈들에 충실히 순종해야 하며 고난을 각오하고 우리의 직무와 본분을 다해야 한다(딤후 4:3-5). 우리는 교회를 점점 더 부패시키는 잘못된 교제들을 금해야 한다.

사사기

내용 목차

서론 109
1장: 불완전한 정복 111
2장: 불순종 115
3장: 옷니엘, 에훗, 삼갈 119
4장: 드보라와 바락 127
5장: 드보라의 노래 131
6장: 기드온을 부르심 135
7장: 기드온의 300명 용사 143
8장: 미디안을 이김 147
9장: 아비멜렉 151
10장: 암몬 자손의 손에 파심 156
11장: 사사 입다 159
12장: 에브라임 사람들의 교만 165
13장: 삼손의 출생 168
14장: 삼손이 블레셋 아내를 취함 172
15장: 삼손이 많은 블레셋인들을 죽임 175
16장: 삼손의 실패와 마지막 기도 178
17장: 미가의 우상숭배 183
18장: 단 지파의 우상숭배 187
19장: 기브아의 죄악 191
20장: 이스라엘이 베냐민 지파와 싸움 195
21장: 베냐민 지파의 회복 200

서론

사사기의 히브리어 **명칭**은 <u>쇼페팀</u> שֹׁפְטִים(재판관들)이다. 헬라어 70인역의 명칭(<u>크리타이</u> κριτάι)도 같은 뜻이다. 사사는 여호수아의 죽은 후부터 사울 왕의 즉위까지 이스라엘의 통치자이었다.

사사기의 **저자**는 사무엘일 것이다(탈무드 Baba Bathra 14b). 사사기는 구성에 통일성이 있다. 열두 사사들은 잘 배열되어 있다. "이스라엘 자손이 여호와의 목전에 악을 행하여"라는 표현이 반복적으로 언급된다(3:7, 12; 4:1; 6:1; 10:6; 13:1). "그 땅이 태평하니라"는 표현도 자주 나온다(3:11, 30; 5:31; 8:29 등).

사사 시대의 **연대 문제**에 관하여, 옷니엘부터 삼손까지 하나님께 징계를 받았던 연수는 111년이며 평안을 누렸던 연수는 296년이므로, 이 기간이 407년이 된다. 그러나 열왕기 6:1의 "애굽땅에서 나온 지 480년"이라는 말에 비추어 볼 때 옷니엘부터 엘리까지는 약 326년에 불과한 것 같다. 왜냐하면 광야 생활 40년, 여호수아의 통치 약 30년, 사울 왕의 통치 40년(행 13:21), 다윗 왕의 통치 40년(삼하 5:4), 솔로몬의 즉위 4년의 연수를 다 합하면 154년이 되며 이것을 480년에서 빼면 약 326년이 되기 때문이다. 그렇다면 사사 시대의 역사는 많은 부분이 중복되었다고 추론해야 할 것이다. 이에 대한 중요한 단서는 사사기 10:7인데, 거기에 "여호와께서 이스라엘에게 진노하사 블레셋 사람의 손과 암몬 자손의 손에 파시매"라고 기록되어 있다. 그러므로 암몬 자손의 압제와 블레셋 사람의 압제는 거의 같은 시대에 해당하며, 입다의 사건은 동부 지방에서, 삼손의 사건은 서부 지방에서 이루어졌다고 볼 수 있다. 더욱이, 사사기 11:26에서 입다는 이스라엘 백성의 요단 동편 헤스본의 정복과 암몬 자손과의 싸움 간의 기간을 300년이라고 말하는데 그의 증거도 위의 생각에 일치된다. 그렇다면, 사사 시대는 대략 주전 1376년부터 1050년까지, 약 326년간으로 볼 수 있을 것이다.

사사기의 **주요 내용**은 반복된 실패이다. 사사는 하나님의 징벌을 받아 하나님께 부르짖을 때 하나님께서 그들의 구원을 위해 보내주신 구주요 재판관이요 통치자이었다. 사사기에는 열두 명의 사사들이 나온다. 이스라엘 백성은 범죄함으로 하나님의 징벌을 받고 사사를 통해 구원을 받는 역사를 반복하였다.

본서의 **특징적 진리**는 사람의 전적 부패이다. "또"(3:12; 4:1; 6:1; 10:6)라는 말이 보이는 이스라엘 백성의 반복적 범죄와 배교는 사람의 전적 부패성과 무능력을 잘 증거한다.

본문 혹은 각주에 자주 사용된 약어

KJV	영어 King James Version
NASB	영어 New American Standard Version
NIV	영어 New International Version
LXX	고대 헬라어 70인역
Syr	고대 수리아어역
It	고대 라틴어역
Vg	고대 라틴어 Vulgate역
BDB	Brown-Driver-Briggs, *Hebrew Lexicon of the O. T.*
KB	Koehler-Baumgartner, *Lexicon in Veteris Testamenti Libros*
Langenscheidt	*Langenscheidt Pocket Hebrew Dictionary.*
NBD	*The New Bible Dictionary.* IVP.
Poole	Matthew Poole, *A Commentary on the Holy Bible*
JFB	Jamieson-Faussett-Brown, *A Commentary.*

1장: 불완전한 정복

〔1-2절〕 여호수아가 죽은 후에 이스라엘 자손이 여호와께 묻자와 가로되 우리 중 누가 먼저 올라가서 가나안 사람과 싸우리이까? 여호와께서 가라사대 유다가 올라갈지니라. 보라, 내가 이 땅을 그 손에 붙였노라 하시니라.

사사기는 사사 시대의 사건들을 기록한 책이다. 사사 시대는 여호수아가 죽은 후부터 사울 왕을 세울 때까지 약 325년간이다. 여호수아가 죽은 후 이스라엘 자손은 "누가 먼저 올라가서 가나안 사람과 싸우리이까?" 하고 하나님께 물었고 "유다가 올라갈지니라. 내가 이 땅을 그 손에 붙였노라"는 응답을 받았다. 그것은 바른 태도이다. 후에 다윗도 전쟁 때마다 하나님께 물었다(삼하 5:19, 23).

〔3-4절〕 유다가 그 형제 시므온에게 이르되 나의 제비 뽑아 얻은 땅에 나와 함께 올라가서 가나안 사람과 싸우자. 그리하면 나도 너의 제비 뽑아 얻은 땅에 함께 가리라. 이에 시므온이 그와 함께 가니라. 유다가 올라가매 여호와께서 가나안 사람과 브리스 사람을 그들의 손에 붙이신지라. 그들이 베섹에서 일만 명을 죽이고.

유다는 그 형제 시므온에게 함께 올라가자고 요청했고 시므온과 함께 올라가 가나안 사람들과 브리스 사람들을 쳤는데, 하나님께서는 그들을 그들의 손에 붙이셔서 그들이 베섹에서 일만 명을 죽였다. 전쟁은 하나님께 있다. 소년 다윗은 블레셋 장수 골리앗과 싸울 때 "전쟁은 여호와께 속한 것인즉 그가 너희를 우리 손에 붙이시리라"고 말했었다(삼상 17:47). 과연 다윗은 그를 이겼다.

〔5-7절〕 또 베섹에서 아도니 베섹을 만나서 그와 싸워 가나안 사람과 브리스 사람을 죽이니 아도니 베섹이 도망하는지라. 그를 쫓아가서 잡아 그 수족의 엄지가락을 끊으매 아도니 베섹이 가로되 옛적에 칠십 왕이 그 수족의 엄지가락을 찍히고 내 상 아래서 먹을 것을 줍더니 하나

님이 나의 행한 대로 내게 갚으심이로다 하니라. 무리가 그를 끌고 예루살렘에 이르렀더니 그가 거기서 죽었더라.

유다 자손은 베섹에서 아도니 베섹을 잡아 그 수족의 엄지가락을 끊었다. 수족의 엄지가락(보헨 בֹּהֶן)은 엄지손가락과 엄지발가락을 가리킨다. 이것은 아도니 베섹의 고백대로 하나님의 공의의 보응이었다. 하나님께서는 사람의 행한 대로 공의로 보응하신다.

〔8-10절〕 유다 자손이 예루살렘을 쳐서 취하여 칼날로 치고 성을 불살랐으며 그 후에 유다 자손이 내려가서 산지와 남방과 평지에 거한 가나안 사람과 싸웠고 유다가 또 가서 헤브론에 거한 가나안 사람을 쳐서 세새와 아히만과 달매를 죽였더라. 헤브론의 본 이름은 기럇 아르바이었더라.

유다 자손은 헤브론에 거한 가나안 사람을 쳐서 세새와 아히만과 달매를 죽였다. 그들은 민수기에도 언급된 아낙 자손 거인들이었다(민 13:22, 33). 여호수아는 그들을 쫓아내기만 하였었다(수 15:14).

〔11-15절〕 거기서 나아가서 드빌의 거민들을 쳤으니 드빌의 본 이름은 기럇 세벨이라. 갈렙이 말하기를 기럇 세벨을 쳐서 그것을 취하는 자에게는 내 딸 악사를 아내로 주리라 하였더니 갈렙의 아우요[갈렙의 아우] **그나스의 아들인 옷니엘이 그것을 취한 고로 갈렙이 그 딸 악사를 그에게 아내로 주었더라. 악사가 출가할 때에 그에게 청하여 자기 아비에게 밭을 구하자 하고 나귀에서 내리매 갈렙이 묻되 네가 무엇을 원하느냐? 가로되 내게 복을 주소서. 아버지께서 나를 남방으로 보내시니 샘물도 내게 주소서 하매 갈렙이 윗샘과 아랫샘을 그에게 주었더라.**

드빌 성의 정복에 관련된 이 내용은 여호수아 때에 이루어진 일을 회고하며 삽입한 것 같다. 같은 내용이 여호수아 15:13-19에도 있다. 이것은 후에 첫 번째 사사가 될 옷니엘의 믿음과 용맹을 증거한다.

〔16절〕 모세의 장인은 겐 사람이라. 그 자손이 유다 자손과 함께 종려나무 성읍[여리고](신 34:3)**에서 올라가서 아랏 남방의 유다 황무지에 이르러 그 백성 중에 거하니라.**

〔17-21절〕 유다가 그 형제 시므온과 함께 가서 스밧에 거한 가나안 사람을 쳐서 그곳을 진멸하였으므로 그 성읍 이름을 호르마라 하니라. 유다가 또 가사와 그 경내(territory, 경역)**와 아스글론과 그 경내와 에그론과 그 경내를 취하였고 여호와께서 유다와 함께하신 고로 그가 산지 거민을 쫓아내었으나 골짜기의 거민들은 철병거가 있으므로 그들을 쫓아내지 못하였으며 무리가 모세의 명한 대로 헤브론을 갈렙에게 주었더니 그가 거기서 아낙의 세 아들을 쫓아내었고 베냐민 자손은 예루살렘에 거한 여부스 사람을 쫓아내지 못하였으므로 여부스 사람이 베냐민 자손과 함께 오늘날까지 예루살렘에 거하더라.**

유다와 시므온 자손이 골짜기의 거민들을 쫓아내지 못한 것은 그들의 믿음과 충성이 부족했기 때문이었다. 한편 갈렙은 모세의 명한 헤브론을 받았고 거기서 아낙의 세 아들들을 쫓아내었다. 그는 자신에게 맡겨진 가나안 정복의 분량을 온전히 수행하였다. 그러나 베냐민 자손은 예루살렘에 거한 여부스 사람을 쫓아내지 못하였다.

〔22-26절〕 요셉 족속도 벧엘을 치러 올라가니 여호와께서 그와 함께하시니라. 요셉 족속이 벧엘을 정탐케 하였는데 그 성읍의 본 이름은 루스라. 탐정이 그 성읍에서 한 사람의 나오는 것을 보고 그에게 이르되 청하노니 이 성읍의 입구를 우리에게 가르치라. 그리하면 너를 선대하리라 하매 그 사람이 성읍의 입구를 가르친지라. 이에 칼날로 그 성읍을 쳤으되 오직 그 사람과 그 가족을 놓아 보내매 그 사람이 헷 사람의 땅에 가서 성읍을 건축하고 그 이름을 루스라 하였더니 오늘날까지 그곳의 이름이더라.

요셉 족속은 하나님의 함께하심으로 벧엘 거민을 다 죽였다.

〔27-29절〕 므낫세가 벧스안과 그 향리의 거민과 다아낙과 그 향리의 거민과 돌과 그 향리의 거민과 이블르암과 그 향리의 거민과 므깃도와 그 향리의 거민들을 쫓아내지 못하매 가나안 사람이 결심하고 그 땅에 거하였더니 이스라엘이 강성한 후에야 가나안 사람에게 사역을 시켰고 다 쫓아내지 아니하였더라. 에브라임이 게셀에 거한 가나안 사람을 쫓아내지 못하매 가나안 사람이 게셀에서 그들 중에 거하였더라.

므낫세 자손은 벧스안, 므깃도 등의 가나안 사람들을, 에브라임 자손은 게셀에 거한 가나안 사람들을 쫓아내지 못했다.

〔30-33절〕 스불론은 기드론 거민과 나할롤 거민을 쫓아내지 못하였으나 가나안 사람이 그들 중에 거하여 사역을 하였더라. 아셀이 악고 거민과 시돈 거민과 알랍과 악십과 헬바와 아빅과 르홉 거민을 쫓아내지 못하고 그 땅 거민 가나안 사람 가운데 거하였으니 이는 쫓아내지 못함이었더라. 납달리가 벧세메스 거민과 벧아낫 거민을 쫓아내지 못하고 그 땅 거민 가나안 사람 가운데 거하였으나 벧세메스와 벧아낫 거민들이 그들에게 사역을 하였더라.

스불론과 아셀과 납달리도 가나안 사람들을 다 쫓아내지 못했다.

〔34-36절〕 아모리 사람이 단 자손을 산지로 쫓아들이고 골짜기에 내려오기를 용납지 아니하고 결심하고 헤레스산과 아얄론과 사알빔에 거하였더니 요셉 족속이 강성하매 아모리 사람이 필경은 사역을 하였으며 아모리 사람의 지계는 아그랍빔 비탈의 바위부터 그 위였더라.

단 자손은 심지어 아모리 사람들에게 쫓겨 물러나기도 하였다.

본장의 교훈은 무엇인가? 첫째로, 우리는 무슨 일을 할 때 먼저 하나님께 물어야 한다. 유다는 기업을 취하려 할 때 먼저 하나님께 물었다. 후에 다윗도 그러했다(삼하 5:19, 23). 잠언 3:6, "너는 범사에 그를 [주권적 섭리자 되심을] 인정하라. 그리하면 네 길을 지도하시리라."

둘째로, 하나님께서는 자기 백성과 함께하신다. 하나님께서는 유다 자손과 요셉 자손과 함께하셨다(2, 4, 19, 22절). 가나안 전쟁은 하나님의 공의의 심판이었고, 하나님께서 함께하시면 전쟁은 이길 것이다.

셋째로, 이스라엘의 불완전한 정복은 사사 시대의 실패의 원인이었다. 잇사갈 지파를 뺀 아홉 지파 자손들은 다 가나안 족속을 완전히 멸하지 못했다. 그것은 그들이 믿음과 용기와 충성이 부족했기 때문일 것이다. 그것은 이스라엘 사회의 부패의 원인이 되었다. 우리는 우리 자신의 온전한 성화와 온전한 교회의 건립을 위해 힘써야 한다.

2장: 불순종

〔1-2절〕 여호와의 사자가 길갈에서부터 보김에 이르러 가로되 내가 너희로 애굽에서 나오게 하고 인도하여 너희 열조에게 맹세한 땅으로 이끌어 왔으며 또 내가 이르기를 내가 너희에게 세운 언약을 영원히 어기지 아니하리니 너희는 이 땅 거민과 언약을 세우지 말며 그들의 단을 헐라 하였거늘 너희가 내 목소리를 청종치 아니하였도다. 그리함은 어찜이뇨?

'여호와의 사자'는 구약시대에 천사로 나타나신 하나님이시다. 그는 아브라함에게 나타나셨을 때 "네가 네 독자라도 내게 아끼지 않았다"고 말씀하셨고(창 22:12), 야곱에게 나타나셨을 때 "나는 벧엘 하나님이라"고 말씀하셨다(창 31:13). 야곱은 하나님을 "나를 모든 환난에서 건지신 사자"라고 표현하였다(창 48:16). 여호와의 사자는 이스라엘 백성이 가나안 땅 거민과 언약을 세우지 말며 그들의 단을 헐라는 그의 목소리를 듣지 않은 불순종을 지적하셨다.

〔3절〕 그러므로 내가 또 말하기를 내가 그들을 너희 앞에서 쫓아내지 아니하리니 그들이 너희 옆구리에 가시가 될 것이며 그들의 신들이 너희에게 올무가 되리라 하였노라.

하나님께서는 그들이 남겨둔 가나안 사람들을 그들 앞에서 쫓아내지 않으실 것이며 그 남겨진 자들이 그들의 옆구리에 가시가 되며 그 신들이 그들에게 올무가 될 것이라고 말씀하셨다. 그들이 가나안 사람들을 포용한 결과는 고통스러울 것이다. 가나안 사람들의 우상숭배와 음행은 이스라엘 백성에게 큰 고통과 시험거리가 될 것이다.

〔4-5절〕 여호와의 사자가 이스라엘 모든 자손에게 이 말씀을 이르매 백성이 소리를 높여 운지라. 그러므로 그곳을 이름하여 보김이라 하니라. 무리가 거기서 여호와께 제사를 드렸더라.

보김은 '우는 자들'이라는 뜻이다. 그들은 단순히 하나님의 징벌과 자신들의 미래에 일어날 불길한 일로 인해 슬퍼하지 말고, 참으로 하나님께서 미워하시는 악을 깨닫고 그것을 버리고 고치고 하나님의 계명 순종하기를 결심해야 할 것이다.

〔6-7절〕 전에 여호수아가 백성을 보내매 이스라엘 자손이 각기 그 기업으로 가서 땅을 차지하였고 백성이 여호수아의 사는 날 동안과 여호수아 뒤에 생존한 장로들 곧 여호와께서 이스라엘을 위하여 행하신 모든 큰 일을 본 자의 사는 날 동안에 여호와를 섬겼더라.

지도자의 역할은 참으로 크다. 이스라엘의 역사에서 보면, 지도자가 경건하고 바르면 백성은 대체로 바르지만, 그런 지도자가 없으면 백성은 각기 자기 뜻대로 행하고 사회는 급속히 부패하였다.

〔8-10절〕 여호와의 종 눈의 아들 여호수아가 110세에 죽으매 무리가 그의 기업의 경내 에브라임 산지 가아스산 북 딤낫 헤레스에 장사하였고 그 세대 사람도 다 그 열조에게로 돌아갔고 그 후에 일어난 다른 세대는 여호와를 알지 못하며 여호와께서 이스라엘을 위하여 행하신 일도 알지 못하였더라.

어떻게 그런 일이 있을 수 있을까? 그것은 경건한 부모들이 없고 올바른 신앙교육이 없었기 때문이라고 본다. 잠언 22:6은 마땅히 행할 길을 아이에게 가르치면 늙어도 그것을 떠나지 않는다고 말했다.

〔11-15절〕 이스라엘 자손이 여호와의 목전에 악을 행하여 바알들을 섬기며 애굽 땅에서 그들을 인도하여 내신 그 열조의 하나님 여호와를 버리고 다른 신 곧 그 사방에 있는 백성의 신들을 좇아 그들에게 절하여 여호와를 진노하시게 하였으되 곧 그들이 여호와를 버리고 바알과 아스다롯을 섬겼으므로 여호와께서 이스라엘에게 진노하사 노략하는 자의 손에 붙여 그들로 노략을 당케 하시며 또 사방 모든 대적의 손에 파시매 그들이 다시는 대적을 당치 못하였으며 그들이 어디를 가든지 여호와의 손이 그들에게 재앙을 내리시매 곧 여호와께서 말씀하신 것과 같고 여호와께서 그들에게 맹세하신 것과 같아서 그들의 괴로움이 심하였더라.

바알은 밭의 신이며 아스다롯은 풍부와 성(性)과 전쟁의 여신이라고 한다(NBD). 그들이 바알과 아스다롯을 섬긴 것은 십계명의 제1계명을 범하는 일이며 하나님의 앞에서 매우 악한 일이었다. 그러므로 하나님께서는 진노하셨고 그들을 노략자들과 대적들에게 넘겨주셨다. 그들이 어디를 가든지 여호와께서는 그들에게 재앙을 내리셨고 그들의 괴로움은 심했다. 그것은 여호와께서 말씀하신 것과 같았다. 하나님께서는 이스라엘 백성이 하나님의 계명을 범하면 "들어와도 저주를 받고 나가도 저주를 받으리라"고 말씀하셨다(신 28:19). 죄의 값은 죽음과 불행이다. 악인에게는 평강이 없다. 이사야 48:22, "여호와께서 말씀하시되 악인에게는 평강이 없다 하셨느니라."

〔16-19절〕 여호와께서 사사를 세우사 노략하는 자의 손에서 그들을 건져내게 하셨으나 그들이 그 사사도 청종치 아니하고 돌이켜 다른 신들을 음란하듯 좇아 그들에게 절하고 여호와의 명령을 순종하던 그 열조의 행한 길을 속히 치우쳐 떠나서 그와 같이 행치 아니하였더라. 여호와께서 그들을 위하여 사사를 세우실 때에는 그 사사와 함께 하셨고 그 사사의 사는 날 동안에는 여호와께서 그들을 대적의 손에서 구원하셨으니 이는 그들이 대적에게 압박과 괴롭게 함을 받아 슬피 부르짖으므로 여호와께서 뜻을 돌이키셨음이어늘 그 사사가 죽은 후에는 그들이 돌이켜 그 열조보다 더욱 패괴하여 다른 신들을 좇아 섬겨 그들에게 절하고 그 행위와 패역한 길을 그치지 아니하였으므로.

이스라엘 백성이 대적들에게 압박과 고통을 당해 슬피 부르짖을 때 하나님께서는 그들을 위해 사사들을 세우시고 그들과 함께 하시고 그들을 통해 이스라엘을 구원하셨고 그들이 사는 날 동안 그들과 함께하셨다. 그것은 하나님의 크신 긍휼 때문이었다. 사사는 재판관이며 통치자요 구원자이었다. 그러나 이스라엘 백성은 사사의 말도 순종치 않았고 다른 신들을 음란하듯이 좇아 그들에게 절했고 하나님의 명령을 순종하던 그 열조의 길을 속히 떠났고, 사사가 죽은 후에는 그 열조보다 더욱 부패하여 다른 신들을 좇아 섬겨 절하며 그 패역함을 그치지 않았다. 사람은 참으로 부패된 존재이다(렘 17:9).

〔20-23절〕 여호와께서 이스라엘에게 진노하여 이르시되 이 백성이 내가 그 열조와 세운 언약을 어기고 나의 목소리를 청종치 아니하였은즉 나도 여호수아가 죽을 때에 남겨둔 열국을 다시는 그들의 앞에서 하나도 쫓아내지 아니하리니 이는 이스라엘이 그 열조의 지킨 것같이 나 여호와의 도를 지켜 행하나 아니하나 그들로 시험하려 함이라 하시니라. 그 열국을 머물러두사 속히 쫓아내지 아니하시며 여호수아의 손에 붙이지 아니하셨음이 이를 인함이었더라.

하나님의 진노의 한 조치가 그들이 남겨놓은 가나안 원주민들을 다시는 그들 앞에서 하나도 쫓아내지 않으시는 것이었다. 그것은 그들이 하나님의 명령을 지켜 행하는지 여부를 시험하시기 위함이었다. 교제의 대상을 정하는 것은 중요하다. 포용의 한계를 긋는 것은 중요하다. 왜냐하면 그것은 주께서 교훈하신 바를 순종하는 여부를 판별하는 시금석이 될 것이기 때문이다.

본장의 교훈은 무엇인가? 첫째로, 지도자의 역할이 중요하다. 지도자가 반듯하면 교회는 경건과 도덕성이 상당히 유지될 것이다. 그러므로 교회에는 바른 사상과 인격과 분별력을 가진 지도자가 필요하다.

둘째로, 신앙교육이 중요하다. 이스라엘 사회는 신앙의 계대가 이루어지지 않았다. 잠언 22:6, "마땅히 행할 길을 아이에게 가르치라. 그리하면 늙어도 그것을 떠나지 아니하리라." 에베소서 6:4, "아비들아, 너희 자녀를 노엽게 하지 말고 오직 주의 교양과 훈계로 양육하라." 이 일을 위해 가정들에서 규칙적인 가정예배의 시간이 필요하다.

셋째로, 가장 중요한 것은 하나님의 말씀을 순종해야 한다는 것이다. 잘못된 포용주의의 결과는 종교의 부패와 순수한 경건의 상실이다. 그들의 문제는 교제의 문제이었다. 그들은 하나님의 명령을 순종치 않고 가나안 족속을 다 멸하지 않고 포용하였다. 그러나 포용주의의 결과는 큰 불행이었다. 우리는 세상의 풍조를 본받거나 포용하지 말고 하나님과 주 예수 그리스도만 믿고 성경 교훈대로만 살자.

3장: 옷니엘, 에훗, 삼갈

1-11절, 사사 옷니엘

〔1-4절〕 여호와께서 가나안 전쟁을 알지 못한 이스라엘을 시험하려 하시며 이스라엘 자손의 세대 중에 아직 전쟁을 알지 못하는 자에게 그것을 가르쳐 알게 하려 하사 남겨두신 열국은 블레셋 다섯 방백과 가나안 모든 사람과 시돈 사람과 바알 헤르몬산에서부터 하맛 어구까지 레바논산에 거하는 히위 사람이라. 남겨두신 이 열국으로 이스라엘을 시험하사 여호와께서 모세로 그들의 열조에게 명하신 명령들을 청종하나 알고자 하셨더라.

사사기 1, 2장의 내용대로, 이스라엘 백성은 가나안 땅의 원주민들을 남김 없이 다 죽이라고 명령하신 하나님의 명령을 순종치 않았고 얼마큼 남겨두었다. 그것은 결국 하나님의 명령에 불순종한 것이었다. 그러므로 하나님께서는 그 남은 이방 족속들을 쫓아내지 않고 그들이 이스라엘 백성에게 옆구리의 가시와 발의 올무가 되게 하셨고, 그들을 통해 이스라엘 백성을 시험하기를 원하셨다.

사사기 3장은 하나님께서 그들을 남겨두신 목적이 두 가지라고 말한다. 첫째는 이스라엘 후손들, 즉 가나안 전쟁을 모르는 후손들로 그 전쟁을 맛보고 깨어 하나님을 의지하게 하기 위함이고, 둘째는 그들이 하나님께서 모세를 통해 그들의 열조에게 명령하신 말씀들을 순종하는지 여부를 시험하시기 위함이었다.

〔5-7절〕 이스라엘 자손은 마침내 가나안 사람과 헷 사람과 아모리 사람과 브리스 사람과 히위 사람과 여부스 사람 사이에 거하여 그들의 딸들을 취하여 아내를 삼으며 자기 딸들을 그들의 아들에게 주며 또 그들의 신들을 섬겼더라. 이스라엘 자손이 여호와 목전에 악을 행하여 자기들의 하나님 여호와를 잊어버리고 바알들과 아세라들을 섬긴지라.

이스라엘 백성은 가나안 사람들과 친근히 교제했고, 그들의 잘못된 교제는 그들의 자녀들의 결혼 문제에서 드러났다. 그들은 가나안 땅의 딸들을 며느리로 맞았고 자기 딸들을 가나안 땅의 아들들에게 주었다. 그들의 불순종과 잘못된 교제는 불신 결혼으로 나타났다.

그 결과, 그들은 그 원주민들이 섬기던 신들을 섬기게 되었다. 그들은 하나님 앞에서 악을 행하여 그 하나님 여호와를 잊어버리고 바알들과 아세라들을 섬겼다. 바알은 수리아와 가나안 전역에서 숭배되었던 밭의 신이며, 아세라는 다산(多産, fertility)의 여신으로 숭배되었다. 아세라는 앗수르의 국가 신(神)인 아시르의 아내 이쉬타르(아스다롯) 여신의 별명이었을 것이라고 한다. 즉 아세라와 아스다롯은 같은 신을 가리킨다고 보인다. 사사기 2:13과 3:7을 비교해보면, 그런 생각이 타당해 보인다. 이스라엘 백성의 잘못된 교제는 그들의 종교와 신앙의 변질과 부패를 가져왔다.

오늘날도 마찬가지이다. 성도들의 세상 사람과의 잘못된 교제는 결국 그들의 신앙과 경건의 변질과 부패를 가져올 것이다. 그러므로 우리가 신앙의 순수성을 지키려면, 우리는 교제 문제부터 조심해야 한다. 고린도전서 15:33, "악한 동무들은 선한 행실을 더럽히나니."

〔8-11절〕 여호와께서 이스라엘에게 진노하사 그들을 메소보다미아 왕 구산 리사다임의 손에 파셨으므로 이스라엘 자손이 구산 리사다임을 8년을 섬겼더니 이스라엘 자손이 여호와께 부르짖으매 여호와께서 그들을 위하여 한 구원자를 세워 구원하게 하시니 그는 곧 갈렙의 아우 그나스의 아들 옷니엘이라. 여호와의 신이 그에게 임하셨으므로 그가 이스라엘 사사가 되어 나가서 싸울 때에 여호와께서 메소보다미아 왕 구산 리사다임을 그 손에 붙이시매 옷니엘의 손이 구산 리사다임을 이기니라. 그 땅이 태평한 지 40년에 그나스의 아들 옷니엘이 죽었더라.

하나님께서는 이스라엘 백성에게 진노하셨다. 하나님께서는 이스라엘에게 진노하셔서 그들을 메소보다미아 왕 구산 리사다임의 손에 파셨다는 말은 온 세상이 하나님의 소유이며 세상의 모든 일이 하나님의 주권적 섭리 안에서 이루어짐을 증거한다. 이스라엘 자손이 메소보다미아 왕에게 굴복한 것은 하나님께서 허락하셨기 때문이었다. 그래서 이스라엘 백성은 구산 리사다임을 8년이나 섬겼다. 그 8년은 이스라엘 백성이 이방인들에게 압제와 굴욕을 당한 고통의 기간이었다. 죄에 대한 하나님의 징벌은 참으로 무서웠다.

이스라엘 백성은 8년의 고통 중에서 하나님께 부르짖었다. 사람은 어려운 일을 당할 때 비로소 하나님께 부르짖어 기도하는 경향이 있다. 그러나 그때에라도 하나님을 찾고 하나님께 나아와 기도하는 것은 하나님의 은혜이다. 그들이 하나님을 찾지 않았더라면 그 고통에서 구원을 얻지 못했을 것이다.

하나님께서는 우리가 회개하며 기도할 때 우리를 긍휼히 여기시고 우리의 기도를 들어주신다. 다윗은 고백하기를, "하나님의 구하시는 제사는 상한 심령이라. 하나님이여, 상하고 통회하는 마음을 주께서 멸시치 아니하시리이다"고 하였다(시 51:17). 하나님께서는 고난받는 이스라엘을 위해 한 구원자를 세워주셨다. 그가 첫 번째 사사인 옷니엘이었다. 그는 갈렙의 아우 그나스의 아들이었다.

하나님께서는 성령을 그에게 부어주셨고 그를 이스라엘의 사사로 세우셔서 나가 싸워 메소보다미아 왕 구산 리사다임을 굴복케 하셨다. 본문은 하나님께서 구산 리사다임을 옷니엘의 손에 붙이시매 옷니엘의 손이 그를 이겼다고 기록한다. 하나님께서는 주권적 섭리자이시다. 전쟁은 하나님의 손에 달려 있다(삼상 17:47).

하나님께서는 이스라엘을 큰 고난에서 건져주셨다. 그 후, 그 땅은 40년 동안이나 평안하였다. 이스라엘은 8년 동안 고생하였지만, 40년 동안 평안을 누렸다. 하나님께서는 고난의 기간보다 다섯 배나 더 긴 평안의 시대를 이스라엘 백성에게 주셨다. 이것이 하나님의 긍휼과 자비이었고 이스라엘을 향하신 하나님의 본심이셨다. 예레미야 애가 3:33, “주께서 인생으로 고생하며 근심하게 하심이 본심이 아니시로다.” 시편 30:5, “그 노염은 잠간이요 그 은총은 평생이로다. 저녁에는 울음이 기숙할지라도 아침에는 기쁨이 오리로다.”

본문의 교훈은 무엇인가? 첫째로, 우리는 사람의 교제를 조심해야 한다. 이스라엘 백성은 하나님께서 멸하라고 명하신 가나안 족속들을 남겨둠으로써 그들과 교제하게 되었고 그 잘못된 교제 때문에 종교적인 변질과 부패를 가지게 되었다. 교제가 중요하다. 우리는 악한 친구가 선한 행실을 더럽힌다는 사실을 잊지 말아야 한다(고전 15:33). 우리는 믿지 않는 자와 멍에를 같이하지 말아야 한다(고후 6:14).

둘째로, 우리는 신앙의 순수성을 잘 지켜야 한다. 이스라엘 백성은 잘못된 교제 때문에 부패되었다. 그들은 여호와 하나님만 섬기지 않고 가나안 원주민들이 섬기는 바알들과 아세라들을 섬겼다. 사도 바울은 말세에 고통하는 때에 사람들은 자기를 사랑하고 돈을 사랑하고 교만하고 쾌락 사랑하기를 하나님 사랑하는 것보다 더하고 경건의 모양은 있으나 경건의 능력은 부인한다고 말했다(딤후 3:1-5). 또 그는 “때가 이르리니 사람이 바른 교훈을 받지 아니하며 귀가 가려워서 자기의 사욕을 좇을 스승을 많이 두고 또 그 귀를 진리에서 돌이켜 허탄한 이야기를 좇으리라”고 말했다(딤후 4:3-4). 우리는 이런 어려운 시대에도 순수한 신앙을 지켜 성경대로 하나님을 믿고 순종해야 한다.

셋째로, 우리는 하나님의 크신 긍휼을 기억해야 한다. 하나님께서는 긍휼이 많으시다. 이스라엘 백성이 고난 가운데서 하나님께 부르짖었을 때, 하나님께서는 그들의 부르짖음을 들으셨다. 하나님께서는 상하고 통회하는 마음을 멸시하지 않으신다(시 51:17). 하나님께서는 죄를 회개하는 자들에게 징벌의 고난보다 더 오랫동안 더 많은 평안을 내려주셨다. 하나님께서는 지난날들의 우리의 모든 죄들도 씻어주셨고 우리를 은혜로 의롭다고 여겨주셨다. 그러므로 우리는 징벌의 고난 중에서라도 하나님께 철저히 회개하며 그의 크신 긍휼을 바라며 의지하자.

12-31절, 사사 에훗

〔12-14절〕 이스라엘 자손이 또 여호와의 목전에 악을 행하니라. 이스라엘 자손이 여호와의 목전에 악을 행하므로 여호와께서 모압 왕 에글론을 강성케 하사 그들을 대적하게 하시매 에글론이 암몬과 아말렉 자손들을 모아 가지고 와서 이스라엘을 쳐서 종려나무 성읍[여리고]**을 점령한지라. 이에 이스라엘 자손이 모압 왕 에글론을 18년을 섬기니라.**

사사기에 '또'라는 말이 여러 번 나온다(3:12; 4:1; 10:6; 13:1). 이것은 인간 본성의 전적 부패성과 무능력을 증거한다. 예레미야 17:9, "만물보다 거짓되고 심히 부패한 것은 마음이라." 예레미야 13:23, "구스인이 그 피부를, 표범이 그 반점을 변할 수 있느뇨? 할 수 있을진대 악에 익숙한 너희도 선을 행할 수 있으리라."

이스라엘 자손은 여호와의 눈앞에서 악을 행하였다. 사람의 행위를 판단하시는 이는 하나님이시다. 선과 악의 기준은 하나님이시다. 사람 보기에 선한 것 같고 사람들이 그것을 선이라고 말해도, 하나님 앞에서 악한 일이 있다. 잠언 14:12, "어떤 길은 사람의 보기에 바르나 필경은 사망의 길이니라." 하나님께서는 사람의 중심을 보신다.

이스라엘 자손이 여호와의 눈앞에서 악을 행하므로 여호와께서는 모압 왕 에글론을 강성케 하셔서 그들을 대적하게 하셨다. 하나님께서는 세상 나라 왕들의 권력까지도 주장하신다. 하나님께서는 우주 만물을 보존하시고 다스리실 뿐 아니라, 사람들의 생사화복을 주장하시고 국가들의 흥망성쇠를 주장하시는 주권자이시다.

나라들 간의 갈등과 전쟁도 하나님께서 주장하신다. 하나님께서 뜻하심과 허락하심이 없이는 어떤 일도 발생하지 않을 것이다. 하나님께서는 나라들 간에 평화도 주시고 갈등도 주신다. 모든 일들이 하나님의 작정과 섭리 가운데 이루어진다. 모압 왕 에글론은 이스라엘 자손을 쳤고 이스라엘 자손은 모압 왕 에글론을 18년을 섬겼다.

구산 리사다임을 섬긴 8년보다 배갑절 이상 긴 기간이었다.

〔15-17절〕 **이스라엘 자손이 여호와께 부르짖으매 여호와께서 그들을 위하여 한 구원자를 세우셨으니 그는 곧 베냐민 사람 게라의 아들 왼손잡이 에훗이라. 이스라엘 자손이 그를 의탁하여 모압 왕 에글론에게 공물을 바칠 때에 에훗이 장이 한 규빗 되는 좌우에 날선 칼을 만들어 우편 다리 옷 속에 차고 공물을 모압 왕 에글론에게 바쳤는데 에글론은 심히 비둔한 자이었더라.**

그때 이스라엘 자손은 여호와께 부르짖었다. 사람은 평안할 때에 하나님을 멀리 떠나지만, 고난 중에 하나님께 돌아오는 경우가 많다. 고난은 사람에게 유익하다. 또 하나님께서는 회개하는 심령을 받으신다. 시편 51:17, "하나님의 구하시는 제사는 상한 심령이라. 하나님이여 상하고 통회하는 마음을 주께서 멸시치 아니하시리이다."

하나님께서는 이스라엘 자손의 부르짖음을 들으시고 한 구원자를 세우셨다. 그가 에훗이었다. 그는 사사기에 나오는 두 번째 사사이다. 그는 하나님께서 세우신 사사이었다. 그는 베냐민 지파 사람이었고 왼손잡이이었다. 베냐민 지파에는 왼손잡이 용사들이 많았던 것 같다(삿 20:16). 이스라엘 자손이 그를 의탁하여 모압 왕 에글론에게 공물을 바칠 때에, 에훗은 길이가 한 규빗, 즉 약 45센티미터 되는 좌우에 날선 칼을 만들어 우측 넓적다리 옷 속에 차고 공물을 모압 왕 에글론에게 바쳤다. 에글론은 매우 뚱뚱하고 둔한 자이었다.

〔18-22절〕 **에훗이 공물 바치기를 마친 후에 공물을 메고 온 자들을 보내고 자기는 길갈 근처 돌 뜨는 곳**(페실림 פְּסִילִים)['돌 뜨는 곳'(KJV), '우상들'(BDB, NASB, NIV)**에서부터 돌아와서 가로되 왕이여, 내가 은밀한 일을 왕에게 고하려 하나이다. 왕이 명하여 종용케 하라 하매 모셔선 자들이 다 물러간지라. 에훗이 왕의 앞으로 나아가니 왕은 서늘한 다락방에 홀로 앉아 있는 중이라. 에훗이 가로되 내가 하나님의 명을 받들어 왕에게 고할 일이 있나이다 하매 왕이 그 좌석에서 일어나니 에훗이 왼손으로 우편 다리에서 칼을 빼어 왕의 몸을 찌르매 칼자루도 날을 따**

라 들어가서 그 끝이 등뒤까지 나갔고 그가 칼을 그 몸에서 빼어내지 아니하였으므로 기름이 칼날에 엉기었더라.

에훗은 공물 바치기를 마친 후 공물을 메고 온 자들을 보내고 자기는 길갈 근처로부터 돌아와 모압 왕을 조용히 독대하면서 하나님의 명을 받들어 그를 칼로 찔러 죽였다. 원문에는 22절 끝에 "또 오물들이 나왔더라"라는 말이 있다.[12)] 에훗은 자신이 모압 왕 에글론을 죽이는 것이 하나님의 명령이라고 확신하였고 용기 있게 행하였다.

〔23-26절〕 에훗이 현관에 나와서 다락문들을 닫아 잠그니라. 에훗이 나간 후에 왕의 신하들이 와서 다락문이 잠겼음을 보고 가로되 왕이 필연 다락방에서 발을 가리우신다 하고 그들이 오래 기다려도 왕이 다락문을 열지 아니하는지라. 열쇠를 취하여 열고 본즉 자기 주가 이미 죽어 땅에 엎드러졌더라. 그들의 기다리는 동안에 에훗이 피하여 돌 뜨는 곳을 지나 스이라로 도망하니라.

'발을 가리운다'는 말은 '변을 본다'는 뜻이다. 에글론의 신하들은 왕을 호위함에 불성실하였고 해이한 마음으로 잘못된 추측과 판단을 하였다. 그들이 "부끄러울 때까지"(원문, KJV) 오래 기다려도, 왕은 다락문을 열지 않았고 그들이 열쇠를 취하여 다락문을 열고 보니 자기들의 주(主)가 이미 죽어 땅에 엎드러져 있었다. 그들이 기다리는 동안, 에훗은 피하여 '돌 뜨는 곳' 혹은 '우상들'을 지나 도망했다.

〔27-30절〕 그가 이르러서는 에브라임 산지에서 나팔을 불매 이스라엘 자손이 산지에서 그를 따라 내려오니 에훗이 앞서 가며 무리에게 이르되 나를 따르라. 여호와께서 너희 대적 모압 사람을 너희의 손에 붙이셨느니라 하매 무리가 에훗을 따라 내려가서 모압 맞은편 요단강 나루를 잡아 지켜 한 사람도 건너지 못하게 하였고 그때에 모압 사람 일만 명 가량을 죽였으니 다 역사요 용사라. 한 사람도 피하지 못하였더라. 그 날에 모압 사람이 이스라엘의 수하에 항복하매 그 땅이 80년 동안

---

12) MT, BDB; Vg, Targ, KJV, NASB.

태평하였더라.

에훗은 에브라임 산지에서 나팔을 불어 이스라엘 자손들을 즉시 소집하였다. 이스라엘 백성은 단합하여 산지에서 그를 따라 내려왔다. 에훗은 하나님의 뜻과 도우심을 확신하였다. 무리는 에훗을 따라 내려가 모압 맞은편 요단강 나루를 잡아 지켜 한 사람도 건너지 못하게 했고 모압 사람 건장한 용사 일만 명 가량을 죽였다. 모압은 이스라엘에게 항복하였고, 그 후 그 땅은 80년 동안 평안하였다. 그 평안의 기간은 징벌의 기간보다 4배 이상이나 긴 기간이었다.

〔31절〕 에훗의 후에 아낫의 아들 삼갈이 사사로 있어 소 모는 막대기로 블레셋 사람 600명을 죽였고 그도 이스라엘을 구원하였더라.

본절은 세 번째 사사 삼갈에 대해 짤막하게 기록한다. 에훗의 후에 아낫의 아들 삼갈이 사사로 있었다. 그는 소 모는 막대기로 블레셋 사람 600명을 죽였고 그도 이스라엘을 구원하였다. 하나님께서는 그의 작정된 때에 이스라엘 백성을 위해 구원자를 보내주셨다.

본문의 교훈은 무엇인가? 첫째로, 우리는 하나님께서 죄에 대해 벌하심을 알자. 하나님께서는 범죄하는 개인이나 국가를 징벌하신다. 죄에 대한 하나님의 징벌은 죽음과 불행과 지옥 형벌이다(계 21:8). 우리는 죄에 대한 하나님의 징벌을 알고 모든 죄를 멀리해야 한다.

둘째로, 하나님께서는 회개하는 자들을 위해 구원자를 주신다. 이스라엘 자손이 고난 중에 하나님께 부르짖었을 때 하나님께서는 그들을 위해 구원자인 사사를 세워주셨다. 하나님께서는 멸망할 인류를 위해 구주 예수 그리스도를 예정하셨고 때가 되어 보내주셨다(요 3:16). 우리는 구주 예수 그리스도를 감사히 받고 그를 믿고 따르며 순종하자.

셋째로, 우리는 하나님 앞에서 악을 행치 말고, 오직 바르고 선하고 진실하게만 살자. 미가 6:8, “사람아, 주께서 선한 것이 무엇임을 네게 보이셨나니 여호와께서 네게 구하시는 것이 오직 공의를 행하며 인자

(仁慈)를 사랑하며 겸손히 네 하나님과 함께 행하는 것이 아니냐?"

4장: 드보라와 바락

〔1-3절〕 에훗의 죽은 후에 이스라엘 자손이 또 여호와의 목전에 악을 행하매 여호와께서 하솔에 도읍한 가나안 왕 야빈의 손에 그들을 파셨는데 그 군대장관은 이방 하로셋에 거하는 시스라요 야빈 왕은 철병거 900승이 있어서 20년 동안 이스라엘 자손을 심히 학대한 고로 이스라엘 자손이 여호와께 부르짖었더라.

지도자의 역할이 크다. 집에서는 가장의 역할이 크고, 나라에서는 대통령이나 수상의 역할이 크며, 교회에서는 담임목사의 역할이 크다. 훌륭한 지도자를 잇는 후계자의 역할도 중요하다. 하나님께서는 범죄한 이스라엘 자손들을 가나안 왕 야빈의 손에 파셨다. 그들은 20년 동안 심히 학대하였다. 옷니엘 때의 8년이나 에훗 때의 18년보다 더 긴 고난의 기간이었다. 그러나 그때 이스라엘 자손들은 하나님께 부르짖었다. 사람은 고난을 당할 때 하나님의 은혜로 회개한다.

〔4-7절〕 그때에 랍비돗의 아내 여선지 드보라[13]가 이스라엘의 사사가 되었는데 그는 에브라임 산지 라마와 벧엘 사이 드보라의 종려나무 아래 거하였고 이스라엘 자손은 그에게 나아가 재판을 받더라. 드보라가 보내어 아비노암의 아들 바락을 납달리 게데스에서 불러다가 그에게 이르되 이스라엘 하나님 여호와께서 이같이 명하지 아니하셨느냐? 이르시기를 너는 납달리 자손과 스불론 자손 일만 명을 거느리고 다볼산으로 가라. 내가 야빈의 군대장관 시스라와 그 병거들과 그 무리를 기손강으로 이끌어 네게 이르게 하고 그를 네 손에 붙이리라 하셨느니라.

여선지자는 성경에서 극히 드문 경우이다. 보통 때는 하나님께서 남자들을 들어 선지자의 일을 하게 하시지만, 비상한 때에는 여자도

---

13) '여선지'라는 원어(잇솨 네비아 אִשָּׁה נְבִיאָה)는 '여자 선지자'라는 말로서 '여자'(잇솨 אִשָּׁה)라는 것을 강조하는 것 같다.

들어 사용하셨다. 드보라는 이스라엘의 사사가 되었다. 사사는 재판관이요 통치자이었다. 드보라는 바락이라는 남자를 앞세웠다. 그것은 하나님의 뜻이었고, 여자의 일반적 한계성이며 미덕이었다. 드보라는 "내가 야빈의 군대장관 시스라의 군대를 네 손에 붙이리라"는 하나님의 말씀을 바락에게 전했다. 전쟁은 하나님께 달려 있다.

〔8-10절〕 바락이 그에게 이르되 당신이 나와 함께 가면 내가 가려니와 당신이 나와 함께 가지 아니하면 나는 가지 않겠노라. 가로되 내가 반드시 너와 함께 가리라. 그러나 네가 이제 가는 일로는 영광을 얻지 못하리니 이는 여호와께서 시스라를 여인의 손에 파실 것임이니라 하고 드보라가 일어나 바락과 함께 게데스로 가니라. 바락이 스불론과 납달리를 게데스로 부르니 일만 인이 그를 따라 올라가고 드보라도 그와 함께 올라가니라.

바락은 드보라에게 함께 가기를 강하게 요청하였다. 이 말은 바락의 연약한 마음을 보이는 것 같기도 하지만, 실상 그의 믿음을 반영한다. 바락은 드보라가 섬기는 하나님을 의지한 것이다. 바락은 그가 하나님의 사람이요 그가 섬기는 하나님께서 함께하시면 전쟁에서 이길 수 있음을 믿었던 것이다. 드보라는 바락에게 함께 가겠다고 대답하였다. 그는 바락과 함께 게데스로 갔다.

〔11절〕 모세의 장인 호밥의 자손 중 겐 사람 헤벨이 자기 족속을 떠나 게데스에 가까운 사아난님 상수리나무 곁에 이르러 장막을 쳤더라.

사사기 저자는 헤벨이라는 사람에 대한 기사를 여기에 삽입한다. 모세의 장인 호밥의 자손 중 겐 사람 헤벨이 자기 족속을 떠나 게데스에 가까운 사아난님 상수리나무 곁에 이르러 장막을 쳤다고 말한다. 모세의 장인을 호밥이라고 한 것은 그의 이름이 르우엘(출 2:18)이나 이드로(출 3:1) 외에 호밥이라는 이름도 있었는지 아니면 모세의 장인의 [아들] 호밥(민 10:29)이라는 뜻인지 분명하지 않다. 모세의 장인 겐 사람은 유다 자손과 더불어 유다 황무지에서 거하였었다

(삿 1:16). 그러나 헤벨이 이곳에 와 거주했다. 헤벨의 기사를 여기에 넣은 것은, 드보라가 하나님께서 시스라를 여인의 손에 파실 것이라고 말했던 그 여인이 바로 헤벨의 아내이기 때문이다(17절 이하).

〔12-16절〕 아비노암의 아들 바락이 다볼산에 오른 것을 혹이 시스라에게 고하매 시스라가 모든 병거 곧 철병거 900승과 자기와 함께 있는 온 군사를 이방 하로셋에서부터 기손강으로 모은지라. 드보라가 바락에게 이르되 일어나라. 이는 여호와께서 시스라를 네 손에 붙이신 날이라. 여호와께서 너의 앞서 행하지 아니하시느냐? 이에 바락이 일만 명을 거느리고 다볼산에서 내려가니 여호와께서 바락의 앞에서 시스라와 그 모든 병거와 그 온 군대를 칼날로 쳐서 패하게 하시매 시스라가 병거에서 내려 도보로 도망한지라. 바락이 그 병거들과 군대를 추격하여 이방 하로셋에 이르니 시스라의 온 군대가 다 칼에 엎드러졌고 남은 자가 없었더라.

다볼산은 갈릴리 호수와 지중해 중간에 있는 산이다. 그때 드보라는 바락에게 하나님께서 시스라를 그의 손에 붙이실 것을 말했다. 전쟁은 하나님께 달려 있다. 하나님께서 이스라엘의 원수들을 그들의 손에 붙여주시면 그들은 전쟁에서 승리할 수 있다. 하나님께서는 그들 앞에 행하실 것이다. 바락은 일만 명을 거느리고 다볼산에서 내려갔고 여호와께서는 바락의 앞에서 시스라와 그 모든 병거와 그 모든 군대를 칼날로 쳐서 남은 자가 없이 패하게 하셨다. 시스라는 병거에서 내려 도보로 도망하였다.

〔17-21절〕 시스라가 도보로 도망하여 겐 사람 헤벨의 아내 야엘의 장막에 이르렀으니 하솔 왕 야빈은 겐 사람 헤벨의 집과 화평이 있음이라. 야엘이 나가 시스라를 영접하며 그에게 말하되 나의 주여, 들어오소서. 내게로 들어오시고 두려워하지 마소서 하매 그 장막에 들어가니 야엘이 이불로 덮으니라. 시스라가 그에게 말하되 청하노니 내게 물을 조금 마시우라. 내가 목이 마르도다 하매 젖부대를 열어 그에게 마시우고 그를 덮으니 그가 또 가로되 장막문에 섰다가 만일 사람이 와서 네게 묻기를 여기 어떤 사람이 있느냐 하거든 너는 없다 하라 하고 그가 곤비하

여 깊이 잠든지라. 헤벨의 아내 야엘이 장막 말뚝을 취하고 손에 방망이를 들고 그에게로 가만히 가서 말뚝을 그 살쩍[관자놀이: 귀와 눈 사이]**에 박으매 말뚝이 꿰뚫고 땅에 박히니 시스라가 기절하여 죽으니라.**

야엘은 참으로 용감한 여인이었다. 그 시대는 참으로 여인 장부들의 시대이었다. 성경은 여선지자 드보라와 함께 여장부 야엘의 이름을 기록하였다. 장수 시스라는 이처럼 여인의 손에 죽임을 당했다.

〔22-24절〕 바락이 시스라를 따를 때에 야엘이 나가서 그를 맞아 가로되 오라, 내가 너의 찾는 사람을 네게 보이리라. 바락이 그에게 들어가 보니 시스라가 죽어 누웠고 말뚝은 그 살쩍에 박혔더라. 이와 같이 이 날에 하나님이 가나안 왕 야빈을 이스라엘 자손 앞에 패하게 하신지라. 이스라엘 자손의 손이 가나안 왕 야빈을 점점 더 이기어서 마침내 가나안 왕 야빈을 진멸하였더라.

하나님께서는 드보라를 통해 말씀하신 대로 이스라엘에게 전쟁의 승리를 주셨고 여인의 손에 의해 그 군대의 장수를 죽게 하셨다.

사사기 4장의 교훈은 무엇인가? <u>첫째로, 우리는 하나님 앞에서 악을 행치 말자.</u> 지도자도, 백성도 그러해야 한다. 혹시 우리가 잘못을 범해 하나님의 징벌을 받으면 우리는 하나님 앞에서 철저히 회개해야 한다.

<u>둘째로, 우리는 하나님께서 주권적 섭리자이심을 알자.</u> 하나님께서는 범죄한 이스라엘 백성을 가나안 왕 야빈의 손에 파셨고, 시스라와 그 병거들을 바락의 손에 붙이셨고 시스라를 여인의 손에 파셨다. 그는 인간의 역사를 주장하시는 주권적 섭리자이시다. 우리는 오직 하나님만 의지하고 하나님께 순종하고 하나님 앞에서 충성하자.

<u>셋째로, 우리는 영적 용사가 되자.</u> 비상한 때에 하나님께서는 여선지 드보라를 세우셨고 또 헤벨의 아내인 용감한 여자 야엘을 사용하셨다. 우리는 믿음에 굳게 서서 남자답게 강건해야 한다(고전 16:13). 이 세상에 죄악의 풍조가 만연하고 교계에 배교와 타협과 혼란의 풍조가 만연할지라도, 우리는 옛날부터 믿어온 성경적 신앙에 굳게 서서 하나

님의 은혜로 하나님과 주 예수 그리스도께 충성하는 용사들이 되자.

5장: 드보라의 노래

〔1-3절〕 이 날에 드보라와 아비노암의 아들 바락이 노래하여 가로되 이스라엘의 두령이 그를 영솔하였고 백성이 즐거이 헌신하였으니 여호와를 찬송하라. 너희 왕들아 들으라. 방백들아 귀를 기울이라. 나 곧 내가 여호와를 노래할 것이요 이스라엘의 하나님 여호와를 찬송하리로다.

드보라가 하나님을 찬송한 것은 이스라엘 백성의 승리가 하나님의 은혜이었기 때문이다. 그러나 그것은 또한 하나님께서 이스라엘의 방백들에게 즐거이 헌신하는 마음을 주심으로써이었다.

〔4-5절〕 여호와여, 주께서 세일에서부터 나오시고 에돔 들에서부터 진행하실 때에 땅이 진동하고 하늘도 새어서 구름이 물을 내렸나이다. 산들이 여호와 앞에서 진동하니 저 시내산도 이스라엘 하나님 여호와 앞에서 진동하였도다.

하나님께서는 이스라엘 백성이 애굽에서 나와 시내산에 이르렀을 때부터 광야의 여정과 에돔 들을 지나 가나안 땅에 이르기까지 그들 앞에서 인도하셨고 그들과 함께 행하시며 큰 능력을 보이셨다.

〔6-7절〕 아낫의 아들 삼갈의 날에 또는 야엘의 날에는 대로가 비었고 행인들은 소로로 다녔도다. 이스라엘에 관원(페라존 פְּרָזוֹן)['시골 거주자들'(BDB; KJV, NASB), '관원들, 지도자들'(게세니우스), '용사들'(LXX)]**이 그치고 그쳤더니 나 드보라가 일어났고 내가 일어나서 이스라엘의 어미가 되었도다**[이스라엘의 한 어미인 내가 일어났도다](KJV, NASB, NIV).

이스라엘 백성이 심히 쇠약해져 이방 나라에게 고생을 당한 것은 그들의 우상숭배의 죄에 대한 하나님의 징벌이었다(삿 4:1-2).

〔8-11절〕 무리가 새 신들을 택하였으므로 그때에 전쟁이 성문에 미쳤으나 이스라엘 4만명 중에 방패와 창이 보였던고. 내 마음이 이스라엘의 방백을 사모함은 그들이 백성 중에서 즐거이 헌신하였음이라. 여호와를 찬송하라. 흰 나귀를 탄 자들, 귀한 화문석에 앉은 자들, 길에

행하는 자들아 선파할지어다. 활쏘는 자의 지꺼림에서, 멀리 떨어진 물 긷는 곳에서도 여호와의 의로우신 일을 칭술하라. 그의 이스라엘을 다스리시는 의로우신 일을 칭술하라. 그때에 여호와의 백성이 성문에 내려갔도다.

11절에 두 번 언급된 하나님의 의로우신 일은 범죄한 이스라엘에 대한 하나님의 의로운 징벌뿐 아니라, 또한 이스라엘의 원수들에 대한 하나님의 공의로운 심판을 가리킬 것이다.

〔12-14절〕 깰지어다. 깰지어다. 드보라여, 깰지어다. 깰지어다. 너는 노래할지어다. 일어날지어다. 바락이여, 아비노암의 아들이여, 네 사로잡은 자를 끌고 갈지어다. 그때에 남은 귀인과 백성이 내려왔고 여호와께서 나를 위하여 용사를 치시려고 강림하셨도다. 에브라임에게서 나온 자는 아말렉에 뿌리 박힌 자요 그 다음에 베냐민은 너희 백성 중에 섞였으며 마길에게서는 다스리는 자들이 내려왔고 스불론에게서는 대장군의 지팡이를 잡은 자가 내려왔도다.

13절은, "그때에 남은 자가 백성의 방백들에게 내려왔고 여호와께서 용사들 가운데서 내게 내려오셨도다"라는 뜻일 것이다(MT 벤카임 원문과 분리액센트). 14절에 "에브라임에게서 나온 자는 아말렉에 뿌리 박힌 자요"라는 구절은 "그들의 뿌리는 에브라임에게서 났고 아말렉을 대항하며"라는 뜻일 것이다(MT, KJV). '대장군의 지팡이'라는 원어는 '검열관 혹은 사령관의 지휘봉'을 가리킨다.

〔15-22절〕 잇사갈의 방백들이 드보라와 함께하니 잇사갈의 심사를 바락도 가졌도다. 그 발을 좇아 골짜기로 달려 내려가니 르우벤 시냇가에(펠라고스 פְּלַגּוֹת)[지역에] **큰 결심이 있었도다. 네가 양의 우리 가운데 앉아서 목자의 저 부는 소리를 들음은 어찜이뇨? 르우벤 시냇가에서 마음에 크게 살핌이 있도다. 길르앗은 요단 저편에 거하거늘 단은 배에 머무름은 어찜이뇨? 아셀은 해빈에 앉고 자기 시냇가**(미프라츠 מִפְרָץ)[항구]**에 거하도다. 스불론은 죽음을 무릅쓰고 생명을 아끼지 아니한 백성이요 납달리도 들의 높은 곳에서 그러하도다. 열왕이 와서 싸울 때에 가나안 열왕이 므깃도 물가 다아낙에서 싸웠으나 돈을 탈취하지 못하였**

도다. 별들이 하늘에서부터 싸우되 그 다니는 길에서 시스라와 싸웠도다. 기손강은 그 무리를 표류시켰으니 이 기손강은 옛강이라. 내 영혼아, 네가 힘있는 자를 밟았도다. 그때에 군마가 빨리 달리니 말굽소리는 땅을 울리도다.

잇사갈의 방백들은 그 전쟁에 마음을 같이했다. 15절에 "그 발을 좇아 골짜기로 달려 내려가니"라는 말은 "그는 맨발로 골짜기에 보내졌으니"(KJV)라는 뜻이라고 본다. 그것은 용감하고 빠르게 전쟁터에 나아갔음을 말한다. 르우벤 지역에는 큰 결심이 있었다. 그러나 르우벤은 너무 생각이 복잡하여 그 전쟁에 적극적으로 참여하지 않았던 것 같다. 단이나 아셀 지파도 그러했던 것 같다.

그러나 스불론 자손과 납달리 자손은 그 전쟁에 헌신적으로 참여하였다. 바락은 하나님의 지시대로 스불론과 납달리 자손 일만 명을 거느리고 전쟁에 나아갔다(삿 4:6, 10). "별들이 하늘에서부터 시스라와 싸웠다"는 말은 하나님께서 자연 현상들을 사용하셔서 이스라엘을 지원하신 것을 나타낸다. 하나님께서는 때때로 천둥과 번개, 폭우와 우박 등으로 이스라엘의 대적자들을 징벌하셨다. 또 기손강이 그 무리를 표류시켰다는 말은 그 전쟁에서의 승리를 보인다.

〔23절〕 여호와의 사자의 말씀에 메로스를 저주하라. 너희가 거듭 거듭 그 거민을 저주할 것은 그들이 와서 여호와를 돕지 아니하며 여호와를 도와 용사를 치지 아니함이니라 하시도다.

메로스 거민이 거듭 저주를 받는 까닭은, "그들이 와서 여호와를 돕지 아니하며 여호와를 도와 용사를 치지 아니하였기" 때문이었다.

〔24-27절〕 겐 사람 헤벨의 아내 야엘은 다른 여인보다 복을 받을 것이니 장막에 거한 여인보다 더욱 복을 받을 것이로다. 시스라가 물을 구하매 우유를 주되 곧 엉긴 젖을 귀한 그릇에 담아주었고 손으로 장막 말뚝을 잡으며 오른손에 장인의 방망이를 들고 그 방망이로 시스라를 쳐서 머리를 뚫되 곧 살쩍[관자놀이: 귀와 눈 사이]**을 꿰뚫었도다. 그가 그의 발 앞에 꾸부러지며 엎드러지고 쓰러졌고 그의 발 앞에 꾸부러져 엎**

드러져서 그 꾸부러진 곳에 엎드러져 죽었도다.

헤벨의 아내 야엘은 다른 여인보다 복을 받을 것이다. 그는 손으로 장막 말뚝을 잡아 시스라를 쳐서 관자놀이를 꿰뚫었다. 시스라는 여인의 발 앞에 엎드러졌다. 힘있는 나라의 가장 큰 용사 시스라가 한 연약한 여인의 손에 힘없이 쓰러졌다.

〔28-30절〕 시스라의 어미가 창문으로 바라보며 살창에서 부르짖기를 그의 병거가 어찌하여 더디 오는고. 그의 병거 바퀴가 어찌하여 더디 구는고 하매 그 지혜로운 시녀들이 대답하였겠고 그도 스스로 대답하기를 그들이 어찌 노략물을 얻지 못하였으랴. 그것을 나누지 못하였으랴. 사람마다 한두 처녀를 얻었으리로다. 시스라는 채색옷을 노략하였으리니 그것은 수놓은 채색옷이리로다. 곧 양편에 수놓은 채색옷이리니 노략한 자의 목에 꾸미리로다 하였으리라.

드보라는 시스라의 모친과 그 시녀들의 말을 상상하여 말한다.

〔31절〕 여호와여, 주의 대적은 다 이와 같이 망하게 하시고 주를 사랑하는 자는 해가 힘있게 돋음 같게 하시옵소서 하니라. 그 땅이 40년 동안 태평하였더라.

본장의 교훈은 무엇인가? 첫째로, 전쟁에서의 승리는 섭리하시는 하나님께 있다. 그러므로 우리는 하나님께 찬송을 돌려야 한다. 우리는 모든 문제에서 하나님의 은혜와 섭리로 승리함을 알아야 한다.

둘째로, 우리는 즐거이 헌신한 바락과 이스라엘 백성들을 본받아야 한다. 또 여인 야엘의 놀라운 역할도 기억할 만하다. 이와 같이, 이스라엘의 승리는 하나님의 섭리 아래 하나님의 귀한 종들의 헌신적 참여와 협력으로 이루어졌다. 우리도 하나님의 일에 자원적으로 참여하자.

셋째로, 우리는 하나님의 일에 방관자가 되어서는 안 된다. 전쟁에서 싸우지 않는 것은 원수들을 이롭게 할 뿐이다. 하나님의 일에 동참치 않고 협력치 않았던 메로스 사람들은 저주를 받았다. 주께서는 "나와 함께 아니하는 자는 나를 반대하는 자요 나와 함께 모으지 아니하는 자는 헤치는 자니라"라고 말씀하셨다(마 12:30; 눅 11:23).

6장: 기드온을 부르심

1-24절, 기드온을 부르심

〔1-6절〕 이스라엘 자손이 또 여호와의 목전에 악을 행하였으므로 여호와께서 7년 동안 그들을 미디안의 손에 붙이시니 미디안의 손이 이스라엘을 이긴지라. 이스라엘 자손이 미디안을 인하여 산에서 구멍과 굴과 산성을 자기를 위하여 만들었으며 이스라엘이 파종한 때면 미디안 사람, 아말렉 사람, 동방 사람이 치러 올라와서 진을 치고 가사에 이르도록 토지 소산을 멸하여 이스라엘 가운데 식물을 남겨두지 아니하며 양이나 소나 나귀도 남기지 아니하니 이는 그들이 그 짐승과 장막을 가지고 올라와서 메뚜기떼같이 들어오니 그 사람과 약대가 무수함이라. 그들이 그 땅에 들어와 멸하려 하니 이스라엘이 미디안을 인하여 미약함이 심한지라. 이에 이스라엘 자손이 여호와께 부르짖었더라.

사사기는 이스라엘 백성의 반복된 범죄를 증거한다. 이것은 사람들 속에 있는 죄성의 본질이다. 이스라엘 백성이 하나님 앞에서 또 악을 행했으므로, 하나님께서는 그들을 7년간 미디안의 손에 붙이셨다. 씨를 심는 때면 미디안 사람, 아말렉 사람, 동방 사람은 치러 올라와서 진을 치고 유다 땅의 서쪽 해변에 인접해 있는 가사에 이르도록 토지 소산을 멸하여 이스라엘 가운데 식물을 남겨두지 않으며 양이나 소나 나귀도 남기지 않았다. 이와 같이 이방인들이 그 땅에 들어와 이스라엘 백성을 멸하려 하였으므로 이스라엘 백성이 미디안을 인해 미약함이 심하였고, 그래서 그들은 하나님께 부르짖었다. 고난은 사람으로 하여금 하나님께로 가까이 가게 만든다.

〔7-10절〕 이스라엘 자손이 미디안을 인하여 여호와께 부르짖은 고로 여호와께서 이스라엘 자손에게 한 선지자를 보내사 그들에게 이르되 이스라엘 하나님 여호와의 말씀에 내가 너희를 애굽에서 인도하여 내며

너희를 그 종 되었던 집에서 나오게 하여 애굽 사람의 손과 너희를 학대하는 모든 자의 손에서 너희를 건져내고 그들을 너희 앞에서 쫓아내고 그 땅을 너희에게 주었으며 내가 또 너희에게 이르기를 나는 너희 하나님 여호와니 너희의 거하는 아모리 사람의 땅의 신들을 두려워 말라 하였으나 너희가 내 목소리를 청종치 아니하였느니라 하셨다 하니라.

하나님께서는 이스라엘 자손들에게 한 선지자를 보내셨는데, 그 선지자는 이스라엘 백성의 현재의 고난이 그들이 하나님의 음성을 불순종하는 죄를 지었기 때문에 온 것임을 증거하였다.

〔11-13절〕 여호와의 사자가 아비에셀 사람 요아스에게 속한 오브라에 이르러 상수리나무 아래 앉으니라. 마침 요아스의 아들 기드온이 미디안 사람에게 알리지 아니하려 하여 밀을 포도주 틀에서 타작하더니 여호와의 사자가 기드온에게 나타나 이르되 큰 용사여, 여호와께서 너와 함께 계시도다. 기드온이 그에게 대답하되 나의 주여, 여호와께서 우리와 함께 계시면 어찌하여 이 모든 일이 우리에게 미쳤나이까? 또 우리 열조가 일찍 우리에게 이르기를 여호와께서 우리를 애굽에서 나오게 하신 것이 아니냐 한 그 모든 이적이 어디 있나이까? 이제 여호와께서 우리를 버리사 미디안의 손에 붙이셨나이다.

기드온은 하나님께서 과거에 행하신 일들은 들어 알고 있었지만 지금은 그가 그들과 함께하지 않으신다고 생각하고 있었다.

〔14-16절〕 여호와께서 그를 돌아보아 가라사대 너는 이 네 힘을 의지하고 가서 이스라엘을 미디안의 손에서 구원하라. 내가 너를 보낸 것이 아니냐? 기드온이 그에게 대답하되 주여, 내가 무엇으로 이스라엘을 구원하리이까? 보소서, 나의 집은 므낫세 중에 극히 약하고 나는 내 아비 집에서 제일 작은 자니이다. 여호와께서 그에게 이르시되 내가 반드시 너와 함께하리니 네가 미디안 사람 치기를 한 사람을 치듯하리라.

본문은 '여호와의 사자'(11-12, 21-22절)나 '하나님의 사자'(20절)를 '여호와' 자신(14, 16절)과 동일시하고 있다. 하나님께서는 기드온에게 "이 네 힘을 의지하여 가서 이스라엘을 미디안의 손에서 구원하라"고 말씀하시며 친히 그에게 사명을 주셨다. 그러나 기드온은 자신의 집이 므낫세 중에 약하고 자신이 아버지의 집에서 작고 보잘것없다고 말했다.[14] 이스라엘의 지도자가 될 기드온은 겸손하였다. 그러나 하나님께서는 "내가 반드시[15] 너와 함께하리니 네가 미디안 사람 치기를 한 사람을 치듯하리라"고 말씀하셨다. 그는 사명 받은 기드온에게 힘과 용기를 주셨다. 하나님께서는 전에 모세에게도, 또 여호수아에게도 그런 말씀을 주셨었다(출 3:12; 수 1:5).

〔17-18절〕 기드온이 그에게 대답하되 내가 주께 은혜를 얻었사오면 나와 말씀하신 이가 주 되시는 표징을 내게 보이소서. 내가 예물을 가지고 다시 주께로 와서 그것을 주 앞에 드리기까지 이곳을 떠나지 마시기를 원하나이다. 그가 가로되 내가 너 돌아오기를 기다리리라.

기드온은 그에게 사명을 주신 자가 하나님의 사자이심을 확인하기를 원하였다. 그는 그에게 말씀하신 자를 하나님으로 인식하고 있었던 것 같다. 기드온은 예물을 가지고 와서 그 앞에 예물을 드리기를 원했고 그때까지 그곳을 떠나지 마시기를 원하였다.

〔19-21절〕 기드온이 가서 염소 새끼 하나를 준비하고 가루 한 에바로 무교전병을 만들고 고기를 소쿠리에 담고 국을 양푼에 담아서 상수리나무 아래 그에게로 가져다가 드리매 하나님의 사자가 그에게 이르되 고기와 무교전병을 가져 이 반석 위에 두고 그 위에 국을 쏟으라. 기드온이 그대로 하니 여호와의 사자가 손에 잡은 지팡이 끝을 내밀어 고기와 무교전병에 대매 불이 반석에서 나와 고기와 무교전병을 살랐고 여호와의 사자는 떠나서 보이지 아니한지라.

여호와의 사자는 손에 잡은 지팡이 끝을 내밀어 기드온이 준비한 고기와 무교전병에 대었는데 불이 반석에서 나와 고기와 무교전병

---

14) '극히 약하다'는 원어(핫달 הַדַּל)는 '가장 약하다'는 뜻이요, '제일 작은 자'라는 원어는 '가장 작고 보잘것없는 자'라는 뜻이다.

15) '반드시'라고 원어(키 כִּי)는 이렇게 번역할 수도 있지만(KJV, NASB), 아마 단지 직접화법을 도입하는 접속사일 것이다. 그런 경우라면, 번역할 것이 없다(NIV, BDB).

을 살렸고 여호와의 사자는 떠나서 보이지 아니하였다. 이와 같이, 하나님께서는 역사상 종종 사람이나 천사의 모습으로 나타나셨다.

〔22-24절〕 기드온이 그가 여호와의 사자인 줄 알고 가로되 슬프도 소이다, 주 여호와여. 내가 여호와의 사자를 대면하여 보았나이다. 여호와께서 그에게 이르시되 너는 안심하라. 두려워 말라. 죽지 아니하리라 하시니라. 기드온이 여호와를 위하여 거기서 단을 쌓고 이름을 여호와 살롬이라 하였더라. 그것이 오늘까지 아비에셀 사람에게 속한 오브라에 있더라.

기드온이 여호와의 사자 보았음을 알고 두려워하였으나 하나님께서는 그를 안심시키셨다. 기드온은 거기서 여호와를 위해 단을 쌓았고 그 이름을 여호와 살롬, 즉 '여호와는 평안이라'고 불렀다.

본문의 교훈은 무엇인가? 첫째로, 우리는 범죄치 말아야 한다. 범죄하는 자는 쇠약해지고 불행해지고 죽고 말 것이다(롬 8:13).

둘째로, 우리는 범죄했을 때 참으로 회개하며 하나님의 긍휼만 의지해야 한다. 하나님의 뜻은 우리가 진심으로 회개하는 것이다. 하나님께서는 진심으로 회개하는 죄인들을 긍휼히 여기시고 구원하신다.

셋째로, 하나님의 일꾼은 겸손해야 한다. 기드온은 "나의 집은 므낫세 중에 극히 약하고 나는 내 아비 집에서 제일 작은 자니이다"라고 말했다. 기드온은 겸손했다. 겸손은 하나님의 일꾼의 첫째 덕목이다.

넷째로, 하나님의 일꾼은 하나님을 확신해야 한다. 기드온은 하나님께로부터 사명을 받았을 때 "내가 주께 은혜를 얻었사오면 나와 말씀하신 이가 주 되시는 표징을 내게 보이소서"라고 말했다(17절). 그는 하나님을 위해 일하고자 할 때 그를 부르신 자가 하나님이심을 확신하고자 했다. 오늘날도 하나님의 종들과 성도들은 하나님과 예수 그리스도와 그의 복음과 우리의 구원과 주의 재림과 천국과 영생을 확신해야 한다. 사도 바울은 후배 교역자 디모데에게 "너는 배우고 확신한 일에 거하라"고 교훈하였다(딤후 3:14). 우리는 성경을 통해 하나님의 모든 진리를 확신할 수 있다. 그러므로 우리는 성경 읽기를 힘써야 한다.

25-40절, 기드온을 준비시킴

〔25-27절〕 이날 밤에 여호와께서 기드온에게 이르시되 네 아비의 수소 곧 7년된 둘째 수소를 취하고 네 아비에게 있는 바알의 단을 헐며 단 곁의 아세라 상을 찍고 또 이 견고한 성 위에 네 하나님 여호와를 위하여 규례대로 한 단을 쌓고 그 둘째 수소를 취하여 네가 찍은 아세라 나무로 번제를 드릴지니라. 이에 기드온이 종 열을 데리고 여호와의 말씀하신 대로 행하되 아비의 가족과 그 성읍 사람들을 두려워하므로 이 일을 감히 백주에 행하지 못하고 밤에 행하니라.

기드온이 하나님을 위해 단을 쌓았던 그 날 밤에 하나님께서는 그에게 몇 가지 명령을 하셨다. 첫째는 그의 아버지에게 있는 바알의 단을 헐고 그 단 곁의 아세라 상을 찍으라는 것이고, 둘째는 이 견고한 성 꼭대기에 네 하나님 여호와를 위해 규례대로 단을 쌓으라는 것이고, 셋째는 네 아비의 수소 곧 7년된 둘째 수소를 취하여 네가 찍은 아세라 나무로 번제를 드리라는 것이다. 이것은 어려운 명령들이었다. 그것은 모든 사람이 알 수 있는 공개적 행위이며 아버지와 가족들과 성읍 사람들의 반대를 받을 것이 예상되는 행위이었다. 그러나 기드온은, 비록 아버지의 가족들과 성읍 사람들을 두려워하므로 그 일을 대낮에 행치 못하고 밤에 행했으나, 열 명의 종을 데리고 하나님의 명령에 순종하여 그대로 다 행하였다.

〔28-30절〕 성읍 사람들이 아침에 일찍이 일어나 본즉 바알의 단이 훼파되었으며 단 곁의 아세라가 찍혔고 새로 쌓은 단 위에 그 둘째 수소를 드렸는지라. 서로 물어 가로되 이것이 누구의 소위인고 하고 그들이 캐어물은 후에 가로되 요아스의 아들 기드온이 이를 행하였도다 하고 성읍 사람들이 요아스에게 이르되 네 아들을 끌어내라. 그는 당연히 죽을지니 이는 바알의 단을 훼파하고 단 곁의 아세라를 찍었음이니라.

예상대로 성읍 사람들의 반대는 강하였다. 그들은 아침에 일찍이 일어나 바알의 단이 훼파되고 단 곁의 아세라가 찍히고 새로 쌓은 단 위에 그 둘째 수소가 드려진 것을 보았다. 그들은 이것이 기드온의 행위임을 알아냈다. 그들은 그의 부친 요아스에게 그가 죽을 죄를 지었으니 그를 끌어내라고 말했다. 어두운 시대에는 하나님의 뜻을 행하는 것이 오히려 사람들의 반대와 핍박을 일으키기도 한다.

〔31-32절〕 요아스가 자기를 둘러선 모든 자에게 이르되 너희가 바알을 위하여 쟁론하느냐? 너희가 바알을 구원하겠느냐? 그를 위하여 쟁론하는 자는 이 아침에 죽음을 당하리라. 바알이 과연 신일진대 그 단을 훼파하였은즉 스스로 쟁론할 것이니라 하니라. 그 날에 기드온을 여룹바알이라 하였으니 이는 그가 바알의 단을 훼파하였은즉 바알이 더불어 쟁론할 것이라 함이었더라.

부친 요아스는 성읍 사람들에게 잘 대답하였다. 그렇다. 바알이 신이라면, 그가 친히 기드온과 싸울 수 있을 것이다. 요아스는 그 날 기드온을 '여룹바알'이라고 부르며, 그가 바알의 단을 훼파하였으니 바알로 하여금 그와 다투게 하라고 말하였다.

〔33-35절〕 때에 미디안 사람과 아말렉 사람과 동방 사람들이 다 모여 요단을 건너와서 이스르엘 골짜기에 진을 친지라. 여호와의 신이 기드온에게 강림하시니 기드온이 나팔을 불매 아비에셀 족속이 다 모여서 그를 좇고 기드온이 또 사자를 온 므낫세에 두루 보내매 그들도 모여서 그를 좇고 또 사자를 아셀과 스불론과 납달리에 보내매 그 무리도 올라와서 그를 영접하더라.

미디안 연합군이 이스르엘 골짜기에 진치자, 여호와의 영이 기드온에게 강림하셨다(라베솨 לָבְשָׁה)[옷 입히셨다]. 그는 성령의 지혜와 능력으로 덧입혀졌다. 그것은 주의 일꾼들의 필수적 준비이다. 기드온은 아비에셀 족속을 비롯하여 므낫세와 아셀과 스불론과 납달리 자손들을 불러모았다. 하나님께서는 전쟁을 위해 준비시킨 지도자에게 자원하는 병사들을 많이 허락하셨다. 사람은 자신의 힘으로는 하나님의 큰일을 이룰 수 없지만, 성령의 지혜와 능력으로는 가능하다. 사사들은 자신의 힘으로 하나님의 일을 한 것이 아니고, 하나님께서 주신 지혜와 힘으로 하였다. 옷니엘도, 입다도, 삼손도 하나님의 영이 그들에게 오셔서 사사의 사역을 수행하였다(삿 3:10; 11:29; 13:25; 14:6, 19; 15:14). 기드온은 두려워하며 용기가 없었던 소심한 인물로 보이지만, 하나님의 영을 옷 입음으로써 하나님의 일을 수행할 수 있었다. 후에 스가랴 선지자는 성전 건립의 일에 관해 "만군의 여호와께서 말씀하시되 이는 힘으로 되지 아니하며 능으로 되지 아니하고 오직 나의 신[영]으로 되느니라"고 말하였다(슥 4:6). 이것은 오늘날 하나님의 참된 교회 건립에 적용된다.

〔36-40절〕 기드온이 하나님께 여짜오되 주께서 이미 말씀하심같이 내 손으로 이스라엘을 구원하려 하시거든 보소서, 내가 양털 한 뭉치를 타작마당에 두리니 이슬이 양털에만 있고 사면 땅은 마르면 주께서 이미 말씀하심같이 내 손으로 이스라엘을 구원하실 줄 내가 알겠나이다 하였더니 그대로 된지라, 이튿날 기드온이 일찍이 일어나서 양털을 취하여 이슬을 짜니 물이 그릇에 가득하더라. 기드온이 또 하나님께 여짜오되 주여, 내게 진노하지 마옵소서. 내가 이번만 말하리이다. 구하옵나니 나로 다시 한번 양털로 시험하게 하소서. 양털만 마르고 사면 땅에는 다 이슬이 있게 하옵소서 하였더니 이 밤에 하나님이 그대로 행하시니 곧 양털만 마르고 사면 땅에는 다 이슬이 있었더라.

그러나 기드온은 출전하기 전에 하나님의 말씀을 한번 더 확인하기를 원하였다. 하나님께서는 기드온의 소원대로 이슬이 양털에만 있고 사면 땅은 마르게 하셨다. 이튿날 기드온이 일찍이 일어나서 양털을 취하여 이슬을 짜니 물이 그릇에 가득했다. 기드온은 하나님께 또 말하기를 양털만 마르고 사면 땅에 이슬이 있기를 구하였다. 그는 하나님의 뜻을 한번 더 확인하기를 원한 것이다. 하나님께서는 이번에도 그대로 행하셨다. 물론, 기드온이 하나님의 표적을 두 번이나 구한 것은 그의 연약함을 보인다. 그는 확신과 용기가 없었다. 그러나 그것은 우리 모두의 모습이며 우리 모두의 연약일 것이다.

그러나 하나님의 일을 하려는 사람은 하나님의 말씀에 대한 확신이 있어야 한다. 그래야 하나님의 일을 바로 할 수 있다. 감사하게도, 하나님께서는 그의 긍휼 속에서 기드온의 소원들을 들어주셨다.

본문의 교훈은 무엇인가? 첫째로, 우리가 하나님의 일을 하려면, 우리는 먼저 우리에게 있는 모든 우상들을 제거하고 하나님만 섬겨야 한다. 기드온은 하나님의 부르심을 받고 보내심을 받을 때 먼저 바알의 단을 헐며 아세라 상을 찍고 하나님을 위해 규례대로 단을 쌓으라는 명령을 받았다. 오늘날도 우리는 우상을 품고 주의 일을 할 수 없다. 오늘날 우리는 돈이나 육신의 쾌락이나 명예의 우상을 버려야 한다. 하나님의 일꾼은 먼저 모든 우상들을 버리고 하나님만 섬겨야 한다.

둘째로, 우리가 하나님의 일을 하려면, 우리는 성령의 지혜와 능력을 힘입어야 한다. 기드온은 하나님의 영으로 옷 입고 주의 일을 행하였다. 오늘날 개인의 성화는 성령의 인도하심으로 이루어진다. 로마서 8:13-14, "너희가 육신대로 살면 반드시 죽을 것이로되 영[성령]으로써 몸의 행실을 죽이면 살리니 무릇 하나님의 영으로 인도함을 받는 그들은 곧 하나님의 아들이라." 전도도 성령의 능력으로 이루어진다. 사도행전 1:8, "오직 성령이 너희에게 임하시면 너희가 권능을 받고 예루살렘과 온 유대와 사마리아와 땅 끝까지 이르러 내 증인이 되리라." 교회의 참된 건립도 성령의 힘으로 이루어진다. 스가랴 4:6, "만군의 여호와께서 말씀하시되 이는[성전 건립은 사람의] 힘으로 되지 아니하며 능으로 되지 아니하고 오직 나의 신[하나님의 영=성령]으로 되느니라." 그러므로 우리는 성령의 지혜와 능력을 항상 구하며 얻어야 한다.

셋째로, 우리가 하나님의 일을 하려면, 우리는 하나님의 뜻과 말씀을 확신해야 한다. 기드온은 하나님의 말씀을 두 번이나 재확인하기를 원했다. 하나님의 말씀에 대한 확신이 없이는 주의 일을 바르게, 힘있게, 또 고난 중에도 끝까지 할 수 없다. 그러므로 바울은 디모데에게 "너는 배우고 확신한 일에 거하라"고 말했다(딤후 3:14). 오늘날 하나님의 말씀에 대한 확신은 성경과, 우리 안에 계신 성령으로부터 온다.

7장: 기드온의 300명 용사

〔1-3절〕 여룹바알이라 하는 기드온과 그를 좇은 모든 백성이 일찍이 일어나서 하롯샘 곁에 진 쳤고 미디안의 진은 그들의 북편이요 모레산 앞 골짜기에 있었더라. 여호와께서 기드온에게 이르시되 너를 좇은 백성이 너무 많은즉 내가 그들의 손에 미디안 사람을 붙이지 아니하리니 이는 이스라엘이 나를 거스려[거슬러] **자긍하기를 내 손이 나를 구원하였다 할까 함이니라. 이제 너는 백성의 귀에 고하여 이르기를 누구든지 두려워서 떠는 자여든 길르앗산에서 떠나 돌아가라 하라 하시니 이에 돌아간 백성이 2만 2천명이요 남은 자가 1만명이었더라.**

미디안과의 전쟁에서 기드온을 따르는 무리가 많았는데, 하나님께서는 그들이 하나님을 거슬러 자긍하며 우리가 우리를 구원했다고 말할 것이기 때문에 그들 중 두려워 떠는 자 2만 2천명을 돌아가게 하셨다. 이스라엘을 위해 용기를 가진 남은 자들은 1만명이었다.

〔4-8절〕 여호와께서 또 기드온에게 이르시되 백성이 아직도 많으니 그들을 인도하여 물가로 내려가라. 거기서 내가 너를 위하여 그들을 시험하리라. 무릇 내가 누구를 가리켜 이르기를 이가 너와 함께 가리라 하면 그는 너와 함께 갈 것이요 내가 누구를 가리켜 이르기를 이는 너와 함께 가지 말 것이니라 하면 그는 가지 말 것이니라 하신지라. 이에 백성을 인도하여 물가에 내려가매 여호와께서 기드온에게 이르시되 무릇 개의 핥는 것같이 그 혀로 물을 핥는 자는 너는 따로 세우고 또 무릇 무릎을 꿇고 마시는 자도 그같이 하라 하시더니 손으로 움켜 입에 대고 핥는 자의 수는 3백명이요 그 외의 백성은 다 무릎을 꿇고 물을 마신지라. 여호와께서 기드온에게 이르시되 내가 이 물을 핥아 먹은 3백명으로 너희를 구원하며 미디안 사람을 네 손에 붙이리니 남은 백성은 각각 그 처소로 돌아갈 것이니라 하시니 이에 백성이 양식과 나팔을 손에 든지라. 기드온이 이스라엘의 모든 사람을 각각 그 장막으로 돌려보내고 그 3백명은 머물러 두니라. 미디안 진은 그 아래 골짜기 가운데 있었더라.

하나님께서는 또 그들을 물가로 데려 내려가게 하셔서 물을 마시는 모습에 따라 두 부류가 나누셨다. 손으로 물을 움켜 입에 대고 혀로 핥아 마시는 조심성 있는 자들은 300명이었고 나머지 9,700명은 조심성 없이 무릎을 꿇고 마셨다. 하나님께서는 그 300명으로 그들을 구원하시며 미디안 사람을 그의 손에 붙이시기를 원하셨다. 기드온은 하나님의 지시대로 300명으로 전쟁을 준비하였다. 그는 하나님을 믿었고 순종했다. 믿음이 없다면 그렇게 하지 못했을 것이다. 그를 따른 300명도 믿음과 용기와 일치된 마음을 가졌던 것 같다. 그들은 두려워하지 않았다. 그들은 300명의 작은 수로 저 큰 미디안 군대와 싸울 수 없다고 불평하며 그를 떠나지 않았다.

〔9-14절〕 이 밤에 여호와께서 기드온에게 이르시되 일어나 내려가서 적진을 치라. 내가 그것을 네 손에 붙였느니라. 만일 네가 내려가기를 두려워하거든 네 부하 부라를 데리고 그 진으로 내려가서 그들의 하는 말을 들으라. 그 후에 네 손이 강하여져서 능히 내려가서 그 진을 치리라. 기드온이 이에 그 부하 부라를 데리고 군대가 있는 진 가에 내려간즉 미디안 사람과 아말렉 사람과 동방의 모든 사람이 골짜기에 누웠는데 메뚜기의 중다함 같고 그 약대의 무수함이 해변의 모래가 수다함 같은지라. 기드온이 그곳에 이른즉 어떤 사람이 그 동무에게 꿈을 말하여 이르기를 내가 한 꿈을 꾸었는데 꿈에 보리떡 한 덩어리가 미디안 진으로 굴러 들어와서 한 장막에 이르러 그것을 쳐서 무너뜨려 엎드러뜨리니 곧 쓰러지더라. 그 동무가 대답하여 가로되 이는 다른 것이 아니라. 이스라엘 사람 요아스의 아들 기드온의 칼날이라. 하나님이 미디안과 그 모든 군대를 그의 손에 붙이셨느니라 하더라.

그 날 밤 하나님께서 기드온에게, “일어나 내려가서 적진을 치라. 내가 그것을 네 손에 붙였느니라”고 말씀하셨으나, 기드온 속에는 여전히 두려운 마음이 있었다. 하나님께서는 기드온으로 하여금 미디안 진에 들어가 그가 미디안 군인들 속에 두려운 마음을 심어주신 것을 확인게 하셨다. 그것은 기드온에게 출전의 확신을 주었다.

〔15-20절〕 기드온이 그 꿈과 해몽하는 말을 듣고 경배하고 이스라엘 진중에 돌아와서 이르되 일어나라. 여호와께서 미디안 군대를 너희 손에 붙이셨느니라 하고 3백명을 세 대로 나누고 각 손에 나팔과 빈 항아리를 들리고 항아리 안에는 횃불을 감추게 하고 그들에게 이르되 너희는 나만 보고 나의 하는 대로 하되 내가 그 진 가에 이르러서 하는 대로 너희도 그리하여 나와 나를 좇는 자가 다 나팔을 불거든 너희도 그 진 사면에서 또한 나팔을 불며 이르기를 여호와를 위하라, 기드온을 위하라 하라 하니라. 기드온과 그들을 좇은 1백명이 2경 초에 진 가에 이른즉 번병[초병]**의 체번**[교대]**할 때라. 나팔을 불며 손에 가졌던 항아리를 부수니라. 세 대가 나팔을 불며 항아리를 부수고 좌수에 횃불을 들고 우수에 나팔을 들어 불며 외쳐 가로되 여호와와 기드온의 칼이여 하고.**

기드온은 300명을 세 대로 나누고 각 손에 나팔과 빈 항아리를 들리고 항아리 안에는 횃불을 감추게 하였고 그들에게 "너희는 나만 보고 나의 하는 대로 하라"고 말했다. 기드온과 그들을 따른 100명은 2경[밤 10시부터 새벽 2시까지] 초, 즉 밤 10-11시경에 미디안 진 가에 이르렀다. 보초병이 교대하는 시간이었고, 군인들이 피곤하여 쉴 시간이며 마음이 해이해질 시간이었다. 기드온의 군대는 나팔을 불며 손에 가졌던 항아리를 부수었다. 세 대가 다같이 나팔을 불며 항아리를 부수고 왼손으로 횃불을 들고 오른손에 나팔을 들어 불며 외쳤다. "여호와와 기드온의 칼이여." 작전은 지시대로 잘 행해졌다.

〔21-23절〕 각기 당처에 서서 그 진을 사면으로 에워싸매 그 온 적군이 달음질하고 부르짖으며 도망하였는데 3백명이 나팔을 불 때에 여호와께서 그 온 적군으로 동무끼리 칼날로 치게 하시므로 적군이 도망하여 스레라의 벧 싯다에 이르고 또 답밧에 가까운 아벨므홀라의 경계에 이르렀으며 이스라엘 사람들은 납달리와 아셀과 므낫세에서부터 모여서 미디안 사람을 쫓았더라.

미디안 진을 사면으로 에워쌌기 때문에 그 온 적군은 달음질하고 부르짖으며 도망하였다. 그 300명이 나팔을 불 때 여호와께서 그 온 적군으로 자기들끼리 서로 칼날로 치게 하셨으므로 적군이 도망하였고 이스라엘 사람들은 납달리와 아셀과 므낫세에서부터 모여서 미디안 사람을 쫓았다.

〔24-25절〕 기드온이 사자를 보내어 에브라임 온 산지로 두루 행하게 하여 이르기를 내려와서 미디안 사람을 치고 그들을 앞질러 벧 바라와 요단에 이르기까지 나루턱을 취하라 하매 이에 에브라임 사람들이 다 모여서 벧 바라와 요단에 이르기까지 그 나루턱을 취하고 또 미디안 두 방백 오렙과 스엡을 사로잡아 오렙은 오렙 바위에서 죽이고 스엡은 스엡 포도주 틀에서 죽이고 미디안 사람을 추격하고 오렙과 스엡의 머리를 가지고 요단 저편에서 기드온에게로 나아오니라.

또 기드온은 에브라임 사람들을 불러 요단 나루턱을 취하게 했고 에브라임 사람들은 미디안 두 방백 오렙과 스엡을 사로잡아 죽였다.

본문의 교훈은 무엇인가? 전쟁의 승리는 하나님께 있다. 하나님께서는 군사들의 수가 많을 때 원수들을 그들의 손에 붙이지 않으셨다. 그들이 자긍하고 자기들의 손이 자기들을 구원했다고 말할 것이기 때문이다. 하나님께서는 미디안 사람들을 기드온과 그 300명의 용사들의 손에 붙이셨다. 기드온 300명 군대의 승리는 전적으로 하나님의 개입하심으로 이루어졌다. 우리는 이 세상에서의 영적 싸움들에서 언제나 하나님만 의지하고 그에게만 순종해야 한다. 그래야 승리할 수 있다.

그러나 인간편에서도 몇 가지 준비가 필요하다. 우선, 두려워하는 마음을 버려야 한다. 두려움은 믿음 없음을 나타낸다. 두려워하는 자는 전투에 도움이 되지 않고 오히려 방해가 될 뿐이다. 또 조심성을 가져야 한다. 우리는 전투에서 항상 깨어 근신해야 한다. 또 하나님의 지시에 대해 믿음으로 항상 순종해야 한다. 이해가 안 되고 불가능해 보이는 일이라도 하나님께서 기뻐하시면 가능한 일이다. 또 솔선수범해야 한다. 기드온은 병사들에게 '나 하는 대로 따라 하라'고 말했다. 앞선 자는 모범을 보여야 한다. 또 지혜롭고 민첩하고 부지런해야 한다. 우리는 하나님을 의지하며 우리가 해야 할 일들을 다해야 한다.

8장: 미디안을 이김

[1-3절] 에브라임 사람들이 기드온에게 이르되 네가 미디안과 싸우러 갈 때에 우리를 부르지 아니하였으니 우리를 이같이 대접함은 어찜이뇨 하고 크게 다투는지라. 기드온이 그들에게 이르되 나의 이제 행한 일이 너희의 한 것에 비교되겠느냐? 에브라임의 끝물 포도가 아비에셀의 맏물 포도보다 낫지 아니하냐? 하나님이 미디안 방백 오렙과 스엡을 너희 손에 붙이셨으니 나의 한 일이 어찌 능히 너희의 한 것에 비교되겠느냐? 기드온이 이 말을 하매 그들의 노가 풀리니라.

에브라임 사람들은 교만하고 자기중심적이었다. 교만에서는 다툼만 일어난다(잠 13:10). 그러나 기드온은 "하나님이 미디안 방백 오렙과 스엡을 너희 손에 붙이셨으니 나의 한 일이 어찌 능히 너희의 한 것에 비교되겠느냐?"고 겸손하게 대답했다. 기드온의 이런 선한 말은 그들의 노를 풀게 하였다. 유순한 대답은 분노를 쉬게 하여도 과격한 말은 노를 격동한다(잠 15:1).

[4-9절] 기드온과 그 좇은 자 3백명이 요단에 이르러 건너고 비록 피곤하나 따르며 그가 숙곳 사람들에게 이르되 나의 종자가 피곤하여 하니 청컨대 그들에게 떡덩이를 주라. 나는 미디안 두 왕 세바와 살문나를 따르노라. 숙곳 방백들이 가로되 세바와 살문나의 손이 지금 어찌 네 손에 있관대 우리가 네 군대에게 떡을 주겠느냐? 기드온이 가로되 그러면 여호와께서 세바와 살문나를 내 손에 붙이신 후에 내가 들가시와 찔레로 너희 살을 찢으리라 하고 거기서 브누엘에 올라가서 그들에게도 그같이 구한즉 브누엘 사람들의 대답도 숙곳 사람들의 대답과 같은지라. 기드온이 또 브누엘 사람들에게 일러 가로되 내가 평안히 돌아올 때에 이 망대를 헐리라 하니라.

숙곳 사람들과 브누엘 사람들은 기드온의 전쟁에 동감하지 않았고 지원하지도 않았다. 그들은 기드온이 하나님의 전쟁을 치르고 있다는 것을 알지 못했다. 그들은 믿음도, 지식도, 분별력도, 용기도 없었다. 하나님의 일을 위하지 않는 것은 원수들을 이롭게 할 뿐이다.

〔10-12절〕 이때에 세바와 살문나가 갈골에 있는데 동방 사람의 모든 군대 중에 칼 든 자 12만명이 죽었고 그 남은 1만 5천명 가량은 그들을 좇아 거기 있더라. 적군이 안연히 있는 중에 기드온이 노바와 욕브하 동편 장막에 거한 자의 길로 올라가서 적군을 치니 세바와 살문나가 도망하는지라. 기드온이 추격하여 미디안 두 왕 세바와 살문나를 사로잡고 그 온 군대를 파하니라.

기드온과 그의 300명 용사들은 하나님만 의지하고 끝까지 충성하였다. 그들은 비록 피곤하였지만 그 사명과 임무를 완수하였다.

〔13-17절〕 요아스의 아들 기드온이 헤레스 비탈 전장에서 돌아오다가 숙곳 사람 중 한 소년을 잡아 신문하매 숙곳 방백과 장로 77인을 그를 위하여 기록한지라. 기드온이 숙곳 사람들에게 이르러 가로되 너희가 전에 나를 기롱하여 이르기를 세바와 살문나의 손이 지금 어찌 네 손에 있관대 우리가 네 피곤한 사람에게 떡을 주겠느냐? 한 그 세바와 살문나를 보라 하고 그 성읍 장로들을 잡고 들가시와 찔레로 숙곳 사람들을 징벌하고 브누엘 망대를 헐며 그 성읍 사람들을 죽이니라.

7절의 "너희 살을 찢으리라"는 말씀에 비추어보면, 숙곳 사람들을 징벌했다는 말은 숙곳의 방백들과 장로들을 죽임으로써 그 성 사람들에게 교훈하였다는 뜻일 것이다. 또 기드온은 브누엘 망대도 헐었고 그 성읍 사람들도 죽였다. 하나님의 싸움을 위해 협력하지 않고 기회주의적이게 행했던 자들은 그렇게 징벌을 받았다.

〔18-21절〕 이에 세바와 살문나에게 묻되 너희가 다볼에서 죽인 자들은 어떠한 자이더뇨? 대답하되 그들이 너와 같아서 모두 왕자 같더라. 가로되 그들은 내 형제, 내 어머니의 아들이니라. 내가 여호와의 사심으로 맹세하노니 너희가 만일 그들을 살렸더면 나도 너희를 죽이지 아니하였으리라 하고 그 장자 여델에게 이르되 일어나 그들을 죽이라 하였으나 그 소년이 칼을 빼지 못하였으니 이는 아직 어려서 두려워함이었더라. 세바와 살문나가 가로되 네가 일어나 우리를 치라. 대저 사람

이 어떠하면 그 힘도 그러하니라. 기드온이 일어나서 세바와 살문나를 죽이고 그 약대 목에 꾸몄던 새 달 형상의 장식을 취하니라.

기드온은 자신의 친형제들을 죽인 그 두 왕을 죽였다.

〔22-23절〕 때에 이스라엘 사람들이 기드온에게 이르되 당신이 우리를 미디안의 손에서 구원하셨으니 당신과 당신의 아들과 당신의 손자가 우리를 다스리소서. 기드온이 그들에게 이르되 내가 너희를 다스리지 아니하겠고 나의 아들도 너희를 다스리지 아니할 것이요 여호와께서 너희를 다스리시리라.

그때에 이스라엘 사람들이 기드온에게 자기들을 다스려줄 것을 요청하였으나, 기드온은 그것을 거절하였다. 기드온에게는 교만이나 명예심이나 개인적 욕심이 없었다. 자신을 높이지 않고 하나님만 높이며 겸손히 우리 모두가 하나님의 통치 받기를 원하는 태도는 하나님을 섬기는 자의 바른 마음가짐이다.

〔24-27절〕 기드온이 또 그들에게 이르되 내가 너희에게 한 일을 청구하노니 너희는 각기 탈취한 귀고리를 내게 줄지니라 하니 그 대적은 이스마엘 사람이므로 금 귀고리가 있었음이라. 무리가 대답하되 우리가 즐거이 드리리이다 하고 겉옷을 펴고 각기 탈취한 귀고리를 그 가운데 던지니 기드온의 청한 바 금 귀고리 중수가 금 1천 7백 세겔이요 그 외에 또 새 달 형상의 장식과 패물과 미디안 왕들의 입었던 자색 의복과 그 약대 목에 둘렀던 사슬이 있었더라. 기드온이 그 금으로 에봇 하나를 만들어서 자기의 성읍 오브라에 두었더니 온 이스라엘이 그것을 음란하게 위하므로 그것이 기드온과 그 집에 올무가 되니라.

기드온은 그들에게 한가지를 요청하였다. 그것은 그들이 탈취한 귀고리를 그에게 달라는 것이었다. 그 대적은 이스마엘 사람이므로 금귀고리가 있었다. 사람들은 그에게 1,700세겔, 약 19.5킬로그램의 금을 주었다. 기드온은 그 금으로 에봇을 만들어서 자기 성읍 오브라에 두었는데 그것은 큰 실수이었다. 에봇을 만든 것은 율법 중심, 성막 중심의 경건에서 이탈한 자기중심적 경건에서 나왔던 것 같다.

온 이스라엘 백성은 그가 만든 에봇을 음란하게 위하였고 그 에봇은 기드온과 그의 집에 올무가 되었다.

〔28-32절〕 미디안이 이스라엘 자손 앞에 복종하여 다시는 그 머리를 들지 못하였으므로 기드온의 사는 날 동안 40년에 그 땅이 태평하였더라. 요아스의 아들 여룹바알이 돌아가서 자기 집에 거하였는데 기드온이 아내가 많으므로 몸에서 낳은 아들이 70인이었고 세겜에 있는 첩도 아들을 낳았으므로 그 이름을 아비멜렉이라 하였더라. 요아스의 아들 기드온이 나이 많아 죽으매 아비에셀 사람의 오브라에 있는 그의 아비 요아스의 묘실에 장사하였더라.

하나님께서는 그 땅에 40년간의 평안을 주셨다. 기드온은 아내가 많았고 첩도 있었다. 창세로부터 일부일처(一夫一妻)가 하나님의 뜻이지만, 하나님께서는 옛시대에 일부다처(一夫多妻)를 허용하셨다.

〔33-35절〕 기드온이 이미 죽으매[죽자마자](KJV, NASB) **이스라엘 자손이 돌이켜 바알들을 음란하게 위하고 또 바알브릿을 자기들의 신으로 삼고 사면 모든 대적의 손에서 자기들을 건져내신 여호와 자기들의 하나님을 기억지 아니하며 또 여룹바알이라 하는 기드온의 이스라엘에게 베푼 모든 은혜를 따라서 그의 집을 후대치도 아니하였더라.**

인간은 참으로 무지하고 죄성이 많고 배은망덕한 존재이다.

우리는 기드온처럼 하나님 중심으로만 행하자. 기드온은 하나님만 의지했고 교만하게 자신을 내세우지 않았고 명예심과 욕심을 버렸다. 우리도 겸손히 하나님만 의지하고 교만과 명예심과 욕심을 버리자.

또 우리는 하나님의 일에 충성하는 자가 되자. 기드온과 그의 300명의 용사들은 하나님의 일에 충성하였다. 우리는 오늘날 하나님의 일인 전도와 참된 교회 건립을 위해 하나님 앞에 충성하는 자들이 되자.

우리는 인간의 연약성을 조심하자. 숙곳 방백들은 하나님의 군대를 위하지 않고 오히려 적군을 위하였다. 또 기드온이 에봇을 만든 것이나 그가 죽은 후 이스라엘 백성이 바알 숭배에 떨어진 것은 다 인간의 연약성을 보인다. 우리는 이런 일들을 거울삼아 조심해야 한다.

9장: 아비멜렉

〔1-6절〕 여룹바알의 아들 아비멜렉이 세겜에 가서 그 어미의 형제에게 이르러 그들과 외조부의 온 가족에게 말하여 가로되 청하노니 너희는 세겜 사람들의 귀에 말하라. 여룹바알의 아들 70인이 다 너희를 다스림과 한 사람이 너희를 다스림이 어느 것이 너희에게 나으냐? 또 나는 너희의 골육지친임을 생각하라. 그 어미의 형제들이 그를 위하여 이 모든 말을 온 세겜 사람들의 귀에 고하매 그들의 마음이 아비멜렉에게로 기울어서 말하기를 그는 우리 형제라 하고 바알브릿 묘에서 은 70개를 내어 그에게 주매 아비멜렉이 그것으로 방탕하고 경박한 유를 사서 자기를 좇게 하고 오브라에 있는 그 아비의 집으로 가서 여룹바알의 아들 곧 자기 형제 70인을 한 반석 위에서 죽였으되 오직 여룹바알의 말째 아들 요담은 스스로 숨었으므로 남으니라. 세겜 모든 사람과 밀로 모든 족속이 모여 가서 세겜에 있는 기둥 상수리나무 아래서 아비멜렉으로 왕을 삼으니라.

기드온이 세겜의 첩에게서 낳은 아비멜렉은 세겜에 가서 그 어머니의 형제들, 즉 외삼촌들과 외가의 친척들에게 골육지친 됨을 강조하여 지지를 얻었고 오브라에 있는 그 아비의 집으로 가서 자기의 형제 70인을 한 반석 위에서 죽였다. 그는 심히 악했다. 그러나 막내 동생 요담은 살아남았다. 세겜 사람들은 아비멜렉을 왕으로 삼았다.

〔7-15절〕 혹이 요담에게 그 일을 고하매 요담이 그리심산 꼭대기로 가서 서서 소리를 높이 외쳐 그들에게 이르되 세겜 사람들아, 나를 들으라. 그리하여야 하나님이 너희를 들으시리라. 하루는 나무들이 나가서 기름을 부어 왕을 삼으려 하여 감람나무에게 이르되 너는 우리 왕이 되라 하매 감람나무가 그들에게 이르되 나의 기름은 하나님과 사람을 영화롭게 하나니 내가 어찌 그것을 버리고 가서 나무들 위에 요동하리요 한지라. 나무들이 또 무화과나무에게 이르되 너는 와서 우리의 왕이 되라 하매 무화과나무가 그들에게 이르되 나의 단것, 나의 아름다운 실과

를 내가 어찌 버리고 가서 나무들 위에 요동하리요 한지라. 나무들이 또 포도나무에게 이르되 너는 와서 우리의 왕이 되라 하매 포도나무가 그들에게 이르되 하나님과 사람을 기쁘게 하는 나의 새 술을 내가 어찌 버리고 가서 나무들 위에 요동하리요 한지라. 이에 모든 나무가 가시나무에게 이르되 너는 와서 우리의 왕이 되라 하매 가시나무가 나무들에게 이르되 너희가 참으로 내게 기름을 부어 너희 왕을 삼겠거든 와서 내 그늘에 피하라. 그리하지 아니하면 불이 가시나무에서 나와서 레바논의 백향목을 사를 것이니라 하였느니라.

요담은 그리심산 꼭대기로 가서 한 비유를 들어 외쳤다.

〔16-21절〕 이제 너희가 아비멜렉을 세워 왕을 삼았으니 너희 행한 것이 과연 진실하고 의로우냐? 이것이 여룹바알과 그 집을 선대함이냐? 이것이 그 행한 대로 그에게 보답함이냐? 우리 아버지가 전에 죽음을 무릅쓰고 너희를 위하여 싸워 미디안의 손에서 너희를 건져내었거늘 너희가 오늘날 일어나서 우리 아버지의 집을 쳐서 그 아들 70인을 한 반석 위에서 죽이고 그 여종의 아들 아비멜렉이 너희 형제가 된다고 그를 세워 세겜 사람의 왕을 삼았도다. 만일 너희가 오늘날 여룹바알과 그 집을 대접한 것이 진실과 의로움이면 너희가 아비멜렉을 인하여 즐길 것이요 아비멜렉도 너희를 인하여 즐기려니와 그렇지 아니하면 아비멜렉에게서 불이 나와서 세겜 사람들과 밀로 족속을 사를 것이요 세겜 사람들과 밀로 족속에게서도 불이 나와서 아비멜렉을 사를 것이니라 하고 요담이 그 형제 아비멜렉을 두려워하여 달려 도망하여 브엘로 가서 거기 거하니라.

요담은 그들이 아비멜렉을 세워 왕 삼은 것이 진실하고 의로운 일인지, 여룹바알의 집을 선대하고 보답함인지 따졌고 그들을 저주했다. 그의 저주는 정당하였고 그대로 이루어질 것이다(57절).

〔22-24절〕 아비멜렉이 이스라엘을 다스린 지 3년에 하나님이 아비멜렉과 세겜 사람들 사이에 악한 신을 보내시매 세겜 사람들이 아비멜렉을 배반하였으니 이는 여룹바알의 아들 70인에게 행한 포학한 일을 갚되 그 형제를 죽여 피 흘린 죄를 아비멜렉과 아비멜렉의 손을 도와서 그 형제를 죽이게 한 세겜 사람에게로 돌아가게 하심이라.

3년 후에 하나님께서는 아비멜렉과 세겜 사람들 사이에 악한 영을 보내시므로 세겜 사람들이 아비멜렉을 배반하였다. 하나님께서 버려두신 3년은 하나님께서 오래 참으시고 사람들에게 회개의 기회를 주시는 기간일 것이다. 세겜 사람들이 아비멜렉을 배반한 것은 하나님께서 하신 일이다. 사람에게 닥치는 모든 일은 하나님의 섭리 안에서 이루어진다. 하나님께서는 아비멜렉이 자기의 형제 70인을 죽인 죄에 대한 벌을 그와 세겜 사람에게 내리신 것이다.

〔25-29절〕 세겜 사람들이 산들 꼭대기에 사람을 매복하여 아비멜렉을 엿보게 하고 무릇 그 길로 지나는 자를 다 겁탈하게 하니 혹이 그것을 아비멜렉에게 고하니라. 에벳의 아들 가알이 그 형제로 더불어 세겜에 이르니 세겜 사람들이 그를 의뢰하니라. 그들이 밭에 가서 포도를 거두어다가 밟아 짜서 연회를 배설하고 그 신당에 들어가서 먹고 마시며 아비멜렉을 저주하니 에벳의 아들 가알이 가로되 아비멜렉은 누구며 세겜은 누구기에 우리가 아비멜렉을 섬기리요. 그가 여룹바알의 아들이 아니냐? 그 장관은 스불이 아니냐? 차라리 세겜의 아비 하몰의 후손을 섬길 것이라. 우리가 어찌 아비멜렉을 섬기리요. 아하, 이 백성이 내 수하에 있었더면 내가 아비멜렉을 제하였으리라 하고 아비멜렉에게 네 군대를 더하고 나오라고 말하니라.

가알이라는 사람은 공공연히 아비멜렉에게 도전하였다.

〔30-33절〕 그 성읍 장관 스불이 에벳의 아들 가알의 말을 듣고 노하여 사자를 아비멜렉에게 가만히 보내어 가로되 보소서, 에벳의 아들 가알과 그 형제가 세겜에 이르러 성읍 무리를 충동하여 당신을 대적하게 하나니 당신은 당신을 좇은 백성으로 더불어 밤에 일어나서 밭에 매복하였다가 아침 해 뜰 때에 당신은 일찍이 일어나 이 성읍을 엄습하면 가알과 그를 좇은 백성이 나와서 당신을 대적하리니 당신은 기회를 보아 그들에게 행하소서.

그 성읍 장관 스불은 가알의 말을 듣고 노하여 아비멜렉에게 은밀히 사람을 보내어 새벽에 그 성읍을 엄습하기를 요청하였다.

〔34-45절〕 아비멜렉과 그를 좇은 모든 백성이 밤에 일어나 네 떼로

나눠 세겜을 대하여 매복하였더니 에벳의 아들 가알이 나와서 성읍문 입구에 설 때에 아비멜렉과 그를 좇은 백성이 매복하였던 곳에서 일어난지라. 가알이 그 백성을 보고 스불에게 이르되 보라 백성이 산 꼭대기에서부터 내려오는도다. 스불이 그에게 대답하되 네가 산 그림자를 사람으로 보았느니라. 가알이 다시 말하여 가로되 보라, 백성이 밭 가운데로 좇아 내려오고 또 한 떼는 므오느님 상수리나무 길로 좇아 오는도다. 스불이 그에게 이르되 네가 전에 말하기를 아비멜렉이 누구관대 우리가 그를 섬기리요 하던 그 입이 이제 어디 있느냐? 이가 너의 업신여기던 백성이 아니냐? 청하노니 이제 나가서 그들과 싸우라. 가알이 세겜 사람들의 앞서 나가서 아비멜렉과 싸우다가 아비멜렉에게 쫓겨 그 앞에서 도망하였고 상하여 엎드러진 자가 많아서 성문 입구까지 이르렀더라. 아비멜렉은 아루마에 거하고 스불은 가알과 그 형제를 쫓아내어 세겜에 거하지 못하게 하더니 이튿날 백성이 밭으로 나오매 혹이 그것을 아비멜렉에게 고하니라. 아비멜렉이 자기 백성을 세 떼로 나눠 밭에 매복하였더니 백성이 성에서 나오는 것을 보고 일어나서 그들을 치되 아비멜렉과 그를 좇은 떼는 앞으로 달려가서 성문 입구에 서고 그 나머지 두 떼는 밭에 있는 모든 자에게 달려들어 그들을 죽이니 아비멜렉이 그 날 종일토록 그 성을 쳐서 필경은 취하고 거기 있는 백성을 죽이며 그 성을 헐고 소금을 뿌리니라.

아비멜렉과 그를 좇은 모든 백성은 세겜 성을 쳐서 취하였다.

〔46-49절〕 세겜 망대의 사람들이 이를 듣고 엘브릿 신당의 보장으로 들어갔더니 세겜 망대의 모든 사람의 모인 것이 아비멜렉에게 들리매 아비멜렉과 그를 좇은 모든 백성이 살몬산에 오르고 아비멜렉이 손에 도끼를 들고 나무가지를 찍고 그것을 가져 자기 어깨에 메고 좇은 백성에게 이르되 너희는 나의 행하는 것을 보나니 빨리 나와 같이 행하라 하니 모든 백성도 각각 나무가지를 찍어서 아비멜렉을 좇아 보장에 대어놓고 그곳에 불을 놓으매 세겜 망대에 있는 사람들도 다 죽었으니 남녀가 대략 1천명이었더라.

아비멜렉은 세겜 망대에 불을 놓아 거기에 숨었던 약 1,000명의 남녀들을 다 죽였다. 세겜 성은 이렇게 완전히 멸망을 당했다.

〔50-57절〕 아비멜렉이 데베스에 가서 데베스를 대하여 진치고 그것을 취하였더니 성중에 견고한 망대가 있으므로 그 성 백성의 남녀가 모두 그리로 도망하여 들어가서 문을 잠그고 망대 꼭대기로 올라간지라. 아비멜렉이 망대 앞에 이르러서 치며 망대의 문에 가까이 나아가서 그것을 불사르려 하더니 한 여인이 맷돌 윗짝을 아비멜렉의 머리 위에 내려던져 그 두골을 깨뜨리니 아비멜렉이 자기의 병기 잡은 소년을 급히 불러 그에게 이르되 너는 칼을 빼어 나를 죽이라. 사람들이 나를 가리켜 이르기를 그가 여인에게 죽었다 할까 하노라. 소년이 찌르매 그가 곧 죽은지라. 이스라엘 사람들이 아비멜렉의 죽은 것을 보고 각각 자기 처소로 떠나갔더라. 아비멜렉이 그 형제 70인을 죽여 자기 아비에게 행한 악을 하나님이 이같이 갚으셨고 또 세겜 사람들의 모든 악을 하나님이 그들의 머리에 갚으셨으니 여룹바알의 아들 요담의 저주가 그들에게 응하니라.

아비멜렉은 또 데베스에 가서 그 성의 견고한 망대도 불사르려 했는데, 그때 한 여인이 맷돌 윗짝을 내려 던져 그의 두골을 깨뜨렸고, 아비멜렉은 그의 병기 잡은 소년을 급히 불러 자신을 죽이게 했다. 하나님께서는 아비멜렉이 그 형제 70인을 죽인 악과 세겜 사람들의 모든 악을 갚으셨다. 요담의 저주가 그들에게 그대로 이루어졌다.

<u>우리는 아비멜렉처럼 불경건하고 악한 자가 되지 말자.</u> 우리는 하나님을 경외하고 그의 계명을 지켜야 하고 하나님 앞에서 항상 겸손하고 의롭고 선하며, 돈이나 명예에 대해 욕심을 품지 말아야 한다. 우리는 항상 정의편에 서고 반역자의 무리에 들지 말아야 한다(잠 24:21).

<u>우리가 바르게 살 때, 하나님께서는 우리를 우리에게 평안과 기쁨을 주신다.</u> 우리가 하나님을 경외하고 악을 떠날 때 하나님께서는 우리에게 건강도 주시고(잠 3:7-8) 우리가 먼저 하나님의 나라와 그의 의를 구할 때 일용할 양식도 주신다(마 6:33). 나라도 왕이 하나님을 경외하고 계명대로 바르게 행하면 평안을 누렸고 신하들이 왕에게 순종했지만, 왕이 하나님을 경외치 않고 계명을 범하여 범죄하면 평안치 못했

고 반역이 계속 일어났다. 우리는 경건하고 의롭고 선하게만 살자.

10장: 암몬 자손의 손에 파심

〔1-5절〕 아비멜렉의 후에 잇사갈 사람 도도의 손자 부아의 아들 돌라가 일어나서 이스라엘을 구원하니라. 그가 에브라임 산지 사밀에 거하여 이스라엘의 사사가 된 지 23년만에 죽으매 사밀에 장사되었더라. 그 후에 길르앗 사람 야일이 일어나서 22년 동안 이스라엘의 사사가 되니라. 그에게 아들 30이 있어 어린 나귀 30을 탔고 성읍 30을 두었었는데 그 성들은 길르앗 땅에 있고 오늘까지 하봇야일[야일의 천막 마을] **이라 칭하더라. 야일이 죽으매 가몬에 장사되었더라.**

아비멜렉이 3년간 이스라엘을 다스린 후, 잇사갈 사람 돌라가 일어나 이스라엘을 구원하였다. 그는 여섯 번째 사사로 23년간 다스렸다. 그 후에 길르앗 사람 야일이 일어나 일곱 번째 사사로서 22년간 이스라엘을 다스렸다. 그들의 역사에는 특별한 내용이 없었다.

〔6-7절〕 이스라엘 자손이 다시 여호와의 목전에 악을 행하여 바알들과 아스다롯과 아람의 신들과 시돈의 신들과 모압의 신들과 암몬 자손의 신들과 블레셋 사람의 신들을 섬기고 여호와를 버려 그를 섬기지 아니하므로 여호와께서 이스라엘에게 진노하사 블레셋 사람의 손과 암몬 자손의 손에 파시매 그들이 그 해부터 이스라엘 자손을 학대하니 요단 저편 길르앗 아모리 사람의 땅에 거한 이스라엘 자손이 18년 동안 학대를 당하였고 암몬 자손이 또 요단을 건너서 유다와 베냐민과 에브라임 족속을 치므로 이스라엘의 곤고가 심하였더라.

이스라엘 자손은 또다시 여호와의 눈앞에 악을 행하였다. 그들은 바알들과 아스다롯 등 가나안 토착민들의 신들과 그들 주위의 이방 나라 사람들의 신들을 섬겼고 여호와 하나님을 버리고 그를 섬기지 않았다. 사실, 사람은 이방신과 여호와 하나님을 함께 섬길 수 없다. 이방신을 섬기는 것은 십계명의 제1계명을 범하는 죄이기 때문이다.

여호와께서는 악을 행하는 이스라엘 백성에게 진노하셔서 그들을 블레셋 사람들의 손과 암몬 자손들의 손에 파셨다. 그는 천지만물의 주인이시므로 이스라엘 백성을 누구에게 파실 권한이 있으시다. 이 세상의 모든 일들은 하나님의 주권적 섭리의 손 안에 있다.

"블레셋 사람들의 손과 암몬 자손들의 손에"라는 말은 사사 시대의 연대 문제를 푸는 데 도움이 된다. 사사 시대에 하나님의 징계를 받은 햇수와 평안을 누린 햇수를 다 더하면 약 410년이 되지만 실제로 사사 시대는 약 326년간이라고 보인다. 징계와 평안의 햇수들은 중복되었다고 보인다. 예컨대 암몬 자손들에게 학대당한 입다 시대와 블레셋 사람들에게 학대당한 삼손 시대는 중첩되었을 것이다.

암몬 자손들은 요단 건너편 길르앗 땅에 거한 이스라엘 자손들을 18년 동안 학대하였고 또 요단을 건너서 유다와 베냐민과 에브라임 족속도 쳤으므로 그들의 곤고함이 컸다. 죄는 하나님의 진노와 징벌을 가져오고 그 결과는 사람들의 심한 곤고함이다(시 107:10-12).

〔10-14절〕 이스라엘 자손이 여호와께 부르짖어 가로되 우리가 우리 하나님을 버리고 바알들을 섬김으로 주께 범죄하였나이다. 여호와께서 이스라엘 자손에게 이르시되 내가 애굽 사람과 아모리 사람과 암몬 자손과 블레셋 사람에게서 너희를 구원하지 아니하였느냐? 또 시돈 사람과 아말렉 사람과 마온 사람이 너희를 압제할 때에 너희가 내게 부르짖으므로 내가 너희를 그들의 손에서 구원하였거늘 너희가 나를 버리고 다른 신들을 섬기니 그러므로 내가 다시는 너희를 구원치 아니하리라. 가서 너희가 택한 신들에게 부르짖어서 너희 환난 때에 그들로 너희를 구원하게 하라.

이스라엘 자손은 심한 곤고함 중에 여호와께 부르짖으며 자신들의 우상숭배의 죄를 고백했다. 그러나 하나님께서는 사람이 죄를 인정하고 고백한다고 금방 도우시지 않는다. 그는 그의 고백이 참된지, 그가 참으로 죄에서 떠나기를 원하는지 시간을 두고 살피신다.

〔15-16절〕 이스라엘 자손이 여호와께 여짜오되 우리가 범죄하였사오니 주의 보시기에 좋은 대로 우리에게 행하시려니와 오직 주께 구하옵

나니 오늘날 우리를 건져내옵소서 하고 자기 가운데서 이방 신들을 제하여 버리고 여호와를 섬기매 여호와께서 이스라엘의 곤고를 인하여 마음에 근심하시니라[그의 영혼이 견디지 못하시니라].

이스라엘 자손들은 그들 중에 이방신들을 제하여 버렸고 여호와를 섬겼다. 그것은 참된 회개의 모습이다. 그때 여호와께서는 이스라엘의 곤고를 인해 그 영혼이 견디지 못하셨다. 자기 백성을 무섭게 징벌하시는 것이 하나님의 본심은 아니시다(애 3:33).

〔17-18절〕 그때에 암몬 자손이 모여서 길르앗에 진쳤으므로 이스라엘 자손도 모여서 미스바에 진치고 길르앗 백성과 방백들이 서로 이르되 누가 먼저 나가서 암몬 자손과 싸움을 시작할꼬. 그가 길르앗 모든 거민의 머리가 되리라 하니라.

본장의 교훈은 무엇인가? 첫째로, 사람은 전적으로 부패되었다. 이스라엘 백성은 반복해서 범죄했다. 만물보다 심히 부패한 것이 인간의 마음이며(렘 17:9), 흑인이 피부색을 변할 수 없듯이 악에 익숙한 인생이 선을 행할 수 없다(렘 13:23). 인간은 전적으로 부패되었다. 그러므로 구원은 시작도, 진행도, 완성도 전적으로 하나님의 은혜이다.

둘째로, 하나님께서는 죄에 대해 진노하신다. 이스라엘은 죄에 대한 징벌로 18년 동안 암몬 자손들에게 학대를 당했다. 바울은 죄의 값은 죽음이라고 말했고(롬 6:23), 또 "너희가 육신대로 살면 반드시 죽을 것이라"고 경고했다(롬 8:13). 우리는 죄에 대한 하나님의 진노를 잊지 말고 예수 그리스도의 의만 의지하고 죄를 멀리해야 한다.

셋째로, 우리는 하나님만 섬기며 그의 계명에 순종해야 한다. 그것이 참된 회개와 구원의 표가 된다. 이스라엘 백성이 이방신들을 제하여 버리고 여호와만 섬긴 것처럼, 우리도 모든 우상과 세상의 모든 헛된 것들을 버리고 세상을 사랑치 말고(요일 2:15) 돈을 사랑치 말고(딤전 6:10), 오직 하나님을 알고 그를 섬기고 그의 계명들을 순종하자. 그것이 평안의 길이며 영생의 길이다. 이사야 48:18, "슬프다, 네가 나의 명령을 듣지 아니하였도다. 만일 들었더면 네 평강이 강과 같았겠고."

11장: 사사 입다

〔1-3절〕 길르앗 사람 큰 용사 입다는 기생이 길르앗에게 낳은 아들이었고 길르앗의 아내도 아들들을 낳았더라. 아내의 아들들이 자라매 입다를 쫓아내며 그에게 이르되 너는 다른 여인의 자식이니 우리 아버지 집 기업을 잇지 못하리라 한지라. 이에 입다가 그 형제를 피하여 돕 땅에 거하매 잡류가 그에게로 모여와서 그와 함께 출입하였더라.

입다는 요단강 동쪽 길르앗의 사람이며 힘있는 용사이었다. 그는 기생(잇솨 조나 אִשָּׁה זוֹנָה)[매춘부]이 길르앗에게 낳은 아들이었다.

〔4-11절〕 얼마 후에 암몬 자손이 이스라엘을 치려 하니라. 암몬 자손이 이스라엘을 치려 할 때에 길르앗 장로들이 입다를 데려오려고 돕 땅에 가서 입다에게 이르되 우리가 암몬 자손과 싸우려 하나니 당신은 와서 우리의 장관(카친 קָצִין)[대장]이 되라. 입다가 길르앗 장로들에게 이르되 너희가 전에 나를 미워하여 내 아버지 집에서 쫓아내지 아니하였느냐? 이제 너희가 환난을 당하였다고 어찌하여 내게 왔느냐? 길르앗 장로들이 입다에게 대답하되 이제 우리가 당신을 찾아온 것은 우리와 함께 가서 암몬 자손과 싸우게 하려 함이니 그리하면 우리 길르앗 모든 거민의 머리가 되리라. 입다가 길르앗 장로들에게 이르되 너희가 나를 데리고 본향으로 돌아가서 암몬 자손과 싸우게 할 때에 만일 여호와께서 그들을 내게 붙이시면 내가 과연 너희 머리가 되겠느냐? 길르앗 장로들이 입다에게 이르되 여호와는 우리 사이의 증인이시니 당신의 말대로 우리가 반드시 행하리이다. 이에 입다가 길르앗 장로들과 함께 가니 백성이 그로 자기들의 머리와 장관을 삼은지라. 입다가 미스바에서 자기의 말을 다 여호와 앞에 고하니라.

암몬 자손들이 이스라엘을 침략했을 때, 길르앗 땅 장로들은 입다에게 그들의 대장이 되어 달라고 요청하였다. 입다는 여호와께서 그들을 그의 손에 붙이실 수 있음을 믿었고 미스바에서 자기의 말을 다 여호와 앞에 고하였다. 그는 믿음과 기도의 사람이었다.

〔12-15절〕 입다가 암몬 자손의 왕에게 사자를 보내어 이르되 네가 나와 무슨 상관이 있기에 내 땅을 치러 내게 왔느냐? 암몬 자손의 왕이 입다의 사자에게 대답하되 이스라엘이 애굽에서 올라올 때에 아르논에서부터 얍복과 요단까지 내 땅을 취한 연고니 이제 그것을 화평히 다시 돌리라. 입다가 암몬 자손의 왕에게 다시 사자를 보내어 그에게 이르되 입다가 말하노라. 이스라엘이 모압 땅과 암몬 자손의 땅을 취하지 아니하였느니라.

입다는 암몬 자손의 왕에게 그들이 왜 이 땅을 치러 왔는지 묻고 이스라엘 백성이 그들의 땅을 취하지 않았다고 대답하였다.

〔16-18절〕 이스라엘이 애굽에서 올라올 때에 광야로 행하여 홍해에 이르고 가데스에 이르러서는 이스라엘이 사자를 에돔 왕에게 보내어 이르기를 청컨대 나를 용납하여 네 땅 가운데로 지나게 하라 하였으나 에돔 왕이 이를 듣지 아니하였고 또 그같이 사람을 모압 왕에게 보내었으나 그도 허락지 아니하므로 이스라엘이 가데스에 유하였더니 그 후에 광야를 지나 에돔 땅과 모압 땅을 둘러 행하여 모압 땅 동편에서부터 와서 아르논 저편에 진 쳤고 아르논은 모압 경계이므로 그 경내에는 들어가지 아니하였으며.

입다는 민수기 20장과 21장에 기록되어 있는 이스라엘의 역사에 대해 바르게 알고 있었다. 이스라엘 백성은 광야를 지나 에돔 땅과 모압 땅을 둘러 행하여 모압 땅 동편에서 와서 아르논 건너편에 진 쳤고 아르논은 모압 경계이므로 그 경내에는 들어가지 않았다.

〔19-22절〕 이스라엘이 헤스본 왕 곧 아모리 왕 시혼에게 사자를 보내어 그에게 이르되 청컨대 우리를 용납하여 당신의 땅으로 지나 우리 곳에 이르게 하라 하였으나 시혼이 이스라엘을 믿지 아니하여 그 지경으로 지나지 못하게 할 뿐 아니라 그 모든 백성을 모아 야하스에 진 치고 이스라엘을 치므로 이스라엘의 하나님 여호와께서 시혼과 그 모든 백성을 이스라엘의 손에 붙이시매 이스라엘이 쳐서 그 땅 거민 아모리 사람의 온 땅을 취하되 아르논에서부터 얍복까지와 광야에서부터 요단

까지 아모리 사람의 온 지경을 취하였었느니라.

여호와께서 헤스본 왕 시혼과 그 백성을 이스라엘의 손에 붙이셨으므로, 이스라엘은 그들을 쳐서 아르논에서부터 얍복까지와 광야에서부터 요단까지 아모리 사람의 온 지경을 취하였다.

〔23-28절〕 이스라엘 하나님 여호와께서 이같이 아모리 사람을 자기 백성 이스라엘 앞에서 쫓아내셨거늘 네가 그 땅을 얻고자 하는 것이 가하냐? 네 신 그모스가 네게 주어 얻게 한 땅을 네가 얻지 않겠느냐? 우리 하나님 여호와께서 우리 앞에서 어떤 사람이든지 쫓아내시면 그 땅을 우리가 얻으리라. 이제 네가 모압 왕 십볼의 아들 발락보다 나은 것이 있느냐? 그가 이스라엘로 더불어 다툰 일이 있었느냐? 싸운 일이 있었느냐? 이스라엘이 헤스본과 그 향촌들과 아로엘과 그 향촌들과 아르논 연안에 있는 모든 성읍에 거한지 3백년이어늘 그 동안에 너희가 어찌하여 도로 찾지 아니하였느냐? 내가 네게 죄를 짓지 아니하였거늘 네가 나를 쳐서 내게 악을 행하고자 하는도다. 원컨대 심판하시는 여호와는 오늘날 이스라엘 자손과 암몬 자손의 사이에 판결하시옵소서 하나 암몬 자손의 왕이 입다의 보내어 말한 것을 듣지 아니하였더라.

입다는 암몬 자손들의 요구가 정당치 않다고 반박한다. 첫째, 이스라엘 하나님 여호와께서 아모리 사람을 이스라엘 앞에서 쫓아내고 주신 땅을 그들이 요구하는 것을 정당치 않다. 둘째, 모압 왕도 국경선을 인정하고 그 문제로 이스라엘과 다툰 일이 없었는데, 그들이 이것을 요구하니 부당하다. 셋째, 이스라엘이 헤스본과 아로엘과 아르논 연안의 모든 성읍들에 거한 지 300년인데 그 동안 아무 말이 없다가 이제 그들이 그 땅을 요구하는 것은 부당하다. 넷째, 이스라엘이 그들에게 죄를 짓지 아니하였는데, 그들이 이스라엘을 쳐서 악을 행하려 하는 것은 부당하다. 입다는 심판자 하나님께서 이스라엘과 암몬 사이에 판단하시기를 호소하였다.

〔29-31절〕 이에 여호와의 신이 입다에게 임하시니 입다가 길르앗과 므낫세를 지나서 길르앗 미스베에 이르고 길르앗 미스베에서부터 암몬

자손에게로 나아갈 때에 그가 여호와께 서원하여 가로되 주께서 과연 암몬 자손을 내 손에 붙이시면 내가 암몬 자손에게서 평안히 돌아올 때에 누구든지 내 집 문에서 나와서 나를 영접하는 그는 여호와께 돌릴 것이니 내가 그를 번제로 드리겠나이다 하니라.

여호와의 영, 성령께서는 입다에게 내려오셨다. 사사들은 인간의 지혜와 능력으로 그 직무를 수행하지 않았고 성령의 능력으로 하였다. 입다는 전쟁에 나갈 때 하나님께 한가지 서원을 하기를, "주께서 과연 암몬 자손을 내 손에 붙이시면 내가 암몬 자손에게서 평안히 돌아올 때에 누구든지 내 집 문에서 나와서 나를 영접하는 그는 여호와께 돌릴 것이니 내가 그를 번제로 드리겠나이다"라고 하였다. 서원은 하나님을 인정하고 두려워하고 간절히 사모하는 자만 할 수 있는 행위이다. 입다는 하나님을 경외하는 믿음의 사람이었다.

〔32-33절〕 이에 입다가 암몬 자손에게 이르러 그들과 싸우더니 여호와께서 그들을 그 손에 붙이시매 아로엘에서부터 민닛에 이르기까지 20성읍을 치고 또 아벨 그라밈까지 크게 도륙하니 이에 암몬 자손이 이스라엘 자손 앞에 항복하였더라.

여호와께서는 암몬 자손들을 입다의 손에 붙이시므로 크게 적군들을 죽였고 마침내 암몬 자손은 이스라엘 자손 앞에 항복하였다. 전쟁의 승패는 하나님의 주권적 손에 달렸다.

〔34-35절〕 입다가 미스바에 돌아와 자기 집에 이를 때에 그 딸이 소고를 잡고 춤추며 나와서 영접하니 이는 그의 무남독녀라. 입다가 이를 보고 자기 옷을 찢으며 가로되 슬프다, 내 딸이여, 너는 나로 참담케 하는 자요 너는 나를 괴롭게 하는 자 중의 하나이로다. 내가 여호와를 향하여 입을 열었으니 능히 돌이키지 못하리로다.

입다는 승리의 기쁨 중에도 하나님께 한 서원을 기억하였고 그의 하나뿐인 딸이 그를 영접했을 때 그는 참담한 심령으로 괴로워했다.

〔36-38절〕 딸이 그에게 이르되 나의 아버지여, 아버지께서 여호와를 향하여 입을 여셨으니 아버지 입에서 낸 말씀대로 내게 행하소서. 이

는 여호와께서 아버지를 위하여 아버지의 대적 암몬 자손에게 원수를 갚으셨음이니이다. 아비에게 또 이르되 이 일만 내게 허락하사 나를 두 달만 용납하소서. 내가 나의 동무들과 함께 산에 올라가서 나의 처녀로 죽음을 **인하여 애곡하겠나이다. 이르되 가라하고 두 달 위한하고 보내니 그가 그 동무들과 함께 가서 산 위에서 처녀로** 죽음을 **인하여 애곡하고**.

입다의 딸도 그의 아버지처럼 경건했다. 그는 여호와께서 아버지를 위해 아버지의 원수 암몬 자손에게 원수를 갚아주셨으니 아버지께서 여호와를 향해 약속하신 대로 행하시라고 말했다. 참으로 훌륭한 믿음의 딸이다. 그는 단지 두 달의 애곡 기간을 요청하였다.

〔39-40절〕 두 달만에 그 아비에게로 돌아온지라. 아비가 그 서원한 대로 딸에게 행하니 딸이 남자를 알지 못하고 죽으니라. **이로부터 이스라엘 가운데 규례가 되어 이스라엘 여자들이 해마다 가서 길르앗 사람 입다의 딸을 위하여 나흘씩 애곡하더라.**

두 달이 지났어도 입다의 마음에는 변함이 없었다. 입다도, 그의 딸도 참으로 훌륭하였다. 그들은 다 하나님을 참으로 경외하는 믿음의 사람들이었다. 그들은 하나님께 맹세하며 약속한 것을, 자기들에게 해로울지라도 그대로 이행하였다(신 23:21; 시 15:4).

다수의 현대학자들은[16] 입다가 딸을 번제로 드린 것이 아니고 그를 평생 처녀로 지내게 한 것이라고 잘못 해석한다. 그들은 37-39절에 '죽음'이나 '죽으니라'는 말이 생략된 것과, 또 딸을 번제로 드리는 것이 인간 본성이나 성경에 반대된다는 것을 그 근거로 든다. 그러나 옛날부터 유대교 학자들과 고대의 거의 모든 교부들과 대다수의 주석가들은[17] 입다가 딸을 번제로 드린 것으로 해석한다. 그 근거는, 31절("내가 암몬 자손에게서 평안히 돌아올 때에 누구든지 내

16) Lange, NIV.

17) Matthew Poole, A. R. Fausset, NBC.

집 문에서 나와서 나를 영접하는 그는 여호와께 돌릴 것이니 내가 그를 번제로 드리겠나이다")에 입다의 서원의 내용이 분명하고, 35절("입다가 이를 보고 자기 옷을 찢으며 가로되 슬프다, 내 딸이여, 너는 나로 참담케 하는 자요 너는 나를 괴롭게 하는 자 중의 하나이로다. 내가 여호와를 향하여 입을 열었으니 능히 돌이키지 못하리로다")의 입다의 큰 슬픔과 고통이 그것을 보이기 때문이다. 성경 본문의 뜻은 분명해 보인다. 어둡고 부패한 시대에 입다는 무지한 서원을 했으나 하나님을 경외하는 중심으로 그것을 이행하였다. 히브리서 11장은 그를 신앙의 용사들 중에 포함하였다(히 11:32).

입다는 매춘부의 아들이라는 비천한 신분이었지만 하나님을 경외하는 믿음의 사람이요 하나님께 쓰임을 받은 인물로 성경에 기록되었다. 우리는 입다의 신앙을 본받아 한다.

첫째로, 그는 하나님의 주권을 믿었다. 그는 하나님께서 암몬 자손을 그의 손에 붙여주실 것을 기대했다. 하나님의 주권은 성경의 기본 진리이다. 우리는 온 세상을 홀로 섭리하시는 주권적 하나님을 믿자.

둘째로, 그는 기도의 사람이었다. 그는 길르앗의 우두머리가 되었을 때 먼저 자기 중심을 다 여호와 앞에 고하였다(11절). 기도는 하나님을 믿고 그와 교통하며 동행하는 표이며 길이다. 우리는 항상 기도하자.

셋째로, 입다는 이스라엘 역사에 대한 바른 지식을 가진 자이었다. 그가 어떻게 그런 지식을 가지게 되었는지 모르나, 그는 성경에 기록된 출애굽 역사에 대해 바른 지식을 가지고 있었다. 그의 바른 지식은 하나님을 알고 그를 경외하는 마음을 갖게 하였음이 분명하다. 우리는 성경을 통해 역사를 바로 알고 하나님을 섬기는 자가 되어야 한다.

넷째로, 입다는 하나님께 서원하였고 그의 서원을 이행하였다. 그는 승리의 기쁨 중에도 자신이 서원한 바를 잊지 않았고, 하나뿐인 딸에게도, 또 2달 후에도 변함 없이 그것을 이행했다. 그는 참으로 하나님을 경외했다. 우리도 참으로 하나님을 경외하며 섬기는 성도가 되자.

12장: 에브라임 사람들의 교만

〔1절〕 에브라임 사람들이 모여 북으로 가서 입다에게 이르되 네가 암몬 자손과 싸우러 건너갈 때에 어찌하여 우리를 불러 너와 함께 가게 하지 아니하였느냐? 우리가 반드시 불로 너와[18] 네 집을 사르리라.

에브라임 사람들이 입다에게 간 것은 잘못이었다. 그들은 교만하였다. 그들은 입다의 승리를 축하하고 격려하고 감사해야 했음에도 불구하고 오히려 시기 질투하고 미워하고 그와 그의 집을 멸하려 하였다. 에브라임 사람들의 이런 마음과 태도는 습관적이었던 것 같다. 그들은 전에 기드온에 대해서도 시비한 적이 있었다(삿 8장). 교만은 시기 질투를 낳고 거기서 미움이 생기고 마침내 형제를 죽이는 데까지 나아가는 것이다. 우리는 교만의 싹을 잘라야 한다.

〔2-3절〕 입다가 그들에게 이르되 나와 나의 백성이 암몬 자손과 크게 다툴 때에 내가 너희를 부르되 너희가 나를 그들의 손에서 구원하지 아니한 고로 내가 너희의 구원치 아니하는 것을 보고 내 생명을 돌아보지 아니하고 건너가서 암몬 자손을 쳤더니 여호와께서 그들을 내 손에 붙이셨거늘 너희가 어찌하여 오늘날 내게 올라와서 나로 더불어 싸우고자 하느냐 하고.

에브라임 사람들의 말과 싸움은 정당하지 않았다. 그들은 형제의 형편과 수고를 인정하지 않았다. 그들은 심히 자기중심적인 사고만 하고 있었고 자신들의 자존심만 세우려고 하였고 자신들의 명예만 의식했다. 더욱이, 그들은 하나님께서 그 전쟁에서 입다를 사용하셨음을 인식하지 못했다. 그들은 결국 하나님의 하신 일에 대해 변론

---

18) '너와'라는 원어(알레카 עָלֶיךָ)는 '너 때문에' 혹은 '너뿐 아니라'라는 뜻이라고 본다.

하고 논란한 셈이었다.

〔4절〕 입다가 길르앗 사람을 다 모으고 에브라임과 싸웠더니 길르앗 사람들이 에브라임을 쳐서 파하였으니 이는 에브라임의 말이 너희 길르앗 사람은 본래 에브라임에서 도망한 자로서 에브라임과 므낫세 중에 있다 하였음이라.

입다는 길르앗 사람들을 다 모으고 에브라임과 싸웠다. 이 전쟁은 길르앗 사람들편에서 보면, 불가피한 전쟁이며 정당방위적 싸움이었다. 정당한 전쟁은 가능하다. 길르앗 사람들은 에브라임 사람들을 쳐서 파하였다. 에브라임 사람들은 그들을 업신여기며 말하기를, 그들이 본래 에브라임에서 도망한 자들로서 에브라임과 므낫세 중에 있다고 했었다. 에브라임의 비난은 옳지 않았다. 길르앗은 요단강 동쪽 지역으로서 얍복강 북쪽의 땅과 얍복강 남쪽의 땅을 다 포함했고 모세가 갓 지파와 므낫세 반(半)지파에게 준 기업이었다.

〔5-7절〕 길르앗 사람이 에브라임 사람 앞서 요단 나루턱을 잡아 지키고 에브라임 사람의 도망하는 자가 말하기를 청컨대 나로 건너게 하라 하면 그에게 묻기를 네가 에브라임 사람이냐 하여 그가 만일 아니라 하면 그에게 이르기를 십볼렛이라 하라 하여 에브라임 사람이 능히 구음을 바로 하지 못하고 씹볼렛이라 하면 길르앗 사람이 곧 그를 잡아서 요단 나루턱에서 죽였더라. 그때에 에브라임 사람의 죽은 자가 4만 2천 명이었더라. 입다가 이스라엘 사사가 된 지 6년이라. 길르앗 사람 입다가 죽으매 길르앗 한 성읍에 장사되었더라.

에브라임 사람들은 쉽볼렛(שִׁבֹּלֶת)이라는 단어를 십볼렛(סִבֹּלֶת)이라고 발음하였고 요단 나루턱에서 죽임을 당했다. 그때 에브라임 사람들은 4만 2천명이 죽었다. 입다는 6년간 사사로 있었다.

〔8-15절〕 그의 뒤에는 베들레헴 입산이 이스라엘의 사사이었더라. 그가 아들 30과 딸 30을 두었더니 딸들은 타국(쿠츠 חוּץ)[타지파, 타지역](NASB, NIV)**으로 시집 보내었고 아들들을 위하여는 타국에서 여자 30을 데려왔더라. 그가 이스라엘 사사가 된 지 7년이라. 입산이 죽으매**

베들레헴에 장사되었더라. 그의 뒤에는 스불론 사람 엘론이 이스라엘의 사사가 되어 10년 동안 이스라엘을 다스렸더라. 스불론 사람 엘론이 죽으매 스불론 땅 아얄론에 장사되었더라. 그의 뒤에는 비라돈 사람 힐렐의 아들 압돈이 이스라엘의 사사이었더라. 그에게 아들 40과 손자 30이 있어서 어린 나귀 70필을 탔었더라. 압돈이 이스라엘의 사사가 된 지 8년이라. 비라돈 사람 힐렐의 아들 압돈이 죽으매 에브라임 땅 아말렉 사람의 산지 비라돈에 장사되었더라.

입다 뒤에는 베들레헴 사람 입산이 7년간 이스라엘의 사사이었다. 입산 뒤에는 스불론 사람 엘론이 이스라엘의 사사가 되어 10년간 이스라엘을 다스렸다. 엘론 뒤에는 비라돈 사람 힐렐의 아들 압돈이 8년간 이스라엘의 사사이었다. 사사기에는 모두 열두 명의 사사들이 있다: 옷니엘, 에훗, 삼갈, 드보라(바락), 기드온, 돌라, 야일, 입다, 입산, 엘론, 압돈, 삼손 등. 그들은 일곱 지파에 속하였다. 므낫세 지파가 셋(기드온, 야일, 입다), 에브라임 지파가 둘(드보라, 압돈), 유다 지파가 둘(옷니엘, 입산), 베냐민 지파가 둘(에훗, 삼갈), 또 그 외에는 잇사갈 지파(돌라), 스불론 지파(엘론), 단 지파(삼손) 등이다.

본장은 두 가지 교훈을 준다. 첫째로, 우리는 교만치 말아야 한다. 에브라임 사람들은 교만하였고 그래서 다른 형제들을 시기 질투하며 멸시하고 다투었다. 다툼은 교만에서 나온다. 교만은 사람이 자신이 피조물이며 죄인임을 모르는 데서 나오는 죄악이다. 교만은 큰 죄이다. 교만은 여호와께서 미워하시는 6, 7가지의 죄들 중 첫째이다. 그것은 마귀의 죄이다(딤전 3:6). 우리는 겸손해야 한다(마 11:29; 빌 2:3-8).

둘째로, 우리는 교만하면 패망할 줄 알아야 한다. 에브라임 사람들은 교만하다가 많은 사람이 죽임을 당했다. 사람이 교만하면 망한다. 잠언 16:18, "교만은 패망의 선봉이요 거만한 마음은 넘어짐의 앞잡이니라." 마귀는 교만하여 마귀가 되었고 지금도 감히 하나님과 다투려고 하지만, 그는 지옥에 던지울 것이다. 하나님께서는 교만을 미워하신다. 교만한 자는 하나님의 징벌을 받고 멸망할 수밖에 없다.

13장: 삼손의 출생

〔1절〕 이스라엘 자손이 다시 여호와의 목전에 악을 행하였으므로 여호와께서 그들을 40년 동안 블레셋 사람의 손에 붙이시니라.

이것은 이스라엘 서부에서의 형편이었고 동부에서의 입다의 통치와 아마 시대적으로 중첩되었을 것이다. 10:7은 여호와께서 진노하사 블레셋 사람의 손과 암몬 자손의 손에 파셨다고 말했었다.

〔2-5절〕 소라 땅에 단 지파의 가족 중 마노아라 이름하는 자가 있더라. 그 아내가 잉태하지 못하므로 생산치 못하더니 여호와의 사자가 그 여인에게 나타나시고 그에게 이르시되 보라, 네가 본래 잉태하지 못하므로 생산치 못하였으나 이제 잉태하여 아들을 낳으리니 그러므로 너는 삼가서 포도주와 독주를 마시지 말지며 무릇 부정한 것을 먹지 말지니라. 보라, 네가 잉태하여 아들을 낳으리니 그 머리에 삭도를 대지 말라. 이 아이는 태에서 나옴으로부터 하나님께 바치운 나실인이 됨이라. 그가 블레셋 사람의 손에서 이스라엘을 구원하기 시작하리라.

하나님께서는 이스라엘 백성을 불쌍히 여기셔서 단 지파의 마노아에게 아들을 주기를 뜻하셨다. 나실인에 관해서는 민수기 6장에 자세히 규정되어 있다. 나실인은 하나님께 거룩하게 구별하여 바쳐진 사람을 가리킨다. 남자나 여자가 나실인 서원을 하고 자기 몸을 하나님께 거룩하게 구별하여 바치면, 그는 술을 멀리하고 포도나무 열매를 먹지 말아야 하며 그 머리에 면도칼을 대지 말아야 하고 또 시체를 가까이 하지 말아야 했다(민 6:1-7). 그는 외적인 아름다움을 추구하지 말고 거룩한 서원을 계속 기억하며 지켜야 했다.

〔6-9절〕 이에 그 여인이 가서 그 남편에게 고하여 가로되 하나님의 사람이 내게 임하였는데 그 용모가 하나님의 사자의 용모 같아서 심히 두려우므로 어디서부터 온 것을 내가 묻지 못하였고 그도 자기 이름을

내게 이르지 아니하였으며 그가 내게 이르기를 보라, 네가 잉태하여 아들을 낳으리니 포도주와 독주를 마시지 말며 무릇 부정한 것을 먹지 말라. 이 아이는 태에서 나옴으로부터 죽을 날까지 하나님께 바치운 나실인이 됨이라 하더이다. 마노아가 여호와께 기도하여 가로되 주여, 구하옵나니 주의 보내셨던 하나님의 사람을 우리에게 다시 임하게 하사 그로 우리가 그 낳을 아이에게 어떻게 행할 것을 우리에게 가르치게 하소서. 하나님이 마노아의 목소리를 들으시니라. 여인이 밭에 앉았을 때에 하나님의 사자가 다시 그에게 임하셨으나 그 남편 마노아는 함께 있지 아니한지라.

마노아는 하나님께 하나님의 사람을 그들에게 다시 임하게 하시고 그 낳을 아이에게 어떻게 행할 것을 가르쳐 주시기를 기도하였으며 하나님께서는 그의 목소리를 들어주셨다. 마노아는 기도의 사람이었고 하나님께서는 그의 기도를 들어주셨다.

〔10-12절〕 여인이 급히 달려가서 그 남편에게 고하여 가로되 보소서. 전일에 내게 임하였던 사람이 또 내게 나타났나이다. 마노아가 일어나 아내를 따라가서 그 사람에게 이르러 그에게 묻되 당신이 이 여인에게 말씀하신 사람이니이까? 가라사대 그로라. 마노아가 가로되 당신의 말씀대로 되기를 원하나이다. 이 아이를 어떻게 기르오며 우리가 그에게 어떻게 행하오리이까?[그 아이의 생활방식(미슈팟 מִשְׁפַּט)과 그의 행위(마아세후 מַעֲשֵׂהוּ)가 어떠하겠나이까?]

마노아는 하나님의 뜻과 말씀에 순종하려 하였다.

〔13-14절〕 여호와의 사자가 마노아에게 이르시되 내가 여인에게 말한 것들을 그가(she) 다 삼가서 포도나무의 소산을 먹지 말며 포도주와 독주를 마시지 말며 무릇 부정한 것을 먹지 말아서 내가 그에게 명한 것은 다 지킬 것이니라.

마노아에게 주실 아들뿐 아니라, 그의 아내도 하나님께서 그에게 명하신 나실인 서약의 규정에 준해 술을 멀리하고 깨끗지 못한 음식을 먹지 말고 하나님의 사자의 명하신 대로 다 지켜 행해야 했다.

〔15-16절〕 마노아가 여호와의 사자에게 말씀하되 구하옵나니 당신

은 우리에게 머물러서 우리가 당신을 위하여 염소새끼 하나를 준비하게 하소서. 여호와의 사자가 마노아에게 이르시되 네가 비록 나를 머물리나 내가 너의 식물을 먹지 아니하리라. 번제를 준비하려거든 마땅히 여호와께 드릴지니라 하니 이는 마노아가 여호와의 사자인 줄 알지 못함을 인함이었더라.

마노아는 여호와의 사자에게 염소고기 음식을 대접하기를 원하며 조금 머물러 주기를 청했다. 그것은 그가 그를 하나님의 사람으로만 생각하였고 여호와의 사자인 줄로는 알지 못했기 때문이다.

〔17-18절〕 마노아가 또 여호와의 사자에게 말씀하되 당신의 이름이 무엇이니이까? 당신의 말씀이 이룰 때에 우리가 당신을 존숭하리이다. 여호와의 사자가 그에게 이르시되 어찌하여 이를 묻느냐? 내 이름은 기묘니라.

'기묘'라는 원어[19]는 '놀랍다, 오묘하다'는 뜻이다. '여호와의 사자'는 구약시대에 나타난 예수 그리스도이실 것이다. 그는 이사야 9장에서 기묘자, 모사, 전능하신 하나님, 영존하시는 아버지로 불리었다(사 9:6). 예수 그리스도께서는 참으로 놀라운 분이시다.

〔19-23절〕 이에 마노아가 염소새끼 하나와 소제물을 취하여 반석 위에서 여호와께 드리매 사자가 이적을 행한지라. 마노아와 그 아내가 본즉 불꽃이 단에서부터 하늘로 올라가는 동시에 여호와의 사자가 단 불꽃 가운데로 좇아 올라간지라. 마노아와 그 아내가 이것을 보고 얼굴을 땅에 대고 엎드리니라. 여호와의 사자가 마노아와 그 아내에게 다시 나타나지 아니하니 마노아가 이에 그가 여호와의 사자인 줄 알고 그 아내에게 이르되 우리가 하나님을 보았으니 반드시 죽으리로다. 그 아내가 그에게 이르되 여호와께서 우리를 죽이려 하셨더면 우리 손에서 번제와 소제를 받지 아니하셨을 것이요 이 모든 일을 보이지 아니하셨을 것이며 이제 이런 말씀도 우리에게 이르지 아니하셨으리이다 하였더라.

---

19) 히브리어 성경에는 <u>필리(פִּלְאִי)</u>라고 기록되어 있으나(케팁), 마소라 학자들은 <u>펠리(פֶּלִאי)</u>라고 읽으라고 제안하였다(케레).

불꽃이 단에서부터 하늘로 올라가는 동시에 여호와의 사자가 단 불꽃 가운데로 좇아 올라갔다. 마노아와 그의 아내는 여호와의 사자를 단순히 하나님의 사람으로 보지 않았고, 하나님과 동일하게 여겼다. 과연, 그는 하나님께서 사람으로 나타나신 것이었다.

〔24-25절〕 여인이 아들을 낳으매 이름을 삼손이라 하니라. 아이가 자라매 여호와께서 그에게 복을 주시더니 소라와 에스다올 사이 마하네 단에서 여호와의 신이 비로소 그에게 감동하시니라.

삼손은 하나님께서 블레셋 사람에게 40년간 고통받는 이스라엘을 구원하시려고 보내주신 사사이었다. 삼손은 소라와 에스다올 사이 마하네단(마카네단 מַחֲנֵה־דָן) 즉 '단의 진영'(KJV, NASB 난외주)에서 여호와의 영 곧 성령의 감동을 받기 시작하였다.

본장의 교훈은 무엇인가? 첫째로, 하나님께서는 그의 작정하신 때에 그의 종을 보내주셨다. 하나님께서 이스라엘을 돌아보실 때가 되었을 때 그의 사자를 마노아에게 보내셨다. 인류의 구원은 우리가 염려할 문제가 아니다. 우리는 오직 주권적 섭리자 하나님을 믿고 하나님께 헌신하며 그의 일에 즐거이 동참하며 그에게 쓰임 받는 자가 되자.

둘째로, 하나님께서는 하나님의 종을 보내실 가정을 택하셨다. 그것은 마노아의 가정이었다. 그 부부에게는 자녀가 없었다. 노아나 아브라함이나 한나처럼, 자녀가 없음이 그들을 더욱 경건하게 만들고 믿음과 기도로 살게 하였을 것이다. 마노아는 기도하며 응답을 체험하였고 하나님의 사자의 말씀대로 되기를 원하였고 하나님께 예물을 드렸다. 우리는 하나님께서 그의 뜻하신 일을 이루시는 가정이 되기를 원하자.

셋째로, 우리의 소망과 능력은 하나님밖에 없다. 40년 동안 블레셋 사람에게 고통당하던 이스라엘에게 소망은 하나님밖에 없었다. 하나님께서 이스라엘의 구원자로 삼손을 보내주셨고 삼손도 자기 힘으로 무엇을 할 수 있는 것이 아니고 성령의 감동을 받기 시작하였다. 우리는 하나님의 일을 이루기 위하여 성령 충만한 삶을 사모하자.

14장: 삼손이 블레셋 아내를 취함

〔1-4절〕 삼손이 딤나에 내려가서 거기서 블레셋 딸 중 한 여자를 보고 도로 올라와서 자기 부모에게 말하여 가로되 내가 딤나에서 블레셋 사람의 딸 중 한 여자를 보았사오니 이제 그를 취하여 내 아내를 삼게 하소서. 부모가 그에게 이르되 네 형제들의 딸 중에나 내 백성 중에 어찌 여자가 없어서 네가 할례 받지 아니한 블레셋 사람에게 가서 아내를 취하려 하느냐? 삼손이 아비에게 이르되 내가 그 여자를 좋아하오니 나를 위하여 그를 데려오소서 하니 이때에 블레셋 사람이 이스라엘을 관할한 고로 삼손이 틈을 타서 블레셋 사람을 치려 함이었으나 그 부모는 이 일이 여호와께로서 나온 것인 줄은 알지 못하였더라.

삼손은 블레셋 사람들의 딸들 중에서 결혼할 상대를 찾았다. 그것은 틈을 타서 블레셋 사람들을 치려 함이었다. 그러나 그 부모는 이 일이 여호와께로서 나온 것인 줄 알지 못했다. 삼손에게는 하나님께서 주신 소원이 있었다. 그것은 이스라엘을 위한 선한 소원이었다.

〔5-7절〕 삼손이 그 부모와 함께 딤나에 내려가서 딤나의 포도원에 이른즉 어린 사자가 그를 맞아 소리 지르는지라. 삼손이 여호와의 신에게 크게 감동되어 손에 아무것도 없어도 그 사자를 염소새끼를 찢음같이 찢었으나 그는 그 행한 일을 부모에게도 고하지 아니하였고 그가 내려가서 그 여자와 말하며 그를 기뻐하였더라.

〔8-10절〕 얼마 후에 삼손이 그 여자를 취하려고 다시 가더니 돌이켜 그 사자의 주검을 본즉 사자의 몸에 벌떼와 꿀이 있는지라. 손으로 그 꿀을 취하여 행하며 먹고 그 부모에게 이르러 그들에게 그것을 드려서 먹게 하였으나 그 꿀을 사자의 몸에서 취하였다고는 고하지 아니하였더라. 삼손의 아비가 여자에게로 내려가매 삼손이 거기서 잔치를 배설하였으니 소년은 이렇게 행하는 풍속이 있음이더라.

〔11-14절〕 무리가 삼손을 보고 30명을 데려다가 동무를 삼아 그와

함께하게 한지라. 삼손이 그들에게 이르되 이제 내가 너희에게 수수께끼를 하리니 잔치하는 7일 동안에 너희가 능히 그것을 풀어서 내게 고하면 내가 베옷 30벌과 겉옷 30벌을 너희에게 주리라. 그러나 그것을 능히 내게 고하지 못하면 너희가 내게 베옷 30벌과 겉옷 30벌을 줄지니라. 그들이 이르되 너는 수수께끼를 하여 우리로 듣게 하라. 삼손이 그들에게 이르되 먹는 자에게서 먹는 것이 나오고 강한 자에게서 단 것이 나왔느니라. 그들이 3일이 되도록 수수께끼를 풀지 못하였더라.

'베옷'이라는 원어(세디님 סְדִינִים)는 '세마포 보자기들'이라는 뜻이다(BDB, NASB). 그것은 밤에 겉옷처럼 걸치기도 했다고 한다. '겉옷'이라는 원어(칼리폿 베가딤 חֲלִפֹת בְּגָדִים)는 '갈아입는 옷들'이라는 뜻이다(BDB, KJV, NASB). 삼손은 "먹는 자에게서 먹는 것이 나오고 강한 자에게서 단 것이 나왔다"는 말의 뜻을 알아 맞추라고 말하였다. 그들은 3일이 되도록 수수께끼를 풀지 못했다.

〔15-17절〕 제7일[제4일]**에 이르러 그들이 삼손의 아내에게 이르되 너는 네 남편을 꾀어 그 수수께끼를 우리에게 알리게 하라. 그렇지 아니하면 너와 네 아비의 집을 불사르리라. 너희가 우리의 소유를 취하고자 하여 우리를 청하였느냐? 그렇지 아니하냐? 삼손의 아내가 그의 앞에서 울며 가로되 당신이 나를 미워할 뿐이요 사랑치 아니하는도다. 우리 민족에게 수수께끼를 말하고 그 뜻을 내게 풀어 이르지 아니하도다. 삼손이 그에게 대답하되 보라, 내가 그것을 나의 부모에게도 풀어 고하지 아니하였거든 어찌 그대에게 풀어 이르리요 하였으나 7일 잔치할 동안에 그 아내가 앞에서 울며 강박함을 인하여 제7일에는 그가 그 아내에게 수수께끼를 풀어 이르매 그 아내가 그것을 그 민족에게 고하였더라.**

제4일에[20] 그들은 삼손의 아내에게 남편을 꾀어 수수께끼를 알게 하지 않으면 그 아비의 집을 불사르겠다고 위협하였다. 그것은 옳지 않고 선하지 않았다. 우리는 악한 말이나 행동을 하지 말아야 한다.

---

20) 전통적 히브리어 마소라 본문과 라틴어 벌게이트역은 '제7일'이라고 되어 있으나 어떤 영어성경들은 고대의 역본들(LXX, Syr, It)을 따라 '제4일'이라고 본문을 고쳤다(NASB, NIV). 그것은 문맥적으로 타당해보인다.

〔18-20절〕 第7일 해 지기 전에 성읍 사람들이 삼손에게 이르되 무엇이 꿀보다 달겠으며 무엇이 사자보다 강하겠느냐 한지라. 삼손이 그들에게 대답하되 너희가 내 암송아지로 밭 갈지 아니하였더면 나의 수수께끼를 능히 풀지 못하였으리라 하니라. 여호와의 신이 삼손에게 크게 임하시매 삼손이 아스글론에 내려가서 그곳 사람 30명을 쳐죽이고 노략하여 수수께끼 푼 자들에게 옷을 주고 심히 노하여 아비 집으로 올라갔고 삼손의 아내는 삼손의 친구 되었던 그 동무에게 준 바 되었더라.

삼손은 딤나인들이 자기 아내의 집을 불사르겠다고 위협하고 그 수수께끼를 불법하게 알아낸 것에 대해 보복했고, 그것은 이스라엘에 대한 블레셋 사람들의 오랜 압제에 대한 보복의 시작이었다.

본장의 교훈은 무엇인가? 첫째로, 우리는 마음의 선한 소원을 따라 행하자. 삼손은 블레셋을 치고자 하는 소원이 있었다. 이것은 하나님께로부터 난 소원이었다. 그것이 죄 되는 일이 아니고 하나님께서 그것을 막지 않으신다면, 우리는 마음의 선한 소원을 따라 행하자.

둘째로, 우리는 하나님의 나라와 그의 의를 위해 싸우자. 삼손은 40년간의 블레셋의 압제에 대해 보복하기를 원하였고 또 딤나 사람들의 불법에 대해 분노하였다. 주께서는 주와 복음을 위해 집이나 가족을 버린 자에게 금세와 내세의 복을 약속하셨다(막 10:29-30). 디모데는 바울과 함께 복음을 위해 수고하였다(빌 2:22). 오늘날 배교와 타협과 혼돈의 시대에 누가 하나님의 진리와 교회를 위해 싸우며 일하겠는가!

셋째로, 우리는 성령의 능력만 의지하자. 삼손의 능력은 하나님의 영에 의한 것이었다. 주께서는 "오직 성령이 너희에게 임하시면 너희가 권능을 받고 예루살렘과 온 유대와 사마리아와 땅끝까지 이르러 내 증인이 되리라"고 말씀하셨다(행 1:8). 하나님께서는 성전 건축에 대해 스룹바벨에게 "이는 힘으로 되지 아니하며 능으로 되지 아니하고 오직 나의 신[영]으로 되느니라"고 말씀하셨다(슥 4:6). 우리는 하나님을 섬기는 일을 할 때 오직 성령의 능력만 의지하며 행하자.

15장: 삼손이 많은 블레셋인들을 죽임

〔1-2절〕 얼마 후 밀 거둘 때에 삼손이 염소새끼를 가지고 그 아내에게로 찾아가서 가로되 내가 침실에 들어가 아내를 보고자 하노라. 장인이 들어오지 못하게 하고 가로되 네가 그를 심히 미워하는 줄로 내가 생각한 고로 그를 네 동무에게 주었노라. 그 동생이 그보다 더욱 아름답지 아니하냐? 청하노니 너는 그의 대신에 이를 취하라.

삼손의 장인이 그 딸을 임의로 다른 이에게 준 것은 잘못이었다.

〔3-5절〕 삼손이 그들에게 이르되 이번은 내가 블레셋 사람을 해할지라도 그들에게 대하여 내게 허물이 없을 것이니라 하고 삼손이 가서 여우 300을 붙들어서 그 꼬리와 꼬리를 매고 홰를 취하고 그 두 꼬리 사이에 한 홰를 달고 홰에 불을 켜고 그것을 블레셋 사람의 곡식 밭으로 몰아 들여서 곡식단과 아직 베지 아니한 곡식과 감람원을 사른지라.

'감람원'이라고 번역한 원어(케렘 자이스 כֶּרֶם זָיִת)는 '포도원과 감람원'이라고 번역하는 것이 좋을 것이다(BDB, KJV, NIV, LXX, Vg, Targ). 삼손은 장인의 한 일에 대해 매우 분노했고 그 분노는 블레셋 사람들에 대한 분노로 나타났다.

〔6절〕 블레셋 사람이 가로되 누가 이 일을 행하였느냐? 혹이 대답하되 딤나 사람의 사위 삼손이니 장인이 삼손의 아내를 취하여 그 동무 되었던 자에게 준 연고니라. 블레셋 사람이 올라가서 그 여인과 그의 아비를 불사르니라.

블레셋 사람들은 그들의 물질적 손실 때문에 삼손의 아내와 그의 아버지를 불태워 죽였다. 그들은 사람의 생명의 가치를 크게 여기지 않았다. 그들의 행위는 무지하고 악하였다.

〔7-8절〕 삼손이 그들에게 이르되 너희가 이같이 행하였은즉 내가 너희에게 원수를 갚은 후에야 말리라 하고 블레셋 사람을 [다리와 허벅지를 치며] **크게 도륙**[살륙]**하고 내려가서 에담 바위 틈에 거하니라.**

〔9-10절〕 이에 블레셋 사람이 올라와서 유다에 진을 치고 레히에 편만한지라. 유다 사람들이 가로되 너희가 어찌하여 올라와서 우리를 치느냐? 그들이 대답하되 우리가 올라오기는 삼손을 결박하여 그가 우리에게 행한 대로 그에게 행하려 함이로라.

〔11-13절〕 유다 사람 3천명이 에담 바위틈에 내려가서 삼손에게 이르되 너는 블레셋 사람이 우리를 관할하는 줄을 알지 못하느냐? 네가 어찌하여 우리에게 이같이 행하였느냐? 삼손이 그들에게 이르되 그들이 내게 행한 대로 나도 그들에게 행하였노라. 그들이 삼손에게 이르되 우리가 너를 결박하여 블레셋 사람의 손에 붙이려고 이제 내려왔노라. 삼손이 그들에게 이르되 너희는 친히 나를 치지 않겠다고 내게 맹세하라. 그들이 삼손에게 일러 가로되 아니라, 우리가 다만 너를 단단히 결박하여 그들의 손에 붙일 뿐이요 우리가 결단코 너를 죽이지 아니하리라 하고 새 줄 둘로 결박하고 바위틈에서 그를 끌어내니라.

유다 사람 3,000명은 에담 바위틈에 내려가서 삼손에게 말하고 새 줄 둘로 결박하고 바위틈에서 그를 끌어내었다.

〔14-17절〕 삼손이 레히에 이르매 블레셋 사람이 그에게로 마주 나가며 소리 지르는 동시에 여호와의 신의 권능이 삼손에게 임하매 그 팔 위의 줄이 불탄 삼과 같아서 그 결박되었던 손에서 떨어진지라. 삼손이 나귀의 새 턱뼈를 보고 손을 내밀어 취하고 그것으로 1천명을 죽이고 가로되 나귀의 턱뼈로 한 더미, 두 더미를 쌓았음이여, 나귀의 턱뼈로 내가 1천명을 죽였도다. 말을 마치고 턱뼈를 그 손에서 내어 던지고 그 곳을 라맛 레히라 이름하였더라.

'여호와의 신의 권능이 임하였다'는 원문은 '여호와의 영이 힘있게 내려오셨다'는 뜻이다. 삼손은 나귀의 새 턱뼈를 보고 손을 내밀어 취하고 그것으로 1천명을 죽였다. '라맛 레히'는 '턱뼈의 언덕'이라는 뜻이다. '레히'(<u>레키</u> לְחִי)는 '턱뼈'라는 뜻이다.

〔18-20절〕 삼손이 심히 목마르므로 여호와께 부르짖어 가로되 주께서 종의 손으로 이 큰 구원(<u>테슈아</u> הַתְּשׁוּעָה)[혹은 '승리'](BDB, NIV)**을 베푸셨사오나 내가 이제 목말라 죽어서 할례 받지 못한 자의 손에 빠지겠**

나이다. 하나님이 레히에 한 우묵한 곳을 터치시니 물이 거기서 솟아나오는지라. 삼손이 그것을 마시고 정신이 회복되어 소생하니 그러므로 그 샘 이름은 엔학고레라. 이 샘이 레히에 오늘까지 있더라. 블레셋 사람의 때에 삼손이 이스라엘 사사로 20년을 지내었더라.

삼손은 자신의 승리가 하나님께서 주신 것임을 고백하였다. 그는 자신의 힘이 하나님께로부터 온 것임을 깨닫고 있었다. 그는 하나님을 아는 자이며 하나님을 믿고 의지하는 종이었다. 하나님께서 레히에 한 우묵한 곳을 터치셔서 물이 솟아나게 하신 것은 그의 기적이며 삼손의 기도에 대한 그의 긍휼하신 응답이었다. 삼손은 블레셋 사람들의 때에 이스라엘의 사사로 20년을 지내었다. 이 표현은 징벌의 기간과 삼손이 사사인 기간이 겹침을 암시하는 것 같다.

본장의 교훈은 무엇인가? 첫째로, 우리는 블레셋 사람들처럼 악을 행치 말자. 블레셋 사람들은 이스라엘 백성에 대해 악을 행했고 삼손의 아내와 장인도 불살라 죽였다. 삼손이 많은 블레셋 사람들을 죽인 것은 공의의 보복이었다. 우리는 블레셋 사람들처럼 부당하게 이웃을 해치거나 죽이는 악을 행하지 말고 범사에 선한 자가 되어야 한다.

둘째로, 인간은 존귀한 존재이지만, 범죄하고 징벌을 받아 죽어가는 사람은 그렇게 존귀하지 않다. 마지막 심판 때에 지옥에 던지우는 악인들은 그렇게 가치 있지 않다. 시편 49:20은, '존귀에 처하나 깨닫지 못하는 사람은 멸망하는 짐승 같다'고 말하며, 시편 119:119도, '주께서 세상의 모든 악인을 찌끼같이 버리신다'고 말했다. 사람의 존귀함은 하나님을 알고 경외하고 의와 선과 진실을 행하는 데 있다.

셋째로, 우리는 능력의 하나님만 의지하자. 삼손의 힘은 하나님께서 주신 것이었다. 그는 자신의 승리가 하나님께서 주신 것을 고백했다. 시편 62:11은, "하나님이 한두 번 하신 말씀을 내가 들었나니 권능은 하나님께 속하였다 하셨도다"라고 말한다. 오늘도 하나님께서는 전심으로 하나님을 찾고 의지하는 자들에게 능력을 주신다(대하 16:9).

16장: 삼손의 실패와 마지막 기도

〔1-3절〕 삼손이 가사에 가서 거기서 한 기생을 보고 그에게로 들어 갔더니 혹이 가사 사람에게 고하여 가로되 삼손이 여기 왔다 하매 곧 그를 에워싸고 밤새도록 성문에 매복하고 밤새도록 종용히 하며 이르기를 새벽이 되거든 그를 죽이리라 하였더라. 삼손이 밤중까지 누웠다가 그 밤중에 일어나 성문짝들과 두 설주와 빗장을 빼어 그것을 모두 어깨에 메고 헤브론 앞산 꼭대기로 가니라.

'기생'이라는 원어(잇솨 조나 אִשָּׁה זוֹנָה)는 '매춘녀'를 가리킨다. 삼손은 자신의 정욕을 통제하는 데 약하였다.

〔4-6절〕 이후에 삼손이 소렉 골짜기의 들릴라라 이름하는 여인을 사랑하매 블레셋 사람의 방백들이 그 여인에게로 올라와서 그에게 이르되 삼손을 꾀어서 무엇으로 말미암아 그 큰 힘이 있는지 우리가 어떻게 하면 그를 이기어서 결박하여 곤고케 할 수 있을는지 알아보라. 그리하면 우리가 각각 은 1천 1백을 네게 주리라. 들릴라가 삼손에게 말하되 청컨대 당신의 큰 힘이 무엇으로 말미암아 있으며 어떻게 하면 능히 당신을 결박하여 곤고케 할 수 있을는지 내게 말하라.

소렉 골짜기의 들릴라도 매춘녀이었던 것 같다. 그도 참 사랑보다 돈에 더 관심을 가졌다. 은 1,100개가 은 1,100세겔을 가리킨다면 그것은 약 13kg에 해당하고, 1데나리온이 은 5g이므로 약 2,500데나리온의 가치이며 그것은 노동자의 약 7년치 수입에 해당한다.

〔7-9절〕 삼손이 그에게 이르되 만일 마르지 아니한 푸른 칡 일곱으로 나를 결박하면 내가 약하여져서 다른 사람과 같으리라. 블레셋 사람의 방백들이 마르지 아니한 푸른 칡 일곱을 여인에게로 가져오매 그가 그것으로 삼손을 결박하고 이미 사람을 내실에 매복시켰으므로 삼손에게 말하되 삼손이여, 블레셋 사람이 당신에게 미쳤느니라 하니 삼손이 그 칡 끊기를 불탄 삼실을 끊음같이 하였고 그 힘의 근본은 여전히 알지 못하니라.

'푸른 칡'이라는 원어(예사림 라킴 יְתָרִים לַחִים)는 '새 줄'(BDB, NASB, NIV)이나 '새로 잡은 짐승의 힘줄'(KB)이라는 뜻이라고 한다.

〔10-12절〕 들릴라가 삼손에게 이르되 보라, 당신이 나를 희롱하여 내게 거짓말을 하였도다. 청컨대 무엇으로 하면 당신을 결박할 수 있을는지 이제는 내게 말하라. 삼손이 그에게 이르되 만일 쓰지 아니한 새 줄로 나를 결박하면 내가 약하여져서 다른 사람과 같으리라. 들릴라가 새 줄을 취하고 그것으로 그를 결박하고 그에게 이르되 삼손이여, 블레셋 사람이 당신에게 미쳤느니라 하니 삼손이 팔 위의 줄 끊기를 실을 끊음같이 하였고 그때에도 사람이 내실에 매복하였었더라.

'새 줄'이라는 원어(아보심 카다쉼 עֲבֹתִים חֲדָשִׁים)는 7절의 '푸른 칡 새 줄'과 원어는 다르나 뜻은 비슷하다.

〔13-14절〕 들릴라가 삼손에게 이르되 당신이 이때까지 나를 희롱하여 내게 거짓말을 하였도다. 내가 무엇으로 하면 당신을 결박할 수 있을는지 내게 말하라. 삼손이 그에게 이르되 그대가 만일 나의 머리털 일곱 가닥을 위선에 섞어 짜면 되리라. 들릴라가 바디로 그 머리털을 단단히 짜고 그에게 이르되 삼손이여, 블레셋 사람이 당신에게 미쳤느니라 하니 삼손이 잠을 깨어 직조틀의 바디와 위선을 다 빼어내니라.

'위선'은 '베틀의 실'을 가리키고, '바디'는 베틀의 핀을 가리킨다.

〔15-17절〕 들릴라가 삼손에게 이르되 당신의 마음이 내게 있지 아니하면서 당신이 어찌 나를 사랑한다 하느뇨? 당신이 이 세 번 나를 희롱하고 당신의 큰 힘이 무엇으로 말미암아 있는 것을 내게 말하지 아니하였도다 하며 날마다 그 말로 그를 재촉하여 조르매 삼손의 마음이 번뇌하여 죽을 지경이라. 삼손이 진정(콜 립보 כָּל־לִבּוֹ)[그의 모든 마음]**을 토하여 그에게 이르되 내 머리에는 삭도(**모라 מוֹרָה)(razor, 면도칼)**를 대지 아니하였나니 이는 내가 모태에서 하나님의 나실인이 되었음이라. 만일 내 머리가 밀리우면 내 힘이 내게서 떠나고 나는 약하여져서 다른 사람과 같으리라.**

삼손은 그에게 그의 모든 마음을 토하였다. 나실인이 머리를 깎지 않는 것은 율법에 규정된 바이었고(민 6:5), 삼손이 태어나기 전에 여호와의 사자가 그의 모친에게 지시한 바이었다(삿 13:5).

〔18-22절〕 들릴라가 삼손의 진정을 다 토함을 보고 보내어 블레셋 사람의 방백들을 불러 가로되 삼손이 내게 진정을 토하였으니 이제 한 번만 올라오라. 블레셋 방백들이 손에 은을 가지고 여인에게로 올라오니라. 들릴라가 삼손으로 자기 무릎을 베고 자게 하고 사람을 불러 그 머리털 일곱 가닥을 밀고 괴롭게 하여본즉 그 힘이 없어졌더라. 들릴라가 가로되 삼손이여, 블레셋 사람이 당신에게 미쳤느니라 하니 삼손이 잠을 깨며 이르기를 내가 전과 같이 나가서 몸을 떨치리라 하여도 여호와께서 이미 자기를 떠나신 줄을 깨닫지 못하였더라. 블레셋 사람이 그를 잡아 그 눈을 빼고 끌고 가사에 내려가 놋줄로 매고 그로 옥중에서 맷돌을 돌리게 하였더라. 그의 머리털이 밀리운 후에 다시 자라기 시작하니라.

삼손은 그 머리털 일곱 가닥이 밀렸고 힘을 잃었다. 그는 잠을 깨며 "내가 전과 같이 나가서 몸을 떨치리라"고 했으나 여호와께서 이미 그를 떠나신 줄을 깨닫지 못했다. 그는 블레셋 사람들에게 잡혀 눈이 뽑혔고 놋줄로 매여 옥중에서 맷돌을 돌리는 가련한 신세가 되었다. 그러나 22절에 "그의 머리털이 밀리운 후에 다시 자라기 시작하니라"는 말씀은 하나님의 긍휼이 있을 것을 암시한다.

〔23-27절〕 블레셋 사람의 방백이 가로되 우리의 신이 우리 원수 삼손을 우리 손에 붙였다 하고 다 모여 그 신 다곤에게 큰 제사를 드리고 즐거워하고 백성들도 삼손을 보았으므로 가로되 우리 토지를 헐고 우리 많은 사람을 죽인 원수를 우리의 신이 우리 손에 붙였다 하고 자기 신을 찬송하며 그들의 마음이 즐거울 때에 이르되 삼손을 불러다가 우리를 위하여 재주를 부리게 하자 하고 옥에서 삼손을 불러내매 삼손이 그들을 위하여 재주를 부리니라. 그들이 삼손을 두 기둥 사이에 세웠더니 삼손이 자기 손을 붙든 소년에게 이르되 나로 이 집을 버틴 기둥을 찾아서 그것을 의지하게 하라 하니라. 그 집에는 남녀가 가득하니 블레셋 모든 방백도 거기 있고 지붕에 있는 남녀도 3천명 가량이라. 다 삼손의 재주 부리는 것을 보더라.

블레셋 사람의 방백들은 다 모여 그 신 다곤에게 큰 제사를 드리고 즐거워하였다. 또 백성들도 그들의 신을 찬송하며 즐거워하였다. 그들은 감옥에서 삼손을 불러내어 그들을 위해 재주를 부리게 하였다. 그 집에는 남녀가 가득했다. 블레셋 모든 방백도 거기 있고 지붕에도 남녀가 3천명 가량 있어 다 삼손의 재주 부리는 것을 보았다.

〔28-31절〕 삼손이 여호와께 부르짖어 가로되 주 여호와여, 구하옵나니 나를 생각하옵소서. 하나님이여, 구하옵나니 이번만 나로 강하게 하사 블레셋 사람이 나의 두 눈을 뺀 원수를 단번에 갚게 하옵소서 하고 집을 버틴 두 가운데 기둥을 하나는 왼손으로, 하나는 오른손으로 껴 의지하고 가로되 블레셋 사람과 함께 죽기를 원하노라 하고 힘을 다하여 몸을 굽히매 그 집이 곧 무너져 그 안에 있는 모든 방백과 온 백성에게 덮이니 삼손이 죽을 때에 죽인 자가 살았을 때에 죽인 자보다 더욱 많았더라. 그의 형제와 아비의 온 집이 다 내려가서 그 시체를 취하여 가지고 올라와서 소라와 에스다올 사이 그 아비 마노아의 장지에 장사하니라. 삼손이 이스라엘 사사로 20년을 지내었더라.

삼손은 죽을 때에 죽인 자가 살았을 때에 죽인 자보다 더 많았다. 그는 이스라엘의 사사로 20년간 지내었다.

본장의 교훈은 무엇인가? <u>첫째로, 우리는 음란에 빠지지 말자.</u> 사사 삼손은 말년에 가사의 매춘녀에게 들어갔었고 소렉 골짜기의 들릴라라는 여인을 사랑하였다. 그는 육신의 욕망을 통제하지 못했다. 그것이 그의 실패의 근본적 원인이었다. 성령의 열매 중에는 '절제'의 열매가 있다(갈 5:23). 하나님의 뜻은 우리의 거룩함이다. 이를 위해 우리는 욕구를 절제해야 한다. 그렇지 않으면, 삼손처럼 실패자가 될 것이다.

사도 바울은 이 문제를 잘 교훈하였다. 고린도전서 6:15-18, "너희 몸이 그리스도의 지체인 줄을 알지 못하느냐? 내가 그리스도의 지체를 가지고 창기의 지체를 만들겠느냐? 결코 그럴 수 없느니라. 창기와 합하는 자는 저와 한 몸인 줄을 알지 못하느냐? 일렀으되 둘이 한 육체가 된다 하셨나니 주와 합하는 자는 한 영이니라. 음행을 피하라. 사람이 범하는 죄마다 몸 밖에 있거니와 음행하는 자는 자기 몸에게 죄를 범하느니라." 우리는 음란에 빠지지 말고 거룩한 삶을 살자.

둘째로, 우리는 하나님과의 서약을 잘 지키자. 삼손은 나실인 서약을 잘 지키지 못했다. 그는 그의 머리를 깎이지 않게 해야 했다. 삼손이 실패한 원인은 그것이었다. 그는 하나님과의 약속을 어겼기 때문에 힘을 잃어버렸고 두 눈이 뽑히고 맷돌을 돌리는 신세가 된 것이다.

우리에게도 몇 가지 서약들이 있다. 첫째, 세례 서약이 있다. 우리는 하나님을 배반하지 말고 끝까지 성경의 교훈대로 믿고 순종하며 살아야 한다. 둘째, 결혼 서약이 있다. 결혼한 부부는 건강하든지 병들었든지, 가난하든지 부하든지, 어떤 형편에서든지 서로 사랑하고 존중하며 부부로서의 순결과 의무를 끝까지 지켜야 한다. 셋째, 임직 서약이 있다. 목사나 장로는 그 직분을 받을 때 하나님 앞에서 신구약성경과 우리 장로교회의 신앙고백과 대소요리문답을 받아들이고 끝까지 성경의 교훈대로 살며 하나님의 교회를 돌보며 섬기기를 서약한다. 우리는 하나님 앞에서 한 우리의 서약들을 성실히 지키자.

셋째로, 우리는 하나님의 긍휼과 능력을 구하자. 삼손은, 비록 범죄하고 실패하였지만, 마지막으로 다시 한번 하나님의 긍휼과 능력을 구하였고 응답을 얻었다. 그는 블레셋 사람들이 이스라엘을 향해 또 자신을 향해 행한 악에 대해 원수 갚기를 원했다. 그는 하나님의 능력을 구하며 그가 기대어 있던 그 건물의 두 기둥을 붙들고 힘을 다해 몸을 굽혔고 함께 죽기를 구했다. 집이 무너졌고 블레셋 모든 방백과 모든 백성이 함께 죽었다. 삼손이 죽을 때에 죽인 자들이, 살았을 때 죽인 자보다 더욱 많았다. 삼손의 죽음은 자살이 아니었다. 그의 죽음은 자신을 드려 원수를 갚은 헌신과 희생의 행위이었다. 우리는 하나님의 긍휼과 능력을 구하자. 우리는 늘 부족하고 실수가 많지만, 하나님의 긍휼과 능력을 구하면 이 세상을 승리적으로 살 수 있을 것이다.

17장: 미가의 우상숭배

사사기 17-21장은 사사 시대에 두 가지 죄악의 예들을 증거한다. 그 하나는 우상숭배의 죄이며 다른 하나는 음행의 죄이다. 첫 번째 것은 미가의 집과 단 지파의 우상숭배의 예를 기록한 것이고, 두 번째 것은 베냐민 지파의 기브아의 음행의 예를 기록한 것이다. 우상숭배와 음행은 사사 시대뿐 아니라, 인류의 모든 시대, 모든 사회에서 공통적으로 대표적인 두 가지 죄악이라고 할 수 있다.

〔1-3절〕 에브라임 산지에 미가라 이름하는 사람이 있더니 그 어미에게 이르되 어머니께서 은 1천 1백을 잃어버리셨으므로 저주하시고 내 귀에도 말씀하셨더니 보소서, 그 은이 내게 있나이다. 내가 그것을 취하였나이다. 어미가 가로되 내 아들이 여호와께 복 받기를 원하노라 하니라. 미가가 은 1천 1백을 그 어미에게 도로 주매 어미가 가로되 내가 내 아들을 위하여 한 신상을 새기며 한 신상을 부어 만들 차로 내 손에서 이 은을 여호와께 거룩히 드리노라. 그러므로 내가 이제 이 은을 네게 도로 돌리리라.

은 1,100개, 아마 1,100세겔은 삼손 때 블레셋 방백들이 들릴라에게 준 금액으로서 매우 큰 액수이었다. 미가는 그것을 어머니에게서 도둑질하였으나, 어머니의 저주의 말씀을 듣고 두려운 마음이 들어 어머니께 사실을 고한 것 같다. 어머니의 돈을 훔친 것은 큰 죄이다(잠 28:24). 그런데 어머니는 아들의 고백을 듣고 "내 아들이 여호와께 복 받기를 원하노라"고 말했다. 여기에 도덕적 혼란이 있다. 어머니는 아들에게 엄히 책망했어야 했다. 죄의 고백이 복 받을 일은 아니다. 더구나 그가 이미 저주를 선언한 후이었다. 그는 쉽게 저주하고 쉽게 축복하였다. 그것은 다 도덕적 결함이었다.

또 미가의 어머니의 경건도 순수하지 못하였다. 그는 그의 아들을 위하여 한 신상을 새기며 부어만들기를 원하였고 그 우상을 만들기 위해 그 은을 하나님께 거룩히 구별해 드렸다. 이것은 참으로 무지와 혼란일 뿐이다. 그것은 아들을 위하는 일이 아니고 아들을 멸망케 하는 일이었다. 그가 아들을 참으로 위하려면 모든 우상과 우상숭배를 버리고 오직 하나님을 바로 섬겨야 했다.

〔4-5절〕 미가가 그 은을 어미에게 도로 주었으므로 어미가 그 은 2백을 취하여 은장색에게 주어 한 신상을 새기며 한 신상을 부어만들었더니 그 신상이 미가의 집에 있더라. 이 사람 미가에게 신당이 있으므로 또 에봇과 드라빔을 만들고 한 아들을 세워 제사장을 삼았더라.

우상숭배는 미가의 어머니의 문제만이 아니었다. 미가의 집에는 신당이 있었고 그는 에봇과 드라빔도 만들었다. 에봇은 제사장의 옷들 중 하나이다. 또 드라빔은 가정의 수호신으로 섬기는 우상이다. 창세기 31장에 보면, 라헬이 아버지 라반의 신상인 드라빔을 훔쳐 자기 약대의 안장 아래 넣고 그 위에 앉아서 그것을 숨긴 일이 있었다. 미가는 우상숭배자이었다. 그는 또 자기 아들들 중 하나를 세워 제사장을 삼았다. 제사장은 아론의 자손만 될 수 있었다. 에브라임 산지에 살았던 미가는 에브라임 지파의 자손이었을 것이다. 그가 후에 레위인을 제사장으로 삼은 것을 보면 그는 레위 지파 사람도 아니었다. 그럼에도 불구하고, 그가 자기 아들들 중의 하나를 임의로 세워 제사장을 삼은 것은 하나님의 뜻을 어긴 죄악이었다.

〔6절〕 그때에는 이스라엘에 왕이 없으므로 사람마다 자기 소견에 옳은 대로 행하였더라.

본문은 사사 시대를 잘 묘사한다(삿 21:25도). 사람마다 자기 소견에 옳은 대로 행하였다는 표현은 사람들이 주관주의와 인본주의의 넓은 길을 걷고 있었다는 뜻이다. 그 시대에는 이스라엘 백성에게 통일된 하나님의 지식이 없었다. 진리 안에서의 다양성은 좋은 것이지만, 진리에 대한 다양한 견해, 그것도 서로 모순되는 견해를 용납하는 것은 혼란일 뿐이다. 사사 시대가 바로 그런 종교적 포용주의 혹은 다원주의의 시대이었다. 그것은 결국 멸망에 이르는 넓은 길이다. 바른 길은 인간의 주관적 사상들을 버리고 성경에 계시된 진리의 바른 사상을 받아들이고 믿고 실천하는 것이다.

〔7-9절〕 유다 가족에 속한 유다 베들레헴에 한 소년이 있으니 그는 레위인으로서 거기 우거하였더라. 이 사람이 거할 곳을 찾고자 하여 그 성읍 유다 베들레헴을 떠나서 행하다가 에브라임 산지로 가서 미가의 집에 이르매 미가가 그에게 묻되 너는 어디서부터 오느뇨? 그가 이르되 나는 유다 베들레헴의 레위인으로서 거할 곳을 찾으러 가노라.

'유다 베들레헴'은 스불론 지파의 베들레헴(수 19:15)과 구별하는 표현이다(사사기 17장과 19장 및 룻기 1장 등에 나옴). 그는 레위인으로 거기 우거했다. 그는 거할 곳을 찾으려고 유다 베들레헴을 떠나서 행하다가 에브라임 산지로 가서 미가의 집에 이르렀다. 여호수아가 가나안 땅을 정복했을 때, 레위 사람들은 이스라엘 지파들의 지역에서 그들의 거처할 성읍으로 여섯 개의 도피성을 포함하여 48개의 성읍들을 얻었었다(수 21:1-41). 그러나 이스라엘 백성이 십일조를 바치지 않음으로 경제적 어려움 때문에 레위인들은 경제적 안정을 찾아 방황한 것 같다. 그 레위인도 그러하였던 것 같다.

〔10-11절〕 미가가 그에게 이르되 네가 나와 함께 거하여 나를 위하여 아비와 제사장이 되라. 내가 해마다 은 열과 의복 한 벌과 식물을 주리라 하므로 레위인이 들어갔더니 레위인이 그 사람과 함께 거하기를 만족히 여겼으니 이는 그 소년이 미가의 아들 중 하나같이 됨이라.

레위인은 제사장이 될 수 없다. 단지, 그들 중 아론의 자손들만 제사장이 될 수 있었다. 그러나 미가는 그 레위 소년을 자기 집의 제사장으로 초청했다. 그 레위 소년은 경제적 어려움을 가진 터이므로 그 집에 들어가 함께 거하기를 만족히 여겼을 것이다.

〔12-13절〕 미가가 레위인을 거룩히 구별하매 소년이 미가의 제사장이 되어 그 집에 거한지라. 이에 미가가 가로되 레위인이 내 제사장이 되었으니 이제 여호와께서 내게 복 주실 줄을 아노라 하니라.

미가는 종교적 열심이 있었고 하나님의 복을 사모했으나, 잘못된 지식을 가지고 잘못된 방향으로 나아가고 있었다. 그의 우상숭배는 하나님의 복을 받기보다 오히려 그의 징벌을 받기에 적합하였다.

본장의 교훈은 무엇인가? 첫째로, 우리는 우상숭배를 버려야 한다. 우리는 모든 종류의 우상을 버려야 한다. 하나님 대신에 하나님 자리를 차지한 것은 다 우상이다. 우리에게 하나님 대신에 절대적 의미와 가치를 지닌 것은 다 우상이다. 우리의 절대적 의미와 가치는 하나님뿐이어야 한다. 하나님께서는 우리의 최종적, 절대적 의미이시며 가치이시다. 그러므로 이 세상의 우상숭배의 어두움에서 방황하는 사람들은 다 하나님께로 돌아와야 하고 참된 경건을 회복해야 한다.

둘째로, 우리는 진리의 바른 지식이 필요하다. 우리는 우리 소견에 옳은 대로 살아서는 안 된다. 우리는 하나님의 뜻과 진리의 지식대로 살아야 한다. 하나님에 대한 바른 지식이 성경에 있다. 하나님의 모든 뜻은 신구약 66권에 충분하게 다 계시되어 있다. 우리는 그 책에 정통해야 한다. 오늘날처럼 여러 사상과 주장이 많은 시대에 우리는 더욱 성경으로 돌아가야 한다. 우리는 사람들의 말에 귀를 기울이지 말고 하나님의 말씀인 성경에 귀를 기울이며 그 교리와 생활 교훈에 주목해야 한다. 또 우리는 성경을 바르게, 건전하게 해석해야 한다.

셋째로, 우리는 하나님의 계명대로, 성경의 교훈대로 바르게 살아야 한다. 죄인은 죄를 회개하고 예수 그리스도를 믿음으로 구원을 받고 경건과 도덕성의 회복을 얻어야 한다. 우리는 경건하고 온전한 인격이 되기 위해 힘써야 한다. 성경은 우리의 발에 등이요 우리의 길에 빛이다(시 119:105). 성경은 하나님의 감동으로 된 것으로 교훈과 책망과 바르게 함과 의로 교육하기에 유익하며 하나님의 사람으로 온전케 한다(딤후 3:16-17). 우리는 모든 성경말씀을 다 믿고 그 모든 교훈을 다 행해야 한다. 우리는 교리적으로, 윤리적으로 온전해야 한다.

18장: 단 지파의 우상숭배

〔1절〕 그때에 이스라엘에 왕이 없었고 단 지파는 이때에 거할 기업의 땅을 구하는 중이었으니 이는 그들이 이스라엘 지파 중에서 이때까지 기업의 땅 분배함을 얻지 못하였음이라.

단 지파는 여호수아 때에 소라와 에스다올과 아얄론과 에그론 등의 성읍들과 욥바 맞은편 경계까지 기업으로 얻었으나(수 19:40-46), 사사기 1:34에 보면, 아모리 사람이 그들을 산지로 쫓아들이고 골짜기에 내려오기를 용납지 아니했고 그래서 그들은 다른 곳에서 기업의 땅을 구하고 있었던 것 같다.

〔2-6절〕 단 자손이 소라와 에스다올에서부터 자기 온 가족 중 용맹 있는 다섯 사람을 보내어 땅을 탐지하고 살피게 하며 그들에게 이르되 너희는 가서 땅을 살펴보라 하매 그들이 에브라임 산지에 가서 미가의 집에 이르러 거기서 유숙하니라. 그들이 미가의 집에 가까이 올 때에 레위 소년의 음성을 알아듣고 그리로 돌이켜 가서 그에게 이르되 누가 너를 이리로 인도하였으며 네가 여기서 무엇을 하며 여기서 무엇을 얻었느냐? 그가 그들에게 이르되 미가가 여차여차히 나를 대접하여 나를 고빙하여 나로 자기 제사장을 삼았느니라. 그들이 그에게 이르되 청컨대 우리를 위하여 하나님께 물어보아서 우리의 행하는 길이 형통할는지 우리에게 알게 하라. 그 제사장이 그들에게 이르되 평안히 가라. 너희의 행하는 길은 여호와 앞에 있느니라.

단 자손들이 땅을 탐지하려 보낸 용맹 있는 다섯 사람은 미가의 우상숭배를 책망하지 않고 오히려 그 레위 소년에게 하나님의 뜻을 물었다. 그 소년은 그들에게 하나님의 평안이 있으리라고 말했다.

〔7-10절〕 이에 다섯 사람이 떠나 라이스에 이르러 거기 있는 백성을 본즉 염려 없이 거하여 시돈 사람같이 한가하고 평안하니 그 땅에는 권세 잡은 자가 없어서 무슨 일에든지 괴롭게 함이 없고 시돈 사람과 상거가 멀며 아무 사람과도 상종하지 아니함이라. 그들이 소라와 에스다올

에 돌아와서 그 형제에게 이르매 형제들이 그들에게 묻되 너희 보기에 어떠하더뇨? 가로되 일어나서 그들을 치러 올라가자. 우리가 그 땅을 본즉 매우 좋더라. 너희는 가만히 있느냐? 나아가서 그 땅 얻기를 게을리 말라. 너희가 가면 평안한 백성을 만날 것이요 그 땅은 넓고 그곳에는 세상에 있는 것이 하나도 부족함이 없느니라. 하나님이 너희 손에 붙이셨느니라.

그 다섯 사람은 라이스에 한가하고 평안한 사람들이 있으니 올라가 그들을 쳐서 기업을 삼자고 그 형제들에게 보고하였다.

〔11-16절〕 단 지파 가족 중 6백명이 병기를 띠고 소라와 에스다올에서 출발하여 올라가서 유다 기럇여아림에 진치니 이러므로 그곳 이름이 오늘까지 마하네단[단의 진영]**이며 그곳은 기럇여아림 뒤에 있더라. 무리가 거기서 떠나서 에브라임 산지 미가의 집에 이르니라. 전에 라이스 땅을 탐지하러 갔던 다섯 사람이 그 형제들에게 말하여 가로되 이 집에 에봇과 드라빔과 새긴 신상과 부어만든 신상이 있는 줄을 너희가 아느냐? 그런즉 이제 너희는 마땅히 행할 것을 생각하라 하고 다섯 사람이 그 편으로 향하여 소년 레위 사람의 집 곧 미가의 집에 이르러 문안하고 단 자손 6백명은 병기를 띠고 문 입구에 서니라.**

단 지파의 용사 600명은 라이스로 가다가 에브라임 산지 미가의 집에 이르렀다. 이전에 땅을 탐지하러 갔던 다섯 사람이 그들에게 그 집에 레위 사람 제사장이 있음을 말하자 그들은 그 집 앞에 섰다.

〔17-20절〕 땅을 탐지하러 갔던 다섯 사람이 그리로 들어가서 새긴 신상과 에봇과 드라빔과 부어만든 신상을 취할 때에 제사장은 병기를 띤 6백명과 함께 문 입구에 섰더니 그 다섯 사람이 미가의 집에 들어가서 그 새긴 신상과 에봇과 드라빔과 부어만든 신상을 취하여 내매 제사장이 그들에게 묻되 너희가 무엇을 하느냐? 그들이 그에게 이르되 잠잠하라. 네 손을 입에 대라. 우리와 함께 가서 우리의 아비와 제사장이 되라. 네가 한 사람의 집의 제사장이 되는 것과 이스라엘 한 지파, 한 가족의 제사장이 되는 것이 어느 것이 낫겠느냐? 제사장이 마음에 기뻐하여 에봇과 드라빔과 새긴 우상을 취하고 그 백성 중으로 들어가니라.

땅을 탐지하러 갔던 그 다섯 사람은 그리로 들어가서 새긴 신상과 에봇과 드라빔과 부어만든 신상을 취했다. 그것은 명백히 강도짓이었다. 그들은 그 제사장에게 그들과 함께 가서 그들의 아비와 제사장이 되라고 제안하였다. 그 제사장은 그 말을 듣고 마음에 기뻐하여 에봇과 드라빔과 새긴 우상을 취하고 그 백성 중으로 들어갔다. 그 레위 사람도 의와 진리 안에서 신실하게 행하지 않았다.

〔21-26절〕 그들이 돌이켜서 어린아이들과 가축과 물품을 앞에 두고 진행하더니 미가의 집을 멀리 떠난 때에 미가의 이웃집 사람들이 모여서 단 자손을 따라 미쳐서는 단 자손을 부르는지라. 그들이 낯을 돌이켜 미가에게 이르되 네가 무슨 일로 이같이 모아가지고 왔느냐? 미가가 가로되 나의 지은 신들과 제사장을 취하여 갔으니 내게 오히려 있는 것이 무엇이냐? 너희가 어찌하여 나더러 무슨 일이냐 하느냐? 단 자손이 그에게 이르되 네 목소리를 우리에게 들리게 말라. 노한 자들이 너희를 쳐서 네 생명과 네 가족의 생명을 잃게 할까 하노라 하고 단 자손이 자기 길을 행한지라. 미가가 단 자손이 자기보다 강한 것을 보고 돌이켜 집으로 돌아갔더라.

단 자손들은 미가의 우상들을 강탈하였고 그들을 따라온 사람들을 죽음으로 위협하였다. 우상숭배는 부도덕한 일들과 친구이다. 참 경건만이 정직과 선함과 겸손과 진실을 동반한다.

〔27-31절〕 단 자손이 미가의 지은 것과 그 제사장을 취하고 라이스에 이르러 한가하고 평안한 백성을 만나 칼날로 그들을 치며 불로 그 성읍을 사르되 그들을 구원할 자가 없었으니 그 성읍이 베드르홉 가까운 골짜기에 있어서 시돈과 상거가 멀고 상종하는 사람도 없음이었더라. 단 자손이 성읍을 중건하고 거기 거하며 이스라엘의 소생 그 조상 단의 이름을 따라 그 성읍을 단이라 하니라. 그 성읍의 본 이름은 라이스더라. 단 자손이 자기를 위하여 그 새긴 신상을 세웠고 모세의 손자 게르손의 아들 요나단과 그 자손은 단 지파의 제사장이 되어 이 백성이 사로잡히는 날까지 이르렀더라. 하나님의 집이 실로에 있을 동안에 미가의 지은 바 새긴 신상이 단 자손에게 있었더라

'모세'라는 말은 히브리어 전통본문에는 '므낫세'라고 되어 있다.[21] 이 구절은 정통유대교 서기관들인 마소라 학자들이 구약성경에서 글자의 진실성을 의심하여 글자를 정상적인 줄 위에 쓴 네 곳 중의 한 곳이다. 즉 마소라 학자들은 이 구절을 므낫세보다 모세일 가능성이 많다고 보았다. 모세라는 본문은 그가 레위 소년이라는 뜻에도 맞다. 그러나 므낫세라고 하면 어려움이 있다. 성경에는 레위 자손 중에 므낫세라는 이름의 아들이 없는 것 같기 때문이다.

'사로잡히는 날까지'라는 표현은 사무엘이나 사울 때에 블레셋에게 패배한 때를 가리키든지, 아니면 북방 이스라엘이 앗수르에 망하고 포로로 잡혀간 때를 가리킬 것이다. 하나님의 집이 실로에 있을 동안 미가가 만든 새긴 신상이 단 자손들에게 있었다.

본장은 사사 시대의 한 예로서, 단 지파의 다섯 명의 정탐꾼이나 선발된 600명의 병사들이나 단 지파 전체가 우상숭배에 빠져 있었음을 증거한다. 사사 시대에는 거짓된 신들, 거짓된 제사장들, 거짓된 예배들이 유행하였다. 오늘날에도 교회들과 교인들 가운데 여러 가지 혼란한 일들이 많다. 자유주의 신학, 교회연합운동, 은사주의, 세상적 음악, 돈 사랑 등의 풍조가 많다. 더 이상 경건하고 거룩한 교회의 모습을 가지지 못하는 교회들이 적지 않은 것 같다. 그러나 우리는 개인적으로, 교회적으로 신구약성경에 계시되고 교훈된 대로만 믿고 살아가야 한다. 우리는 오직 성경이 밝히 계시하는 삼위일체 하나님만 섬겨야 한다. 또 우리는 오직 주 예수 그리스도만 믿고 의지하고 그의 재림만 소망해야 한다. 또 우리는 오직 하나님의 계명대로, 성경의 교훈대로 경건하고 거룩하고 올바르고 선하고 진실하게만 살아야 한다.

---

21) 어떤 영어성경들(KJV, NASB)은 히브리어 전통본문대로 '므낫세'라고 읽지만, 고대 헬라어 70인역(LXX), 옛 라틴어역, 라틴어 벌게이트역은 '모세'라고 읽었다. '게르손'은 원문에 '게르솜'이라고 되어 있다.

19장: 기브아의 죄악

본장은 베냐민 지파에 속한 기브아 성읍의 동성애와 집단 강간의 악행의 부끄러운 일을 그대로 증거한다. 이것은 인간의 극악한 부패성과 구약교회의 심각한 부패상을 증거한다.

〔1-3절〕 이스라엘에 왕이 없을 그때에 에브라임 산지 구석에 우거하는 어떤 레위 사람이 유다 베들레헴에서 첩을 취하였더니 그 첩이 행음하고 남편을 떠나 유다 베들레헴 그 아비의 집에 돌아가서 거기서 넉달의 날을 보내매 그 남편이 그 여자에게 다정히 말하고 그를 데려오고자 하여 하인 하나와 나귀 두 필을 데리고 그에게로 가매 여자가 그를 인도하여 아비의 집에 들어가니 그 여자의 아비가 그를 보고 환영하니라.

결혼은 한 남자와 한 여자 간에 이루어져야 한다. 그러나 경건해야 할 이 레위인은 육신의 감정에 있어서 연약했고 절제심이 적었고 한 아내로 만족하지 못하고 첩을 두었고 게다가 그의 첩은 음행을 했다. 음행은 사형에 해당하는 중죄(重罪)이다. 이 첩은 행실이 단정치 못했을 뿐 아니라 아내의 의무에 성실치 않은 자이었다. 그러나 그 남편은 그 일에 대해 너그러운 용서심을 가진 자이었다.

〔4-15절〕 그 첩 장인 곧 여자의 아비가 그를 머물리매 그가 삼일을 그와 함께 거하며 먹고 마시며 거기서 유숙하다가 나흘만에 일찌기[일찍이] **일어나 떠나고자 하매 여자의 아비가 그 사위에게 이르되 떡을 조금 먹어 그대의 기력을 도운 후에 그대의 길을 행하라. 두 사람이 앉아서 함께 먹고 마시매 여자의 아비가 그 사람에게 이르되 청하노니 이 밤을 여기서 유숙하여 그대의 마음을 즐겁게 하라. 그 사람이 일어나서 가고자 하되 첩 장인의 간청으로 다시 유숙하더니 다섯째 날 아침에 일찌기** [일찍이] **일어나 떠나고자 하매 여자의 아비가 이르되 청하노니 그대의 기력을 돕고 해가 기울도록 머물라 하므로 두 사람이 함께 먹고 그 사람이 첩과 하인으로 더불어 일어나 떠나고자 하매 그 첩 장인 곧 여자의 아비가 그에게 이르되 보라, 이제 해가 저물어가니 청컨대 이 밤도 유숙**

하라. 보라, 해가 기울었느니라. 그대는 여기서 유숙하여 그대의 마음을 즐겁게 하고 내일 일찌기[일찍이] **그대의 길을 행하여 그대의 집으로 돌아가라. 그 사람이 다시 밤을 지내고자 아니하여 일어나 떠나서 여부스 맞은편에 이르렀으니 여부스는 곧 예루살렘이라. 안장 지운 나귀 둘과 첩이 그와 함께 하였더라. 그들이 여부스에 가까왔을 때에 해가 지려 하는지라. 종이 주인에게 이르되 청컨대 우리가 돌이켜 여부스 사람의 이 성읍에 들어가서 유숙하사이다. 주인이 그에게 이르되 우리가 돌이켜 이스라엘 자손에게 속하지 아니한 외인의 성읍으로 들어갈 것이 아니니 기브아로 나아가리라 하고 또 그 종에게 이르되 우리가 기브아나 라마 중 한 곳에 나아가 거기서 유숙하자 하고 모두 앞으로 행하더니 베냐민에 속한 기브아에 가까이 이르러는 해가 진지라. 기브아에 가서 유숙하려고 그리로 돌이켜 들어가서 성읍 거리에 앉았으나 그를 집으로 영접하여 유숙케 하는 자가 없었더라.**

그 첩의 장인은 그를 삼일 동안 머물게 하였고 그와 함께 거하며 먹고 마시며 거기서 유숙하였고, 나흘째 날에도 그를 머물게 하였고 다섯째 날에도 그렇게 하려 하였으나, 그 레위인은 해가 기울어가는 때에 일어나 떠났고, 해가 지려 하는 때에 여부스 곧 예루살렘 맞은편에 이르렀다. 그들은 베냐민에 속한 기브아에 유숙하려고 들어갔다. 그러나 그를 집으로 영접하여 유숙케 하는 자가 없었다. 경건과 선행은 같이 간다. 악한 자는 불경건할 뿐 아니라, 이웃 사랑도 없어서 이웃에게 불친절하고 나그네를 대접할 줄도 모른다.

〔16-21절〕 이미 저물매 한 노인이 밭에서 일하다가 돌아오니 그 사람은 본래 에브라임 산지 사람으로서 기브아에 우거하는 자요 그곳 사람들은 베냐민 사람이더라. 노인이 눈을 들어 성읍 거리에 행객이 있는 것을 본지라. 노인이 묻되 그대는 어디로 가며 어디서 왔느뇨? 그가 그에게 이르되 우리는 유다 베들레헴에서 에브라임 산지 구석으로 가나이다. 나는 그곳 사람으로서 유다 베들레헴에 갔다가 이제 여호와의 집으로 가는 중인데 나를 자기 집으로 영접하는 사람이 없나이다. 우리에게는 나귀들에게 먹일 짚과 보리가 있고 나와 당신의 여종과 당신의 종 우

리들과 함께한 소년의 먹을 양식과 포도주가 있어 무엇이든지 부족함이 없나이다. 노인이 가로되 그대는 안심하라. 그대의 모든 쓸 것은 나의 담책이니 거리에서는 자지 말라 하고 그를 데리고 자기 집에 들어가서 나귀에게 먹이니 그들이 발을 씻고 먹고 마시니라.

에브라임 출신으로 거기 우거하던 노인은 선하고 인정이 있었다.

〔22-26절〕 그들이 마음을 즐겁게 할 때에 그 성읍의 비류들이 그 집을 에워싸고 문을 두들기며 집 주인 노인에게 말하여 가로되 네 집에 들어온 사람을 끌어내라. 우리가 그를 상관하리라. 집 주인 그 사람이 그들에게로 나와서 이르되 아니라, 내 형제들아, 청하노니 악을 행치 말라. 이 사람이 내 집에 들었으니 이런 망령된 일을 행치 말라. 보라, 여기 내 처녀 딸과 이 사람의 첩이 있은즉 내가 그들을 끌어내리니 너희가 그들을 욕보이든지 어찌하든지 임의로 하되 오직 이 사람에게는 이런 망령된 일을 행치 말라 하나 무리가 듣지 아니하므로 그 사람이 자기 첩을 무리에게로 붙들어 내매 그들이 그에게 행음하여 밤새도록 욕보이다가 새벽 미명에 놓은지라. 동틀 때에 여인이 그 주인의 우거한 그 사람의 집 문에 이르러 엎드러져 밝기까지 거기 누웠더라.

'상관한다'는 원어는 '안다'는 뜻으로 '성관계를 가진다'는 뜻이다. 그 불량배들은 노인에 대한 공경심과 나그네에 대한 친절이나 예절이 없었고 폭력적이고 음란했다. 그들은 동성애의 음란 행위를 원하였다. 그것은 마치 소돔 고모라 시대의 상황과 비슷하였다(창 19:5). '망령된 일'(<u>니발라</u> נְבָלָה)이란 '수치스럽고 어리석은 악행'이라는 뜻이다. 그 노인은 두 번 "이 망령된 일을 행치 말라"고 말했다. 두 번째의 원어는 강한 금지를 나타낸다.[22] 노인은 경건하고 도덕성이 있었다. 그의 딸이 '처녀'이었던 것도 그 사실을 증거한다. 그 불량배들은 그 첩을 행음하여 밤새도록 욕보이며 새벽 미명에 그를 놓아

---

22) 첫 번째의 '행치 말라'는 원어는 <u>알 타아수</u>(אַל־תַּעֲשׂוּ)이지만 두 번째의 '행치 말라'는 원어는 <u>로 타아수</u>(לֹא תַעֲשׂוּ)이다. <u>로</u>(לֹא)라는 단어는 강한 금지를 표시할 때만 쓰인다.

보내었다. 집단 강간을 한 것이다. 동틀 때에 그 여인은 그 주인의 우거한 집 문에 이르러 엎드러져 밝기까지 누웠고 마침내 죽었다.

〔27-30절〕 그의 주인이 일찌기 일어나 집 문을 열고 떠나고자 하더니 그 여인이 집 문에 엎드러지고 그 두 손이 문지방에 있는 것을 보고 그에게 이르되 일어나라. 우리가 떠나가자 하나 아무 대답이 없는지라. 이에 그 시체를 나귀에 싣고 행하여 자기 곳에 돌아가서 그 집에 이르러서는 칼을 취하여 첩의 시체를 붙들어 그 마디를 찍어 열두 덩이에 나누고 그것을 이스라엘 사방에 두루 보내매 그것을 보는 자가 다 가로되 이스라엘 자손이 애굽 땅에서 나온 날부터 오늘날까지 이런 일은 행치도 아니하였고 보지도 못하였도다. 생각하고 상의한 후에 말하자 하니라.

사사시대의 두드러진 두 가지 죄악은 우상숭배와 음란이었다. 작은 죄악의 포용은 한 마을 전체의 분위기를 부패시키고 한 부패된 마을의 포용은 한 지파 전체의 분위기를 부패시킨다. 작은 누룩은 온 덩이에 퍼진다. 그러므로 작은 죄 하나를 용납하지 않는 것이 중요하다.

우리는 우상숭배와 음행을 피하고 거룩한 삶을 살아야 한다. 탐욕과 음행은 큰 죄이다. 사도 바울은 "땅에 있는 지체를 죽이라. 곧 음란과 부정과 사욕과 악한 정욕과 탐심이니 탐심은 우상숭배니라"고 말했다(골 3:5). 또 히브리서 13:4는, 혼인은 모두에게 귀하며 잠자리는 더럽지 않은 것이지만, 음행하는 자들과 간음하는 자들을 하나님께서 심판하실 것이라고 말한다. 우리는 우상숭배와 음행을 피해야 한다.

그러면, 우리는 개인적으로 어떻게 거룩하게 살 수 있는가? 우리는 오직 하나님의 은혜로, 성령님의 도우심으로 거룩한 삶을 살 수 있다. 또 인간편에서도 우리는 거룩하게 살려는 굳은 결심과 성실한 노력을 해야 하고, 또 하나님께서 주신 좋은 부부관계도 유지해야 한다. 또한 교회는 권징을 충실히 시행함으로써 경건과 도덕성의 해이와 부패를 막아야 한다. 교리적 도덕적 오류를 품고 잘못된 행동을 하는 자가 있다면 우리는 그를 권면하며 책망하고 그와의 교제를 끊어야 한다.

20장: 이스라엘이 베냐민 지파와 싸움

〔1-3절〕 이에 모든 이스라엘 자손이 단에서부터 브엘세바까지와 길르앗 땅에서 나왔는데 그 회중이 일제히 미스바에서 여호와 앞에 모였으니 온 백성의 어른 곧 이스라엘 모든 지파의 어른들은 하나님 백성의 총회에 섰고 칼을 빼는 보병은 40만이었으며 이스라엘 자손의 미스바에 올라간 것을 베냐민 자손이 들었더라. 이스라엘 자손이 가로되 이 악한 일의 정형을 우리에게 고하라.

본장에 '일제히'라는 말이 세 번 나온다. 두 번은 '일제히'라고 번역되었고(1, 8절) 한 번은 '하나같이'라고 번역되었다(11절). '일제히' 혹은 '하나같이'라는 원어(케이쉬 에카드 כְּאִישׁ אֶחָד)는 '한 사람같이'라는 뜻이다. 세 번째의 경우는 '합심하여, 연합하여'라는 말(카베림 חֲבֵרִים)이 함께 쓰였다. 비록 기브아와 베냐민의 죄악 때문에 이스라엘 전체의 단합은 깨어졌지만, 그 나머지 지파들은 일치단합된 모습을 보였다. 그들은 한 사람같이 모였다.

〔4-7절〕 레위 사람 곧 죽임을 당한 여인의 남편이 대답하여 가로되 내가 내 첩으로 더불어 베냐민에 속한 기브아에 유숙하러 갔더니 기브아 사람들이 나를 치러 일어나서 밤에 나의 우거한 집을 에워싸고 나를 죽이려 하고 내 첩을 욕보여서 그로 죽게 한지라. 내가 내 첩의 시체를 취하여 쪼개어 이스라엘 기업의 온 땅에 보내었노니 이는 그들이 이스라엘 중에서 음행과 망령된 일을 행하였음을 인함이로라. 이스라엘 자손들아, 너희가 다 여기 있은즉 너희의 의견과 방책을 낼지니라.

'음행'이라는 원어(짐마 זִמָּה)는 '악행, 음탕함'이라는 뜻이며, '망령된 일'이라는 원어(네발라 נְבָלָה)는 '수치스럽고 어리석은 일'이라는 뜻이다. 기브아인들의 집단 강간은 수치스럽고 어리석은 일이다.

〔8-11절〕 모든 백성이 일제히 일어나며 가로되 우리가 하나라도 자기 장막으로 돌아가지 아니하며 하나라도 자기 집으로 들어가지 아니하고 우리가 기브아 사람에게 이렇게 행하리니 곧 제비 뽑아서 그들을 치

되 우리가 이스라엘 모든 지파 중에서 백에 열, 천에 백, 만에 천을 취하고 그 백성을 위하여 양식을 예비하고 그들로 베냐민의 기브아에 가서 그 무리의 이스라엘 중에서 망령된 일을 행한 대로 징계하게 하리라 하니라. 이와 같이 이스라엘 모든 사람이 하나같이 합심하여 그 성읍을 치려고 모였더라.

이스라엘 모든 사람은 하나같이 연합하여 그 성읍을 치려 하였다.

〔12-14절〕 이스라엘 지파들이 베냐민 온 지파에 사람들을 보내어 두루 행하며 이르기를 너희 중에서 생긴 이 악이 어찜이뇨? 그런즉 이제 기브아 사람 곧 그 비류를 우리에게 붙여서 우리로 죽여 이스라엘 중에 악을 제하여 버리게 하라 하나 베냐민 자손이 그 형제 이스라엘 자손의 말을 듣지 아니하고 도리어 각 성읍에서 기브아에 모이고 나가서 이스라엘 자손과 싸우고자 하니.

그들은 베냐민 온 지파에 사람들을 보내어 두루 행하며 기브아의 불량배들을 우리에게 붙여 죽이게 하라고 말했으나 베냐민 자손은 이스라엘 자손의 말을 듣지 않았고 도리어 각 성에서 기브아에 모여 이스라엘 자손과 싸우고자 하였다.

〔15-18절〕 그때에 성읍들에서 나온 베냐민 자손의 수는 칼을 빼는 자가 모두 2만 6천이요 그 외에 기브아 거민 중 택한 자가 7백인데 이 모든 백성 중에서 택한 7백명은 다 왼손잡이라. 물매로 돌을 던지면 호리도 틀림이 없는 자더라. 베냐민 자손 외에 이스라엘 사람의 칼을 빼는 자의 수는 40만명이니 다 전사라. 이스라엘 자손이 일어나 벧엘에 올라가서 하나님께 묻자와 가로되 우리 중에 누가 먼저 올라가서 베냐민 자손과 싸우리이까? 여호와께서 가라사대 유다가 먼저일지니라.

그때에 성읍들에서 나온 베냐민 자손의 용사의 수는 26,000명이요, 그 외에 기브아 거민 중 택한 자 700명은 다 물매로 돌을 던지면 호리도 틀림이 없는 왼손잡이 전사들이었다. 이스라엘 사람의 용사들의 수는 40만명이었다.

〔19-23절〕 이스라엘 자손이 아침에 일어나 기브아를 대하여 진을 치니라. 이스라엘 사람들이 나가서 항오를 벌이고 거기서 그들과 싸우

고자 하매 베냐민 자손이 기브아에서 나와서 당일에 이스라엘 사람 2만 2천을 땅에 엎드러뜨렸으나 이스라엘 사람들이 스스로 용기를 내어 첫날 항오를 벌였던 곳에 다시 항오를 벌이니라. 이스라엘 자손이 올라가서 여호와 앞에서 저물도록 울며 여호와께 묻자와 가로되 내가 다시 나아가서 나의 형제 베냐민 자손과 싸우리이까? 여호와께서 가라사대 올라가서 치라 하시니라.

이스라엘 자손은 베냐민 자손과 싸웠으나 베냐민 자손은 이스라엘 사람 22,000명을 땅에 엎드러뜨렸다.

〔24-28절〕 그 이튿날에 이스라엘 자손이 베냐민 자손을 치러 나아가매 베냐민도 그 이튿날에 기브아에서 그들을 치러 나와서 다시 이스라엘 자손 1만 8천을 땅에 엎드러뜨렸으니 다 칼을 빼는 자였더라. 이에 온 이스라엘 자손 모든 백성이 올라가서 벧엘에 이르러 울며 거기서 여호와 앞에 앉고 그 날이 저물도록 금식하고 번제와 화목제를 여호와 앞에 드리고 여호와께 물으니라. (그때에는 하나님의 언약궤가 거기 있고 아론의 손자 엘르아살의 아들 비느하스가 그 앞에 모셨더라.) 이스라엘 자손이 묻자오되 내가 다시 나가 나의 형제 베냐민 자손과 싸우리이까? 말리이까? 여호와께서 가라사대 올라가라. 내일은 내가 그를 네 손에 붙이리라.

그 이튿날에도 베냐민 자손이 다시 이스라엘 자손 18,000명을 땅에 엎드러뜨렸다. 이스라엘 자손은 이틀 동안 40.000명이 전사한 것이다. 이스라엘 백성이 그 이틀간의 전쟁에서 패배한 까닭이 무엇일까? 우상숭배와 음행은 단 지파나 기브아만의 문제가 아니라 당시의 이스라엘 사회 전반의 문제이었던 것 같고 하나님께서는 그것을 어느 정도 징벌하셨다고 보인다. 또 기브아의 음란한 소문은 일찍 이스라엘의 다른 곳들에 알려졌을 것이나 그들이 그것을 대수롭지 않게 여겼고 그것을 권징하지 않았던 잘못도 컸다고 보인다. 작은 누룩은 마침내 베냐민 지파 전체에 도덕적 해이를 가져왔다.

〔29-32절〕 이스라엘이 기브아 사면에 군사를 매복하니라. 이스라엘 자손이 제3일에 베냐민 자손에게로 치러 올라가서 전과 같이 기브아를

대하여 항오를 벌이매 베냐민 자손이 나와서 백성을 맞더니 꾀임에 빠져 성읍을 떠났더라. 그들이 큰길 곧 한편은 벧엘로 올라가는 길이요 한편은 기브아의 들로 가는 길에서 백성을 쳐서 전과 같이 이스라엘 사람 30명 가량을 죽이기 시작하며 스스로 이르기를 이들이 처음과 같이 우리 앞에서 패한다 하나 이스라엘 자손은 이르기를 우리가 도망하여 그들을 성읍에서 큰 길로 꾀어내자 하고.

이번에는 이스라엘 자손이 기브아 사면에 군사를 매복하였다.

〔33-37절〕 이스라엘 사람이 모두 그 처소에서 일어나서 바알다말에 항오를 벌였고 그 복병은 그 처소 곧 기브아 초장에서 쏟아져 나왔더라. 온 이스라엘 사람 중에서 택한 사람 1만이 기브아에 이르러 치매 싸움이 심히 맹렬하나 베냐민 사람은 화가 자기에게 미친 줄을 알지 못하였더라. 여호와께서 이스라엘 앞에서 베냐민을 쳐서 파하게 하시매 당일에 이스라엘 자손이 베냐민 사람 2만 5천 1백을 죽였으니 다 칼을 빼는 자이었더라. 이에 베냐민 자손이 자기가 패한 것을 깨달았으니 이는 이스라엘 사람이 기브아에 매복한 군사를 믿고 잠간 베냐민 사람 앞을 피하매 복병이 급히 나와 기브아에 돌입하고 나아가며 칼날로 온 성읍을 쳤음이더라.

'초장'이라는 원어(마아레 מַעֲרֶה)는 '빈 들판'이라는 뜻이다(BDB). 여호와께서 이스라엘 자손 앞에서 베냐민 자손을 쳐서 파하게 하셨으므로 당일에 이스라엘 자손은 베냐민 사람 25,100명을 죽였다.

〔38-42절〕 처음에 이스라엘 사람과 복병 사이에 상약하기를 성읍에서 큰 연기가 치미는 것으로 군호를 삼자 하고 이스라엘 사람은 싸우다가 물러가고 베냐민 사람은 이스라엘 사람 30명 가량을 쳐죽이기를 시작하며 이르기를 이들이 정녕 처음 싸움같이 우리에게 패한다 하다가 연기 구름이 기둥같이 성읍 가운데서 일어날 때에 베냐민 사람이 돌아보매 온 성읍에 연기가 하늘에 닿았고 이스라엘 사람은 돌이키는지라. 베냐민 사람이 화가 자기에게 미친 것을 보고 심히 놀라 이스라엘 사람 앞에서 몸을 돌이켜 광야 길로 향하였으나 군사가 급히 추격하며 각 성읍에서 나온 자를 그 가운데서 진멸하니라.

〔43-48절〕 그들이 베냐민 사람을 에워쌌더니 기브아 앞 동편까지 쫓으며 그 쉬는 곳에서 짓밟으매 베냐민 중에서 엎드러진 자가 1만 8천이니 다 용사더라. 그들이 몸을 돌이켜 광야로 도망하여 림몬 바위에 이르는 큰길에서 이스라엘이 또 5천명을 이삭 줍듯 하고 또 급히 따라 기돔에 이르러 또 2천명을 죽였으니 이 날에 베냐민의 칼을 빼는 자의 엎드러진 것이 모두 2만 5천이니 다 용사더라. 베냐민 6백명이 돌이켜 광야로 도망하여 림몬 바위에 이르러 거기서 넉달을 지내었더라. 이스라엘 사람이 베냐민 자손에게로 돌아와서 온 성읍과 가축과 만나는 자를 다 칼날로 치고 닥치는 성읍마다 다 불살랐더라.

'쉬는 곳'이라는 원어(메누카 מְנוּחָה)는 '쉬는 곳'이라는 뜻을 가진 지명(地名)인 것 같다(BDB). 이스라엘 사람은 베냐민의 땅의 온 성읍을 불살랐고 모든 사람들과 가축들을 다 죽였다. 도망한 6백명 외에는, 한 지파가 거의 다 멸절되었다.

본장의 교훈은 무엇인가? 첫째로, 우리는 교회의 거룩을 잘 지켜야 한다. 교회는 법적으로 이미 거룩하지만 실제적으로도 거룩해야 한다. 하나님께서 세상에 교회를 세우신 목적은, "물로 씻어 말씀으로 깨끗하게 하사 거룩하게 하시고 자기 앞에 영광스러운 교회로 세우사 티나 주름잡힌 것이나 이런 것들이 없이 거룩하고 흠이 없게 하려 하심"이었다(엡 5:26-27). 그러므로 교회는 음행을 포용해서는 안 된다.

둘째로, 우리는 교회에 권징이 필요함을 인식해야 한다. 권징이 없는 교회는 사상적으로나 윤리적으로 해이해진다. 우리는 이단에 속한 사람을 한두 번 훈계한 후에 멀리해야 하고(딛 3:10) 또 교인들 중에 음행하거나 탐욕적이거나 우상숭배하거나 남을 욕하거나 술취하거나 남의 것을 빼앗는 자가 있다면 그런 자와 교제를 끊고 그를 교회에서 내어쫓아야 한다(고전 5:11-13). 우리는 주 예수 그리스도와 성경말씀만 믿고 성경 교훈대로 모든 죄를 버리고 겸손히 의와 선만 실행해야 하고 또 교회는 성경의 교훈대로 권징을 충실히 시행해야 한다.

21장: 베냐민 지파의 회복

〔1-4절〕 이스라엘 사람들이 미스바에서 맹세하여 이르기를 우리 중에 누구든지 딸을 베냐민 사람에게 아내로 주지 아니하리라 하였더라. 백성이 벧엘에 이르러 거기서 저녁까지 하나님 앞에 앉아서 대성통곡하여 가로되 이스라엘의 하나님 여호와여, 오늘날 이스라엘 중에 어찌하여 한 지파가 이즈러졌나이까 하더니 이튿날에 백성이 일찌기[일찍이] **일어나서 거기 한 단을 쌓고 번제와 화목제를 드렸더라.**

번제는 속죄와 헌신을 상징하며 화목제는 속죄와 교제를 상징한다. 그들은 하나님 앞에서 회개하며 속죄의 은혜를 구하며 헌신을 다짐하고 하나님과의 교제를 구한 것이라고 보인다.

〔5-7절〕 이스라엘 자손이 가로되 이스라엘 온 지파 중에 총회와 함께하여 여호와 앞에 올라오지 아니한 자가 누구뇨 하니 이는 그들이 크게 맹세하기를 미스바에 와서 여호와 앞에 이르지 아니하는 자는 반드시 죽일 것이라 하였음이라. 이스라엘 자손이 그 형제 베냐민을 위하여 뉘우쳐 가로되 오늘날 이스라엘 중에 한 지파가 끊쳤도다. 그 남은 자들에게 우리가 어떻게 하면 아내를 얻게 하리요? 우리가 전에 여호와로 맹세하여 우리 딸을 그들의 아내로 주지 아니하리라 하였도다.

이스라엘 자손은 열두 지파 중 한 지파가 없어지게 된 상황을 안타까워하며 베냐민 지파의 회복에 대해 큰 관심을 가졌다.

〔8-12절〕 또 가로되 이스라엘 지파 중 미스바에 올라와서 여호와께 이르지 아니한 자가 누구뇨 하고 본즉 야베스 길르앗에서는 한 사람도 진에 이르러 총회에 참여치 아니하였으니 백성을 계수할 때에 야베스 길르앗 거민이 하나도 거기 없음을 보았음이라. 회중이 큰 용사 1만 2천을 그리로 보내며 그들에게 명하여 가로되 가서 야베스 길르앗 거민과 및 부녀와 어린아이를 칼날로 치라. 너희의 행할 일은 모든 남자와 남자와 잔 여자를 진멸할 것이니라 하였더니 그들이 야베스 길르앗 거민 중에서 젊은 처녀 4백인을 얻었으니 이는 아직 남자와 자지 아니하

여서 남자를 알지 못하는 자라. 그들이 실로 진으로 끌어오니라. 이는 가나안 땅이더라.

이스라엘 회중은 큰 용사 12,000명을 야베스 길르앗으로 보내어 야베스 길르앗 거민과 및 부녀와 어린아이를 칼날로 치고 길르앗 거민 중 젊은 처녀 400명을 얻었고 그들을 실로의 진으로 끌어왔다.

〔13-15절〕 온 회중이 림몬 바위에 있는 베냐민 자손에게 보내어 평화를 공포하게 하였더니 그때에 베냐민이 돌아온지라. 이에 이스라엘 사람이 야베스 길르앗 여인 중에서 살려둔 여자를 그들에게 주었으나 오히려 부족하므로 백성들이 베냐민을 위하여 뉘우쳤으니 이는 여호와께서 이스라엘 지파들 중에 한 지파가 궐이 나게 하셨음이더라.

온 회중은 림몬 바위에 있는 베냐민 자손에게 사람을 보내어 평화를 공포케 했고 야베스 길르앗 처녀들을 그들에게 주었다.

〔16-18절〕 회중 장로들이 가로되 베냐민의 여인이 다 멸절되었으니 이제 그 남은 자들에게 어떻게 하여야 아내를 얻게 할꼬? 또 가로되 베냐민의 도망하여 면한 자에게 마땅히 기업이 있어야 하리니 그리하면 이스라엘 중에 한 지파가 사라짐이 없으리라. 그러나 우리가 우리의 딸을 그들의 아내로 주지 못하리니 이는 이스라엘 자손이 맹세하여 이르기를 딸을 베냐민에게 아내로 주는 자는 저주를 받으리라 하였음이로다.

회중의 장로들은 베냐민 지파의 회복을 위해 생각하였고 배려하였다. 그들은 잘못했던 형제들에 대해 너그러운 사랑을 가졌다.

〔19-21절〕 또 가로되 보라 벧엘 북편, 르보나 남편 벧엘에서 세겜으로 올라가는 큰길 동편 실로에 매년 여호와의 절기가 있도다 하고 베냐민 자손에게 명하여 가로되 가서 포도원에 숨어 보다가 실로의 여자들이 무도하러 나오거든 너희는 포도원에서 나와서 실로의 딸 중에서 각각 그 아내로 붙들어 가지고 베냐민 땅으로 돌아가라.

그들은 한 방책을 생각해내었다. 실로에서 해마다 여호와을 위한 절기가 있는데, 베냐민 자손에게 명하기를 포도원에 숨었다가 실로의 여자들이 무도하러 나오면 그들 중에서 각각 그 아내로 붙들어

가지고 베냐민 땅으로 돌아가라고 했다. 그들은 그것이 하나님께 한 맹세를 어기지 않고 베냐민 지파를 회복시킬 한 방도라고 생각했다.

〔22절〕 **만일 그 아비나 형제가 와서 우리에게 쟁론하면 우리가 그에게 말하기를 청컨대 너희는 우리에게 은혜를 베풀어 그들을 우리에게 줄지니라**(<u>콘누누 오삼</u> חָנּוּנוּ אוֹתָם)[우리를 위해 그들에게 은혜를 베풀라](BDB, KJV). **이는 우리가 전쟁할 때에 각 사람을 위하여 그 아내를 얻어 주지 못하였고 너희가 자의로 그들에게 준 것이 아니니 너희에게 죄가 없을 것임이니라 하겠노라 하매.**

〔23-25절〕 **베냐민 자손이 그같이 행하여 춤추는 여자 중에서 자기들의 수효대로 아내로 붙들어 가지고 자기 기업에 돌아가서 성읍들을 중건하고 거기 거하니라. 그때에 이스라엘 자손이 그곳을 떠나 각각 그 지파, 그 가족에게로 돌아가되 곧 각각 그곳에서 나와서 자기 기업으로 돌아갔더라. 그때에 이스라엘에 왕이 없으므로 사람이 각각 그 소견에 옳은 대로 행하였더라.**

여호와 하나님께서 온 인류의 왕이시며 이스라엘 백성의 왕이심에도 불구하고, 이스라엘 백성은 그의 왕권을 인정하고 그를 추종하지 않고, 왕이 없는 자들처럼 자신들의 생각대로 살았다.

본장의 교훈은 무엇인가? <u>첫째로, 우리는 하나님께 한 맹세를 꼭 지켜야 한다.</u> 이스라엘 백성은 하나님께 맹세한 대로 야베스 길르앗을 징벌하였다. 또 그들은 하나님께 맹세한 대로 베냐민 자손에게 딸을 주지 않았다. 그들은 하나님께 한 맹세를 지켰다. 맹세는 반드시 지켜야 한다. 맹세를 지키지 않으면 죄가 된다. 신명기 23:21, "네 하나님 여호와께 서원하거든 갚기를 더디하지 말라. 네 하나님 여호와께서 반드시 그것을 네게 요구하시리니 더디면 네게 죄라." 전도서 5:4, "네가 하나님께 서원하였거든 갚기를 더디게 말라." 시편 15:4, "[하나님의 장막에 유할 자는] 그 마음에 서원한 것은 해로울지라도 변치 아니하며." 우리는 하나님께 한 맹세를 기억하고 중요하게 여기며 꼭 지키자.

둘째로, 우리는 형제에 대해 긍휼의 마음을 가지자. 이스라엘 자손들은 베냐민 지파에 대해 긍휼의 마음을 가졌다. 비록 베냐민 지파가 잘못하여 징벌을 받았지만, 이스라엘 자손은 거의 멸절된 그 지파를 긍휼히 여기며 그 지파가 다시 회복되기를 원하며 그 방책을 모색하였다. 형제를 긍휼히 여기고 배려하는 것이 사랑이다. 고린도전서 13:5, "[사랑은] 무례히 행치 아니하며 자기의 유익을 구치 아니하며 성내지 아니하며 악한 것을 생각지 아니하며." 로마서 15:1-2, "우리 강한 자가 마땅히 연약한 자의 약점을 담당하고 자기를 기쁘게 하지 아니할 것이라. 우리 각 사람이 이웃을 기쁘게 하되 선을 이루고 덕을 세우도록 할지니라." 형제를 책망하거나 징벌할 때에도 사랑과 긍휼의 마음을 가지고 해야 한다. 갈라디아서 6:1, "형제들아, 사람이 만일 무슨 범죄한 일이 드러나거든 신령한 너희는 온유한 심령으로 그러한 자를 바로 잡고 네 자신을 돌아보아 너도 시험을 받을까 두려워하라."

셋째로, 우리는 사사 시대의 혼란을 본받지 말자. 25절, "그때에 이스라엘에 왕이 없으므로 사람이 각각 그 소견에 옳은 대로 행하였더라." 하나님께서는 옛날부터 이스라엘 백성의 왕이시고 또 우리의 왕이시다. 우리는 그를 왕으로 모시고 그가 주신 모든 계명을 지켜야 한다. 하나님께서는 우리에게 성경책을 주셨다. 하나님의 말씀인 성경은 우리에게 신앙과 생활에 있어서 정확무오한 유일의 법칙이다. 하나님께서 주신 십계명은 우리의 생활의 지침이다. 신명기 10:12-13, "이스라엘아, 네 하나님 여호와께서 네게 요구하시는 것이 무엇이냐? 곧 네 하나님 여호와를 경외하여 그 모든 도를 행하고 그를 사랑하며 마음을 다하고 성품을 다하여 네 하나님 여호와를 섬기고 내가 오늘날 네 행복을 위하여 네게 명하는 여호와의 명령과 규례를 지킬 것이 아니냐?" 디모데후서 3:16-17, "모든 성경은 하나님의 감동으로 된 것으로 교훈과 책망과 바르게 함과 의로 교육하기에 유익하니 이는 하나님의 사람으로 온전케 하며 모든 선한 일을 행하기에 온전케 하려 함이니라."

룻기

내용 목차

서론 ······ 207

1장: 룻의 결심 ······ 209

2장: 보아스를 만남 ······ 213

3장: 보아스의 약속 ······ 217

4장: 보아스와 결혼함 ······ 220

서론

룻기의 **저자**는 전통적으로 사무엘이라고 본다. 유대교의 바벨론 탈무드는 "사무엘이 그의 책과 사사기와 룻기를 썼다"고 말하였다 (*Baba Bathra* 14b). 본서의 끝에 다윗에 대한 언급을 보면, 사무엘은 다윗이 왕이 될 것을 내다보며 예언적으로 본서를 기록한 것 같다.

룻기는 나오미 가정의 실패와 회복을 통해 교훈을 준다. 하나님의 약속의 땅 가나안을 떠난 죄로 하나님의 징벌을 받아 남편과 두 아들을 잃은 나오미는 빈 손으로 고향으로 돌아오지만, 하나님의 긍휼로 며느리 룻과 함께 오게 되며 룻을 통해 그 가정은 회복된다.

룻기의 **주요 내용**은 이방여인 룻의 신앙과 복이다. 모압 여자인 이방여인 룻은 시어머니 나오미를 통해 여호와 하나님을 알게 되었고 믿게 되었고 그를 따라 고향 모압을 떠나 유대 땅으로 오게 되었다. 또 룻은 경건하였을 뿐 아니라, 시어머니 나오미에 대해 긍휼과 사랑의 마음을 가지고 순종하였다. 그는 어머니의 지시에 순종하였다. 하나님께서는 지혜롭고 착한 룻에게 복을 주셔서 보아스의 아내가 되게 하셨고 다윗의 할아버지인 오벳을 낳게 하셨다.

또 본서의 **특징적 진리**는 (1) 이방인의 구원, (2) 친족 구속자의 역할, (3) 효도 등이다. 룻은 비록 이방여인이었지만, 마태복음 1장에 기록된 메시아의 족보에 올라가는 자가 되었다. 그것은 이방인들을 향하신 하나님의 뜻을 보인다. 하나님께서는 이방인들 가운데서도 택하신 자들을 두시고 구원하실 것이었다.

친족 구속자(救贖者)(고엘 גֹּאֵל)(룻 2:20)는 물질적 여유가 있는 친척이 가난한 친척의 재산(집이나 밭)과 신분(종으로 팔렸을 때)을 회복시켜 줄 수 있게 한 제도이었다. 이것은 죄로 인해 멸망하게 된 우리가 구주 예수 그리스도로 말미암아 구원을 받고 하나님의 자녀의 신분과 천국 기업의 상속을 받게 될 것을 모형적으로 보여준다.

룻은 에스더와 함께 효도의 좋은 예가 된다. 룻기 3:5, "룻이 시모에게 이르되 어머니의 말씀대로 내가 다 행하리이다 하니라." 에스더 2:20, "에스더가 모르드개의 명한 대로 그 종족과 민족을 고하지 아니하니 저가 모르드개의 명을 양육 받을 때와 같이 좇음이더라." 그들은 다 부모와 같은 자들에게 순종하고 선을 베푼 자들이었다. 하나님께서는 그들에게 큰 복을 주셨다. 제5계명은 약속 있는 계명이다. 에베소서 6:1-3, "자녀들아, 너희 부모를 주 안에서 순종하라. 이것이 옳으니라. 네 아버지와 어머니를 공경하라. 이것이 약속 있는 첫 계명이니 이는 네가 잘 되고 땅에서 장수하리라."

본문 혹은 각주에 자주 사용된 약어

KJV	영어 King James Version
NASB	영어 New American Standard Version
NIV	영어 New International Version
LXX	고대 헬라어 70인역
Syr	고대 수리아어역
It	고대 라틴어역
Vg	고대 라틴어 Vulgate역
BDB	Brown-Driver-Briggs, *Hebrew Lexicon of the O. T.*
KB	Koehler-Baumgartner, *Lexicon in Veteris Testamenti Libros*
Langenscheidt	*Langenscheidt Pocket Hebrew Dictionary.*
NBD	*The New Bible Dictionary.* IVP.
Poole	Matthew Poole, *A Commentary on the Holy Bible*
JFB	Jamieson-Faussett-Brown, *A Commentary.*

1장: 룻의 결심

〔1-5절〕 사사들의 치리하던 때에 그 땅에 흉년이 드니라. 유다 베들레헴에 한 사람이 그 아내와 두 아들을 데리고 모압 지방에 가서 우거하였는데 그 사람의 이름은 엘리멜렉이요 그 아내의 이름은 나오미요 그 두 아들의 이름은 말론과 기룐이니 유다 베들레헴 에브랏 사람들이더라. 그들이 모압 지방에 들어가서 거기 유하더니 나오미의 남편 엘리멜렉이 죽고 나오미와 그 두 아들이 남았으며 그들은 모압 여자 중에서 아내를 취하였는데 하나의 이름은 오르바요 하나의 이름은 룻이더라. 거기 거한 지 10년 즈음에 말론과 기룐 두 사람이 다 죽고 그 여인은 두 아들과 남편의 뒤에 남았더라.

하나님의 백성이 기근이 들었다고 하나님의 약속의 땅을 떠나는 것은 잘못이다. 마치 오늘날 성도들이 물질적 어려움 때문에 바른 교회를 떠나 잘못된 교회로 가거나 세상으로 돌아가는 것과 같다. 나오미의 가족들이 모압 지방에 들어가 유하는 중 남편 엘리멜렉이 죽고 나오미와 그 두 아들이 남았다. 나오미가 자기 아들들을 모압 여자와 결혼시킨 것도 하나님의 법을 어긴 일이었다. 그것은 하나님께서 금하신 일이었다. 하나님을 믿는 자가 믿지 않는 자와 결혼하는 것은 성경에 금한 것이다. 그들이 모압 땅에 거한 지 10년 즈음에 말론과 기룐 두 사람도 다 죽고 나오미는 두 자부들과 함께 남았다. 그의 남편이 죽은 것이나 그의 두 아들들이 죽은 것은 다 하나님의 징벌이었다. 나오미는 그 일들을 하나님의 징벌로 깨닫고 있었다.

〔6-10절〕 그가 모압 지방에 있어서 여호와께서 자기 백성을 권고하사 그들에게 양식을 주셨다 함을 들었으므로 이에 두 자부와 함께 일어나 모압 지방에서 돌아오려 하여 있던 곳을 떠나고 두 자부도 그와 함께 하여 유다 땅으로 돌아오려고 길을 행하다가 나오미가 두 자부에게 이르되 너희는 각각 어미의 집으로 돌아가라. 너희가 죽은 자와 나를 선대한 것같이 여호와께서 너희를 선대하시기를 원하며 여호와께서 너희로

각각 남편의 집에서 평안함을 얻게 하시기를 원하노라 하고 그들에게 입맞추매 그들이 소리를 높여 울며 나오미에게 이르되 아니니이다. 우리는 어머니와 함께 어머니의 백성에게로 돌아가겠나이다.

나오미는 모압 지방에서 여호와께서 자기 백성을 권고하셔서[돌아보셔서] 그들에게 양식을 주셨다는 소식을 들었다. '권고하다'는 원어(파카드 פָּקַד)는 '방문하다, 돌아보다'는 뜻이다. 하나님께서는 자기 백성에게 징벌과 재난도 주시지만 그들을 결코 버리지 않으시고 돌아보신다. 나오미는 그 소식을 듣고 두 며느리와 함께 일어나 모압 지방에서 유다 땅으로 돌아오려고 있던 곳을 떠났고 두 며느리도 그와 함께 유다 땅으로 돌아오려고 길을 행하였다. 그러나 나오미는 돌아오는 중에 생각이 바뀌었다. 두 며느리는 착한 여자들이었던 것 같다. 나오미는 그들이 죽은 자들과 자기를 선대했다고 증거한다. 또 그는 그들이 젊은 과부로 늙지 말고 친정에 돌아가 재혼하여 안정을 얻으라고 권하며 그들에게 입맞추었다. 나오미는 이기적이지 않았고 그 며느리들에게 진심의 사랑과 배려를 나타내었다. 그러나 그 며느리들은 소리내어 울면서 그 권면을 거절하였다.

〔11-14절〕 나오미가 가로되 내 딸들아, 돌아가라. 너희가 어찌 나와 함께 가려느냐? 나의 태중에 너희 남편 될 아들들이 오히려 있느냐? 내 딸들아, 돌이켜 너희 길로 가라. 나는 늙었으니 남편을 두지 못할지라. 가령 내가 소망이 있다고 말한다든지 오늘밤에 남편을 두어서 아들들을 생산한다 하자. 너희가 어찌 그것을 인하여 그들의 자라기를 기다리겠느냐? 어찌 그것을 인하여 남편 두기를 멈추겠느냐? 내 딸들아, 그렇지 아니하니라. 여호와의 손이 나를 치셨으므로 나는 너희로 인하여 더욱 마음이 아프도다. 그들이 소리를 높여 다시 울더니 오르바는 그 시모에게 입맞추되 룻은 그를 붙좇았더라.

나오미는 자신의 불행한 처지가 하나님의 징벌 때문이라고 깨닫고 있었다. 그러나 그는 자신의 불행보다 그 며느리들의 불행을 더 마음 아파하였다. 그는 그들에게 다시 간곡히 권했다. 그들은 다시 소리내어 울었고, 오르바는 친정으로 돌아가기로 결심하며 그에게 입맞추었으나, 룻은 그를 붙좇았다.

〔15-18절〕 나오미가 또 가로되 보라, 네 동서는 그 백성과 그 신에게로 돌아가나니 너도 동서를 따라 돌아가라. 룻이 가로되 나로 어머니를 떠나며 어머니를 따르지 말고 돌아가라 강권하지 마옵소서. 어머니께서 가시는 곳에 나도 가고 어머니께서 유숙하시는 곳에서 나도 유숙하겠나이다. 어머니의 백성이 나의 백성이 되고 어머니의 하나님이 나의 하나님이 되시리니 어머니께서 죽으시는 곳에서 나도 죽어 거기 장사될 것이라. 만일 내가 죽는 일 외에 어머니와 떠나면 여호와께서 내게 벌을 내리시고 더 내리시기를 원하나이다. 나오미가 룻의 자기와 함께 가기로 굳게 결심함을 보고 그에게 말하기를 그치니라.

룻은 비록 자기 남편이 죽었어도 홀로된 나이든 시어머니를 버려두고 돌아가지 않고 그를 보살피는 것이 인간의 도리라고 생각했던 것 같다. 그는 착하고 효심 있는 여자이었다. 더욱이, 그는 하나님을 아는 지식과 믿음이 있었다. 그는 "어머니의 하나님이 나의 하나님이 되시리라"고 말했다. 그는 자기 부모와 형제들이 믿는 모압 신을 버리고 시어머니 나오미가 믿는 이스라엘 자손의 하나님을 섬기기로 결심한 자이었다. 그는 시어머니를 통해, 그의 말과 행위를 통해 여호와 하나님을 알게 되었을 것이다. 나오미는 그 자부 룻이 자기와 함께 가기로 굳게 결심함을 보고 그에게 말하기를 그쳤다.

〔19-22절〕 이에 그 두 사람이 행하여 베들레헴까지 이르니라. 베들레헴에 이를 때에 온 성읍이 그들을 인하여 떠들며 이르기를 이가 나오미냐 하는지라. 나오미가 그들에게 이르되 나를 나오미라 칭하지 말고 마라라 칭하라. 이는 전능자가 나를 심히 괴롭게 하셨음이니라. 내가 풍족하게 나갔더니 여호와께서 나로 비어 돌아오게 하셨느니라. 여호와께서 나를 징벌하셨고 전능자가 나를 괴롭게 하셨거늘 너희가 어찌 나를 나오미라 칭하느뇨 하니라. 나오미가 모압 지방에서 그 자부 모압 여인 룻과 함께 돌아왔는데 그들이 보리 추수 시작할 때에 베들레헴에 이르렀더라.

나오미는 '기쁘다, 사랑스럽다'는 말(나엠 נָעֵם)에서 나온 말이며, 마라는 '쓰다, 괴롭다'는 말(마르 מַר)에서 나온 말이다. 나오미는 자신이 모압으로 이민을 떠날 때 풍족하게 나갔지만 하나님께서 그를 비어 돌아오게 하셨다고 말한다. 그는 하나님께서 그를 징벌하셨고 괴롭게 하셨다고 말한다. 인간적 지혜와 계산으로 행했던 모압 이민은 실패이었다. 하나님께서는 그가 모압 땅으로 이민 간 죄와 그의 두 아들을 이방 여인들과 결혼시킨 죄를 엄하게 징벌하셨다.

본장의 교훈은 무엇인가? 첫째로, 우리는 하나님의 교회를 떠나지 말자. 나오미 가정의 실패의 원인은 모압으로 이주한 데 있었다. 본장에는 '모압'이라는 단어가 일곱 번 나온다(1, 2, 4, 6, 6, 22, 22절). 그것은 하나님의 뜻에 배치되는 일이었다. 하나님께서는 그를 치셨고 심히 괴롭게 하셨다(13, 20, 21절). 그의 남편과 두 아들들은 거기서 죽었다. 그는 풍족하게 나갔지만 빈손으로 돌아왔다. 우리는 바른 교회를 선택하여 거기에 속하고 그 교회를 떠나지 말고 그 교회에 충실해야 한다.

둘째로, 우리는 하나님의 긍휼의 섭리를 깨닫고 믿자. 하나님께서는 자기 백성을 돌아보셨다. 나오미는 모든 것을 잃고 빈손으로 고향으로 돌아왔지만, 그를 끝까지 따르는 착한 며느리 룻을 얻었다. 룻은 믿음 있고 착하고 효심 있는 며느리였고 그에게 큰 위로요 그의 가정을 회복시킬 자이었다. 우리는 오늘날도 하나님의 긍휼의 섭리를 믿자.

셋째로, 우리는 이방인의 구원을 감사하자. 룻은 모압 땅에서 태어난 모압 여인 즉 이방 여인이었다. 그는 육신적으로는 아브라함의 복과 상관없는 자이었다. 그러나 하나님께서는 이방여인 룻을 한 성경책의 중심내용과 이름이 되게 하셨다. 하나님의 뜻은 온 세계에 복음이 전파되어 택함 받은 이방인들도 다 구원을 얻는 것이다. 세계복음화는 하나님의 뜻이다. 우리도 그 이방인들 중에 속해 있다. 우리는 이 일을 인해 하나님께 감사하자. 또 이 복음을 온 세계에 널리 전파하자.

2장: 보아스를 만남

모압 땅에 이민 갔다가 남편과 두 아들을 잃은 나오미는 며느리인 룻과 함께 보리 추수 시작할 때에 고향 베들레헴으로 돌아왔다.

〔1-3절〕 나오미의 남편 엘리멜렉의 친족 중 유력한 자가 있으니 이름은 보아스더라. 모압 여인 룻이 나오미에게 이르되 나로 밭에 가게 하소서. 내가 뉘게 은혜를 입으면 그를 따라서 이삭을 줍겠나이다. 나오미가 그에게 이르되 내 딸아, 갈지어다 하매 룻이 가서 베는 자를 따라 밭에서 이삭을 줍는데 우연히 엘리멜렉의 친족 보아스에게 속한 밭에 이르렀더라.

'유력한 자'라는 원어(이쉬 깁보르 카일 אִישׁ גִּבּוֹר חַיִל)는 '힘있고 부요한 자'라는 뜻이다. 전장에 이어서(1:4, 22) 본장에서도 룻을 '모압 여인 룻'이라고 3번이나 표현한다(2, 6, 21절). 룻은 모압 여인 즉 이방여인이었으나, 하나님의 은혜를 받은 것이었다.

추수기에 이삭을 줍는 것은 가난한 자들의 하는 일이었다. 룻은 자존심을 버리고 무슨 일이든지 하려 하였다. 나오미는 며느리를 딸이라고 불렀고 그의 선한 소원을 존중했다.

룻은 가서 곡식 베는 자들을 따라 밭에서 이삭을 주웠는데, 그러다가 우연히 엘리멜렉의 친족 보아스에게 속한 밭에 이르렀다. 룻기는 룻이 보아스와 결혼하여 다윗의 할아버지 오벳을 낳았다는 내용이다. 보아스와의 인연은 우연한 계기로 이루어졌다. 그러나 인간편에서는 우연한 일이었지만, 하나님편에서는 모든 일이 작정된 일이며 그의 섭리 가운데 일어나고 이루어진다. 이것이 성경의 기본적인 진리이다. 이사야 46:10, "내가 종말을 처음부터 고하며 아직 이루지 아니한 일을 옛적부터 보이고 이르기를 나의 모략이 설 것이니 내가 나의 모든 기뻐하는 것을 이루리라 하였노라."

〔4-7절〕 마침 보아스가 베들레헴에서부터 와서 베는 자들에게 이르

되 여호와께서 너희와 함께하시기를 원하노라. 그들이 대답하되 여호와께서 당신에게 복 주시기를 원하나이다. 보아스가 베는 자들을 거느린 사환에게 이르되 이는 뉘 소녀냐? 베는 자를 거느린 사환이 대답하여 가로되 이는 나오미와 함께 모압 지방에서 돌아온 모압 소녀인데 그의 말이 나로 베는 자를 따라 단 사이에서 이삭을 줍게 하소서 하였고 아침부터 와서는 잠시 집에서 쉰 외에 지금까지 계속하는 중이니이다.

'보아스'는 후에 솔로몬 성전 앞 두 기둥 중 하나와 같은 이름으로 "그에게 능력이 있다"는 뜻이다. 보아스는 그 이름과 같이 하나님을 경외하는 자이었고 그의 밭에서 일하는 자들도 그러했던 것 같다. 룻은 그의 밭에서 열심히 일했다. 그는 성실하고 근면한 여자이었다.

〔8-10절〕 보아스가 룻에게 이르되 내 딸아, 들으라. 이삭을 주우러 다른 밭으로 가지 말며 여기서 떠나지 말고 나의 소녀들과 함께 있으라. 그들의 베는 밭을 보고 그들을 따르라. 내가 그 소년들에게 명하여 너를 건드리지 말라 하였느니라. 목이 마르거든 그릇에 가서 소년들의 길어 온 것을 마실지니라. 룻이 땅에 엎드려 절하며 그에게 이르되 나는 이방 여인이어늘 당신이 어찌하여 내게 은혜를 베푸시며 나를 돌아보시나이까?

보아스는 선하고 자비로운 마음을 가진 자이었다. 룻은 땅에 엎드려 그에게 절하며 그의 호의에 대해 감사하였다. 그는 자신이 이방인임을 인식하고 있었다. 그는 겸손하고 예절이 있었다.

〔11-13절〕 보아스가 그에게 대답하여 가로되 네 남편이 죽은 후로 네가 시모에게 행한 모든 것과 네 부모와 고국을 떠나 전에 알지 못하던 백성에게로 온 일이 내게 분명히 들렸느니라. 여호와께서 네 행한 일을 보응하시기를 원하며 이스라엘의 하나님 여호와께서 그 날개 아래 보호를 받으러 온 네게 온전한 상 주시기를 원하노라. 룻이 가로되 내 주여, 내가 당신께 은혜 입기를 원하나이다. 나는 당신의 시녀의 하나와 같지 못하오나 당신이 이 시녀를 위로하시고 마음을 기쁘게 하는 말씀을 하셨나이다.

룻의 선한 성품과 행위는 보아스에게도 이미 들려졌다. 그러므로 보아스는 하나님께서 룻의 선행에 대해 또 이스라엘의 하나님 여호와를 믿는 믿음에 대해 상 주시기를 기원하였다. 룻은 보아스에게 겸손한 마음과 말로 감사를 표하며 계속 은혜 입기를 원하였다.

〔14-16절〕 식사할 때에 보아스가 룻에게 이르되 이리로 와서 떡을 먹으며 네 떡 조각을 초에 찍으라. 룻이 곡식 베는 자 곁에 앉으니 그가 볶은 곡식을 주매 룻이 배불리 먹고 남았더라. 룻이 이삭을 주우러 일어날 때에 보아스가 자기 소년들에게 명하여 가로되 그로 곡식 단 사이에서 줍게 하고 책망하지 말며 또 그를 위하여 줌에서 조금씩 뽑아 버려서 그로 줍게 하고 꾸짖지 말라 하니라.

보아스는 룻의 인격을 존중하고 그에게 따뜻한 호의를 베풀었다.

〔17-19절〕 룻이 밭에서 저녁까지 줍고 그 주운 것을 떠니 보리가 한 에바쯤 되는지라. 그것을 가지고 성읍에 들어가서 시모에게 그 주운 것을 보이고 그 배불리 먹고 남긴 것을 내어 시모에게 드리매 시모가 그에게 이르되 오늘 어디서 주웠느냐? 어디서 일을 하였느냐? 너를 돌아본 자에게 복이 있기를 원하노라. 룻이 누구에게서 일한 것을 시모에게 알게 하여 가로되 오늘 일하게 한 사람의 이름은 보아스니이다.

한 에바는 약 22리터(1말 1되)이다.

〔20-23절〕 나오미가 자부에게 이르되 여호와의 복이 그에게 있기를 원하노라. 그가 생존한 자와 사망한 자에게 은혜 베풀기를 그치지 아니하도다. 나오미가 또 그에게 이르되 그 사람은 우리의 근족이니 우리 기업을 무를 자 중 하나이니라. 모압 여인 룻이 가로되 그가 내게 또 이르기를 내 추수를 다 마치기까지 너는 내 소년들에게 가까이 있으라 하더이다. 나오미가 자부 룻에게 이르되 내 딸아, 너는 그 소녀들과 함께 나가고 다른 밭에서 사람을 만나지 아니하는 것이 좋으니라. 이에 룻이 보아스의 소녀들에게 가까이 있어서 보리 추수와 밀 추수를 마치기까지 이삭을 주우며 그 시모와 함께 거하니라.

보아스는 나오미가 말한 대로 은혜 베풀기를 좋아하는 선한 사람이었다. '기업 무를 자'라는 원어(고엘 גֹּאֵל)는 가난한 자의 팔린 기업을 그를 대신해 사서 회복시켜 줄 자를 가리킨다. 레위기 25:25,

"만일 너희 형제가 가난하여 그 기업 얼마를 팔았으면 그 근족이 와서 동족의 판 것을 무를 것이요." '내 소년들'이라는 말은 그의 밭에서 일하는 자들을 가리킬 것이다(NASB, NIV). 보리 추수는 무교절 때이며 밀 추수는 맥추절 때이니 추수기간은 약 한 달 반 이상이 될 것이다. 룻은 보아스의 밭에서 줄곧 이삭을 주웠다. 그는 자신과 시어머니를 위해 그 한 달 반 이상 동안 끈기 있게 일하였다.

본장의 교훈은 무엇인가? 첫째로, 우리는 선한 사람이 되어야 한다. 룻은 자신과 시어머니를 위해 이삭 줍는 힘든 일을 자원하였다. 그는 잠시 집에서 쉰 것 외에 아침부터 저녁까지 성실하고 근면했다. 또 그는 자기에게 호의를 베푼 보아스에게 겸손히 땅에 엎드려 절하기도 하였다. 그는 추수기간이 끝날 때까지 끈기 있게 일했다. 하나님께서는 우리 모두에게 선한 사람이 되라고 말씀하신다. 아모스 5:14, "너희는 살기 위하여 선을 구하고 악을 구하지 말지어다." 디도서 2:14, "[예수 그리스도께서] 우리를 대신하여 자신을 주심은 모든 불법에서 우리를 구속하시고 우리를 깨끗하게 하사 선한 일에 열심하는 친백성이 되게 하려 하심이니라." 구원받은 모든 성도는 선한 사람이 되어야 한다.

둘째로, 하나님께서는 믿음 있고 선한 사람에게 상을 주신다. 하나님께서는 믿음 있고 착한 이방여인 룻에게 상을 주셨다. 룻은 하나님의 복된 섭리 가운데 보아스라는 유력한 사람을 만났다. 보아스는 힘이 있고 부요한 사람이었을 뿐 아니라, 경건하고 자비심이 많은 선한 사람이었다. 그는 이방여인 룻에게 호의를 베풀었다. 또 그는 하나님께서 그에게 상 주시기를 기원하였다. 그는 룻을 위로하고 기쁘게 하였다. 그는 얼마 후 룻과 결혼하게 될 자이다. 보아스는 우리 주 예수 그리스도의 표상이다. 하나님께서는 우리에게 예수 그리스도를 선물로 주셨다. 주 예수 그리스도께서는 은혜와 긍휼과 사랑이 풍성하시며 죄 가운데 살던 이방인인 우리를 구원하셔서 영생의 복을 주셨다.

3장: 보아스의 약속

〔1-4절〕 룻의 시모 나오미가 그에게 이르되 내 딸아, 내가 너를 위하여 안식할 곳을 구하여 너로 복되게 하여야 하지 않겠느냐? 네가 함께 하던 시녀들을 둔 보아스는 우리의 친족이 아니냐? 그가 오늘밤에 타작 마당에서 보리를 까불리라. 그런즉 너는 목욕하고 기름을 바르고 의복을 입고 타작 마당에 내려가서 그 사람이 먹고 마시기를 다 하기까지는 그에게 보이지 말고 그가 누울 때에 너는 그 눕는 곳을 알았다가 들어가서 그 발치 이불을 들고 거기 누우라. 그가 너의 할 일을 네게 고하리라.

나오미는 며느리의 행복과 그의 안식할 곳을 위해 생각하고 있었다. 그는 며느리를 극진히 생각하고 사랑하는 시어머니의 모습이다. 이것은 참으로 하나님을 믿고 섬기며 사랑하는 성도들에게서 기대되는 선한 모습이다. 나오미는 룻이 그 날 밤 그들의 친족 보아스에게 조용히 나아가 기업 무를 일을 요청하도록 암시하였고, 또 그 일을 위해 어떻게 행할지에 대해서도 일러주었다.

〔5-9절〕 룻이 시모에게 이르되 어머니의 말씀대로 내가 다 행하리이다 하니라. 그가 타작 마당으로 내려가서 시모의 명대로 다 하니라. 보아스가 먹고 마시고 마음이 즐거워서 가서 노적가리 곁에 눕는지라. 룻이 가만히 가서 그 발치 이불을 들고 거기 누웠더라. 밤중에 그 사람이 놀라 몸을 돌이켜 본즉 한 여인이 자기 발치에 누웠는지라. 가로되 네가 누구뇨? 대답하되 나는 당신의 시녀 룻이오니 당신의 옷자락으로 시녀를 덮으소서. 당신은 우리 기업을 무를 자가 됨이니이다.

룻은 시어머니에게 "어머니의 말씀대로 내가 다 행하리이다"라고 말했고, 그 밤에 타작 마당으로 내려가서 시어머니의 명한 대로 다 하였다. 룻은 온유하고 순종적인 인품을 가진 자이었다. 룻은 보아스에게 자신이 '보아스의 시녀'라고 겸손히 말하며 자신이 찾아온 목적, 즉 그가 그들의 기업 무를 자가 되기를 요청하는 말을 했다.

〔10-11절〕 가로되 내 딸아, 여호와께서 네게 복 주시기를 원하노라. 네가 빈부(貧富)를 물론하고 연소한 자를 좇지 아니하였으니 너의 베푼 인애가 처음보다 나중이 더하도다. 내 딸아, 두려워 말라. 내가 네 말대로 네게 다 행하리라. 네가 현숙한 여자인 줄 나의 성읍 백성이 다 아느니라.

보아스는 룻이 육신적 감정이나 쾌락을 추구하여 젊은 자에게 눈을 돌리지 않고 시어머니에게 이전보다 더 선을 베푼 것을 칭찬하며 축복하였다. 또 그는 룻의 요청대로 행하겠다고 약속한다. 보아스는 너그럽고 긍휼심이 많은 자이었다. 그는 룻이 현숙한 여자인 줄 그의 성읍 사람들이 다 안다고 증거하였다. '현숙한'이라는 원어(카일 חַיִל)는 '힘있는, 훌륭한, 덕 있는'이라는 뜻이다. 잠언 31장은, 현숙한 여인을 찾아 얻는 것이 진주를 얻는 것보다 낫다고 말하며 하나님을 경외하고 착하고 부지런한 여인이 그러하다고 증거하였다(잠 31:10-31). 나오미의 자부 룻은 지혜와 덕을 갖춘 현숙한 여인이었다. 그는 모든 여성들이 본받을 만한 인격의 사람이었다.

〔12-13절〕 참으로 나는 네 기업을 무를 자나 무를 자가 나보다 더 가까운 친족이 있으니 이 밤에 여기서 머무르라. 아침에 그가 기업 무를 자의 책임을 네게 이행하려 하면 좋으니 그가 그 기업 무를 자의 책임을 행할 것이니라. 만일 그가 기업 무를 자의 책임을 네게 이행코자 아니하면 여호와의 사심으로 맹세하노니 내가 기업 무를 자의 책임을 네게 행하리라. 아침까지 누울지니라.

보아스는 경우에 맞게 모든 일을 처리하려 했고 여호와의 사심으로 맹세하면서 기업 무를 자의 책임을 그에게 행할 것을 약속했다.

〔14-15절〕 룻이 새벽까지 그 발치에 누웠다가 사람이 피차 알아보기 어려울 때에 일어났으니 보아스의 말에 여인이 타작 마당에 들어온 것을 사람이 알지 못하여야 할 것이라 하였음이라. 보아스가 가로되 네 겉옷을 가져다가 펴서 잡으라. 펴서 잡으니 보리를 여섯 번 되어 룻에게 이워주고 성으로 들어가니라(MT, NIV).

〔16-18절〕 룻이 시모에게 이르니 그가 가로되 내 딸아, 어떻게 되었느냐? 룻이 그 사람의 자기에게 행한 것을 다 고하고 가로되 그가 내게 이 보리를 여섯 번 되어 주며 이르기를 빈손으로 네 시모에게 가지 말라 하더이다. 이에 시모가 가로되 내 딸아, 이 사건이 어떻게 되는 것을 알기까지 가만히 앉아 있으라. 그 사람이 오늘날 이 일을 성취하기 전에는 쉬지 아니하리라.

나오미는 보아스가 약속한 일을 속히 행할 것이라고 믿었다.

본장의 교훈은 무엇인가? 첫째로, 나오미는 좋은 시어머니의 본이다. 나오미는 며느리의 안식과 행복을 위해 생각했다. 하나님을 경외하고 예수 그리스도를 믿는 시어머니들은 나오미의 선한 마음을 본받아야 한다. 하나님의 뜻은 우리가 사람을 사랑하는 것이다.

둘째로, 룻은 착한 며느리의 본이다. 룻은 시어머니의 말씀을 존중하고 순종하는 좋은 인품을 가지고 있었다. 그는 온유하고 겸손하였고 자신보다 시어머니를 더 생각하고 그를 불쌍히 여기고 그에게 선을 베푸는 착한 마음을 가진 자이었다. 그는 현숙한 여인으로 다른 사람들의 인정을 받고 있었다. 성경은 우리에게 부모에게 순종하며 또 아내는 남편에게 순종하라고 교훈한다. 에스더는 왕후가 된 후에도 자기를 길러준 모르드개의 명을 양육받을 때와 같이 좇았다(에 2:20). 사라는 남편 아브라함을 '주'라고 부르며 순복하였다(벧전 3:5-6). 오늘날 세상 사람들은 외적인 아름다움을 크게 여기고 외모 단장에 치중하는 경향이 있다. 그러나 성경은 우리에게 내면적 경건과 도덕성을 크게 여기며 마음과 인격의 단장을 강조한다(딤전 2:9-11; 벧전 3:3-4).

셋째로, 하나님께서는 보아스를 통해 나오미와 룻에게 복을 예비하셨다. 보아스는 룻에게 기업 무를 책임을 행하겠다고 맹세하며 약속하였다. 그는 그 약속을 지킬 것이다. 이것은 다 하나님의 은혜와 복이다. 하나님께서는 그의 뜻대로 살고자 하는 자들을 결코 버리지 않으시고 은혜와 복을 주신다. 그러므로 우리는 믿음과 순종으로만 살자.

4장: 보아스와 결혼함

〔1-6절〕 보아스가 성문에 올라가서 거기 앉았더니 마침 보아스의 말하던 기업 무를 자가 지나는지라. 보아스가 그에게 이르되 아무여, 이리로 와서 앉으라. 그가 와서 앉으매 보아스가 성읍 장로 10인을 청하여 가로되 당신들은 여기 앉으라. 그들이 앉으매 보아스가 그 기업 무를 자에게 이르되 모압 지방에서 돌아온 나오미가 우리 형제 엘리멜렉의 소유지를 관할하므로 내가 여기 앉은 자들과 내 백성의 장로들 앞에서 그것을 사라고 네게 고하여 알게 하려 하였노라. 네가 무르려면 무르려니와 네가 무르지 아니하려거든 내게 고하여 알게 하라. 네 다음은 나요 그 외에는 무를 자가 없느니라. 그가 가로되 내가 무르리라. 보아스가 가로되 네가 나오미의 손에서 그 밭을 사는 날에 곧 죽은 자의 아내 모압 여인 룻에게서 사서 그 죽은 자의 기업을 그 이름으로 잇게 하여야 할지니라. 그 기업 무를 자가 가로되 나는 내 기업에 손해가 있을까 하여 나를 위하여 무르지 못하노니 나의 무를 권리를 네가 취하라. 나는 무르지 못하겠노라.

옛시대에 성문 앞은 사람들이 모여 대화하고 토론하며 중요한 일을 결정하고 공적인 재판을 처리하기도 하는 곳이었다(왕상 22:10). 3절에 '관할한다'고 번역한 원어(마케라 מָכְרָה)는 '팔았다'는 뜻이다. 영어성경들은 현재시제로 번역하고 있지만(KJV, NASB, NIV), 원문의 완료형 동사는 보통 과거시제로 번역된다. 엘리멜렉과 나오미는 모압으로 이민갈 때 자신들의 밭과 집을 팔았을 것이다. 비록 그 땅의 원소유권은 지금 엘리멜렉의 미망인 나오미에게 있어서 희년이 되면 그것을 다시 찾을 수 있지만(레 25:28), 그 동안에 그들이 살아가려면, 친족 중에 누가 그 땅을 사주어야 했던 것 같다. 레위기 25:25-27, "만일 너희 형제가 가난하여 그 기업 얼마를 팔았으면 그 근족이 와서 동족의 판 것을 무를 것이요 만일 그것을 무를 사람이 없고 자기가 부요하게 되어 무를 힘이 있거든 그 판 해를 계수하여 그 남은 값을 산 자에게 주고 그 기업으로 돌아갈 것이니라.” 기업 무르는 일은 가정의 끊어진 대를 잇는 일도 포함했고, 이것은 신명기 25:5-6의 수혼(嫂婚) 제도에 근거한 것 같다(NBD). 나오미, 즉 엘리멜렉의 기업을 무르려면, 나오미의 며느리 룻을 아내로 취해 자녀를 출산케 함으로써 엘리멜렉의 집의 대를 이어주어야 했다.

〔7-10절〕 옛적 이스라엘 중에 모든 것을 무르거나 교환하는 일을 확정하기 위하여 사람이 그 신을 벗어 그 이웃에게 주더니 이것이 이스라엘의 증명하는 전례가 된지라. 이에 그 기업 무를 자가 보아스에게 이르되 네가 너를 위하여 사라 하고 그 신을 벗는지라. 보아스가 장로들과 모든 백성에게 이르되 내가 엘리멜렉과 기룐과 말론에게 있던 모든 것을 나오미의 손에서 산 일에 너희가 오늘날 증인이 되었고 또 말론의 아내 모압 여인 룻을 사서 나의 아내로 취하고 그 죽은 자의 기업을 그 이름으로 잇게 하여 그 이름이 그 형제 중과 그곳 성문에서 끊어지지 않게 함에 너희가 오늘날 증인이 되었느니라.

〔11-12절〕 성문에 있는 모든 백성과 장로들이 가로되 우리가 증인이 되노니 여호와께서 네 집에 들어가는 여인으로 이스라엘 집을 세운 라헬, 레아 두 사람과 같게 하시고 너로 에브랏에서 유력하고 베들레헴에서 유명케 하시기를 원하며 여호와께서 이 소년 여자로 네게 후사를 주사 네 집으로 다말이 유다에게 낳아준 베레스의 집과 같게 하시기를 원하노라.

성문에 있는 모든 백성과 장로들은 그 일을 증거하였다.

〔13-22절〕 이에 보아스가 룻을 취하여 아내를 삼고 그와 동침하였더니 여호와께서 그로 잉태케 하시므로 그가 아들을 낳은지라. 여인들이 나오미에게 이르되 찬송할지로다. 여호와께서 오늘날 네게 기업 무를 자가 없게 아니하셨도다. 이 아이의 **이름이 이스라엘 중에 유명하게 되기를 원하노라. 이는 네 생명의 회복자며 네 노년의 봉양자라. 곧 너를 사랑하며 일곱 아들보다 귀한 자부가 낳은 자로다. 나오미가 아기를 취하여 품에 품고 그의 양육자가 되니 그 이웃 여인들이 그에게 이름을 주되 나오미가 아들을 낳았다 하여 그 이름을 오벳이라 하였는데 그는**

다윗의 아비인 이새의 아비였더라. 베레스의 세계는 이러하니라. 베레스는 헤스론을 낳았고 헤스론은 람을 낳았고 람은 암미나답을 낳았고 암미나답은 나손을 낳았고 나손은 살몬을 낳았고 살몬은 [기생이었던 라합에게서](마 1:5) **보아스를 낳았고 보아스는 오벳(**עֹבֵד**)**[섬기는 자]**을 낳았고 오벳은 이새를 낳았고 이새는 다윗을 낳았더라.**

'기업 무를 자'는 '보아스'를 가리킨다고 보이지만(2:20; 3:9), 14절은 나오미의 죽은 남편 엘리멜렉의 집을 회복시킬 자, 곧 룻이 낳은 아들 '오벳'을 가리킬 것이다. '생명의 회복자'라는 말은 가문의 대를 잇는 것을 가리킬 것이다. '오벳'(עֹבֵד)은 '섬기는 자'라는 뜻이다.

본장의 교훈은 무엇인가? 첫째로, 하나님께서는 이방여인 룻에게 좋은 것을 주셨다. 그는 룻에게 보아스라는 좋은 남편과 결혼하는 복을 주셨다. 좋은 결혼은 분명히 하나님의 복이다. 보아스는 예수 그리스도의 모형이다. 또 하나님께서는 룻에게 오벳이라는 아들을 주셨다. 오벳은 다윗의 할아버지가 되었다. 이 모든 것은 하나님의 복이었다. 그것은 룻의 경건과 선행에 대한 하나님의 보상이었다. 하나님께서는 믿음으로 살고 선한 일에 힘쓰는 자들에게 좋은 것으로 상 주신다.

둘째로, 하나님께서는 실패한 나오미에게 큰 위로를 주셨다. 나오미는 모압 이민 생활에서 남편과 두 아들을 잃었다. 그는 이 모든 일이 하나님의 징벌이라고 깨달았다. 그는 며느리들에게 하나님께서 자신을 치셨다고 말했다. 그는 믿음 없이 행했던 과거의 생활을 반성하고 회개했음에 틀림없다. 그때 하나님께서는 그에게 큰 위로를 주셨다. 나오미는 고난을 통해 더욱 경건하게 되었을 것이다. 바울도 큰 고난 중에서 하나님만 의뢰해야 함을 배웠고 또 하나님의 큰 위로를 체험하였다(고후 1장). 우리는 실패와 고난 가운데 처해 있을지라도, 깨닫는 죄가 있으면 철저히 회개하면서, 하나님 중심, 믿음 중심, 말씀 중심으로 살고 말씀에 순종하고 경건하고 의롭고 거룩하고 선하게만 살아가면, 우리는 반드시 좋은 결말을 체험하고 큰 위로를 얻을 것이다.

저자 소개

연세대학교 문과대학 철학과 졸업 (B.A.).
총신대학 신학연구원[신학대학원] 졸업 (M.Div. equiv.).
미국, Faith Theological Seminary 졸업 (Th.M. in N.T.).
미국, Bob Jones University 대학원 졸업 (Ph.D. in Theology).
계약신학대학원 교수, 합정동교회 담임목사.
〔**역서**〕 J. 그레섬 메이천, 신약개론, 신앙이란 무엇인가? 등 다수.
〔**저서**〕 구약성경강해 1, 2, 신약성경강해, 조직신학, 기독교교리개요, 기독교 윤리, 현대교회문제, 자유주의 신학의 이단성, 에큐메니칼운동 비평, 복음주의 비평, 현대교회문제자료집, 천주교회비평 등.

여호수아, 사사기, 룻기 강해

2006년 12월 17일 여호수아 초판
2008년 5월 25일 사사기-룻기 초판
2017년 9월 14일 여호수아, 사사기, 룻기 강해 제2판

저 자 **김 효 성**

발행처 **옛신앙 출판사**
Old-time Faith Press
www.oldfaith.net

서울 마포구 독막로 26
합정동교회 내
02-334-8291, 9874
oldfaith@hjdc.net

등록번호: 제10-1225호

ISBN 978-89-98821-22-7 03230

♣ **'옛신앙'**이란, 옛부터 하나님의 선지자들과 주 예수 그리스도의 사도들이 가졌던 신앙, 오직 정확 무오(正確無誤)한 하나님 말씀인 신구약성경에만 근거한 신앙, 오늘날 배교(背教)와 타협의 풍조에 물들지 않는 신앙을 의미합니다.

"여호와께서 이같이 말씀하시되 '너희는 길에 서서 보며 **옛적 길** 곧 **선한 길**이 어디인지 알아보고 그리로 행하라. 너희 심령이 평강을 얻으리라' 하나, 그들의 대답이 '우리는 그리로 행치 않겠노라' 하였으며"(렘 6:16).

옛신앙 출판사 서적 안내

- 김효성, **구약성경강해 1.** 878쪽. 26,000원 (보급가 9,000원).
- 김효성, **구약성경강해 2.** 1001쪽. 26,000원 (보급가 11,000원).
- 김효성, **민수기 강해.** 212쪽. 무료.
- 김효성, **신명기 강해.** 241쪽. 무료.
- 김효성, **열왕기 강해.** 271쪽. 무료.
- 김효성, **역대기 강해.** 286쪽. 무료.
- 김효성, **욥기 강해.** 211쪽. 무료.
- 김효성, **잠언 강해.** [제2판]. 624쪽. 8,000원 (보급가 4,000원).
- 김효성, **전도서 강해.** 86쪽. 무료.
- 김효성, **아가서 강해.** [제2판]. 87쪽. 무료.
- 김효성, **이사야 강해.** 496쪽. 무료.
- 김효성, **소선지서 강해.** 360쪽. 무료.
- 김효성, **신약성경강해.** [제2판]. 1014쪽. 26,000원 (보급가 11,000원).
- 김효성, **마태복음 강해.** 378쪽. 6,100원 (보급가 3,000원).
- 김효성, **마가복음 강해.** 223쪽. 4,000원 (보급가 2,000원).
- 김효성, **요한복음 강해.** 281쪽. 6,000원 (보급가 3,000원).
- 김효성, **조직신학.** 604쪽. 6,000원.
- 김효성, **기독교 교리개요.** [제9판]. 96쪽. 2,000원 (보급가 1,000원).
- 김효성, **기독교 윤리.** [제5판]. 234쪽. 4,000원 (보급가 2,000원).
- 김효성, **기독교 신앙입문.** [제10판]. 34쪽. 600원.
- 김효성 역, **웨스트민스터 신앙고백서.** [제6판]. 108쪽. 1,200원.
- 김효성 역, **어린이들을 위한 요리문답.** [제7판]. 48쪽. 500원.
- 김효성, **현대교회문제.** [제4판]. 182쪽. 무료.
- 김효성, **자유주의 신학의 이단성.** 171쪽. 6,000원 (보급가 1,600원).
- 김효성, **에큐메니칼운동 비평.** 158쪽. 6,000원 (보급가 1,700원).
- 김효성, **복음주의 비평.** 193쪽. 6,000원 (보급가 1,200원).
- 김효성, **천주교회 비평.** [제2판]. 80쪽. 900원.
- 김효성, **이단종파들.** [제6판]. 70쪽. 700원.
- 김효성, **공산주의 비평.** 28쪽. 무료.

★ 주문: 전화 02-334-8291, **이메일** oldfaith@hjdc.net
★ 계좌: 농협 302-0401-6652-61 김효성.
★ 파일내려받기: http://www.cps2014.net/00download.htm
**보급가는 인쇄비이며 문서헌금입니다.